DENNIS
ROBERTSON

丹尼斯·罗伯特森

[英]戈登·弗莱彻 著　王　磊　李素云 译

华夏出版社

目　录

前　言

　　本书记录了丹尼斯·罗伯特森（1890～1963 年）一生的生活和工作，他是剑桥大学三一学院的著名经济学家，同时也是该校的校友。本书并不力求写成一本权威性的传记，而是力求解释罗伯特森当之无愧地被认为是经济学界的一名伟大思想家的原因。本书也力图揭开他的激情和灵感之源，并力图揭示他与他的工作之间的所有重要的因果关系。要找出一名经济学家的个性特征与他的经济学思想贡献之间的紧密联系并非易事。这使得本书读起来引人入胜。

　　我衷心感谢《经济学界伟大的思想家》的主编托尼·瑟韦尔教授，感谢他推荐我的书稿，并一直给予我鼓励。我还要特别感谢出版社的编辑埃里克·杜伯，感谢他在本书的出版过程中对书稿准备和校对工作给予的帮助和建议。

　　我衷心感谢以下机构和个人：爱德华·埃尔加出版社的《理解丹尼斯·罗伯特森：伟人和他的工作》（乔汀汉，2000 年）；帕尔格雷夫·麦克米伦出版社的《丹尼斯·罗伯特森生活和工作随笔》（弗伦奇，高登，2007 年）；丹尼森和普雷斯利的《罗伯特森的经济政策》（1992 年）；哈考特的《凯恩斯和与他同时代的大师们》（1985 年）；希尔的《凯恩斯、货币和货币主义》（1989 年）；佩治的《A. E. 豪斯曼：一个评论性的传记》（1983 年）；皮格的《纪念阿尔弗雷德·马歇尔》（1925 年）；普雷斯利的《罗伯特森经济学：对罗伯特森在工业经济波动方面研究的回顾》（1978 年），节选自《罗伯特森经济学文集》；罗宾逊夫人、奥斯汀爵士及莫格里奇的《约翰·梅纳德·凯恩斯作品集》（1971～1989 年）；罗宾斯的《一个经济学家的自传》（1971 年）；伦敦政治经济学院（丹尼斯·罗伯特森的《工业经济波动研究》，1948 年）；
罗德里奇出版社（丹尼斯·罗伯特森，后来再版的《货币》，
1922 年；丹尼斯·罗伯特森，《银行政策和价格水平》，1926 年：
被泰勒和弗朗西斯出版社授权使用）；肯尼思·克拉克的遗产（克
拉克，《森林的另外一部分：自画像》，1974 年）；剑桥大学麦格
达伦学院的院长及同事们（本森的日记）；J. M. R. 布朗夫人和剑
桥大学三一学院的校长及同事们（罗伯特森的论文）；剑桥大学三
一学院的校长及同事们（《剑桥大学年鉴》）；克里斯托弗·约翰逊
先生（莱昂内尔·罗宾斯的通信）；剑桥大学国王学院的院长和学
者们（《巴西里昂》；威尔金森的《国王学院的百年》，1980 年）；
伊莫金·托马斯夫人和海雷布瑞社区（伊莫金·托马斯，《海雷布
瑞学校：1806～1987 年》，1987 年）；以及不列颠学会，它允许出
版社复印图片用于本书封面的设计。我尽力追寻每一个文献的来
源出处，尽管如此，还难免会有无意的疏漏，如果是这样的话，
我将会在第一时间作出适当的调整。

　　我还要感谢巴思爵士约翰·布拉德菲尔德和米罗·凯恩斯博
士，还有罗宾·马里斯教授，他们对丹尼斯·罗伯特森的回忆以
及他们提供给我的资料，对我的写作帮助很大。

　　我还要再次感谢从事计算机工作的西蒙·布莱克曼为本书提供
的宝贵的技术支持。同时，我还要感谢印度 Pondicherry，Integra 大
学的吉达·娜伦和她的同事们，她们成功地使用项目管理技术来
编辑本书。最后，我要感谢我的家人给我的鼓励和支持。最后要
说的是，本书的文责由我一人承担。

戈登·弗莱彻

文中缩写一览表

RPTC 罗伯特森的论文：剑桥大学三一学院
BDMC 本森的日记：剑桥大学麦格达伦学院
KPKC 凯恩斯的论文：剑桥大学国王学院
HPCC 霍特里的论文：剑桥大学丘吉尔学院
CCRO 剑桥档案办公室

第 1 章

丹尼斯·罗伯特森：经济学家和普通人

一般而言，人们会对名人感兴趣，而人们尤其想知道丹尼斯·罗伯特森作为经济学家和普通人之间的关系。本书将为您呈现一个经济学历史上最令人着迷的故事。

丹尼斯·赫尔曼·罗伯特森爵士（1890～1963 年）是英国最著名的经济学家之一，他声名在外，尤其是在美国。在他的一生中，他为经济思想的发展作出了重要的贡献，为后人留下了一份独一无二的遗产。无论从程度上还是从重要性上讲，他的成就至今仍是经济研究创新和争论的主题。许多年来，罗伯特森也一直是一位受人爱戴的经济学家，他的演讲受到剑桥大学一代又一代学生的欢迎，其睿智和无拘的写作风格启迪着全球的读者。由于智力上的早成、灵气十足的文字，以及对于经济学专业以外事务的内在兴趣，使得他成为唯一一个可以被称得上是约翰·梅纳德·凯恩斯对手的有思想的经济学家。

与罗伯特森同时代的经济学家希克斯称他为一个"最不同寻常的经济学家，因为他的研究超越了经济学的范畴，并且能够以一种特有的方式表达出来"①。在接下来的故事中，我们将探求罗伯特森究竟以何种方式使自己成为一个"最不同寻常的"经济学家的，解释他的研究为何"超出了经济学的范畴"，并且能够以一种"属于他自己的独特方式"表达出来。

同时，罗伯特森也是一位被忽视的经济学家，他的研究仅仅被一小部分该专业的忠实拥趸所了解。之所以产生这样的局面，是因为凯恩斯经济学的统治地位。一位罗伯特森当年的同事，斯坦利·丹尼森，对于英国主流经济学界对于罗伯特森的忽视表达了强烈的不满：

> 在英国的大部分大学里，很少有学生读罗伯特森的书，老师们更是很少提及罗伯特森的贡献，这实际上反映了他们的狭隘和无知。相反，他们却将主要精力投向了饱受争议的新凯恩斯主义的教条和数学增长模型上。②

在罗伯特森去世后的几十年里，这个团队已经作了大量的工作，以将罗伯特森的思想传播给更多的人。从一个比较中立的角度来讲，我们不应该把罗伯特森当做一个"被忽视的"经济学家，而是应该把他看做是一个尚未"被完全发现的"经济学家。这不仅是因为他在其一生中最主要的挑战——与凯恩斯革命作斗争——中处于下风，而且还因为他的灵巧的写作风格（这有些荒谬）。因为他在驾驭轻灵的文字调侃或驳斥一些人的同时，也使得他的作品远离了更多的人，因为其他人会把他看做是一个不太严肃的人。

因此，我们应该更进一步地来认识丹尼斯·罗伯特森。我们应该看到，他并不是像安第斯山脉的古代秘鲁印加古城那样消失得无影无踪，从而需要我们去发现；而是有关这个经济学家的传统观点是肤浅的和不充足的，一个真正的丹尼斯·罗伯特森，就像DNA 的结构，或者是古希腊克利特文明的 B 类线形文字的意义一

---

① Hicks, 1966: p.9.
② Dennison in Presley [ed.], 1992b: p. viii.

样，正在等待我们去揭开秘密，去重新认识他。认识一位经济学家，我们通常从他的专业领域和个人生活两个方面入手。在罗伯特森身上，我们将要揭示的是存在于在经济学家和普通人之间的一种紧密的、解释性的关系，即作为一名伟大思想家的罗伯特森在经济学领域的贡献与他所生活的环境之间的关系。我们应该了解罗伯特森的性情，以及他在生活中的表现，目的是为了更好地解释：他的思想是如何产生的、他是如何反对凯恩斯革命的以及他是如何形成自己驾轻就熟的写作风格的。虽然经济学经常被看做是一门"枯燥的科学"、一个缺乏温情和感情的冷血学科，但是，我们可以通过探寻罗伯特森工作和生活之间的关系，来生动地了解隐藏在经济学背后的人情味。然而，一开始，我们必须先找出罗伯特森有资格成为一名伟大的思想家的理由。

一个人要想有资格成为经济学领域里的一名伟大思想家，他就必须首先是一位毫无争议的极有天分的思想贡献者。他必须有创新之举，能够提出不同于前人的新思想体系或方法。他不一定总是正确的，但是他必须对于推动经济学思想和经济学理论发展作出过突出的贡献。衡量的标准应该是有"大的想法"或者"伟大的思想"，而且，这个贡献能够被传播开来，并且能够产生多方面的影响。我之所以将罗伯特森归在伟大经济学家之列主要是基于以下考虑：

罗伯特森发表的作品的主要内容涉及价值理论（效用理论和包括产业组织在内的企业理论）和国际贸易理论。他公开宣称自己是一位伟大的思想家，然而，他的作品主要探讨的是在一个使用货币的经济体系中贸易或商业周期与经济增长之间的关系。这不仅仅是一个学术问题，而且是一个与人们的生活和福利息息相关的问题。

在他做出主要贡献的时期，经济学界的主流经济理论是贸易周期理论。在罗伯特森看来，周期性的经济波动是经济增长过程的副产品。随着经济的增长，经济周期的各个阶段相继出现，从繁荣到萧条，不仅仅影响了普通人的就业预期和收入水平，而且增加了社会的福利成本。这是因为，在经济扩张期，投资需求使资源配置偏离了消费需求，同样，在经济收缩期，当消费性商品供应充足时，在下一个经济扩张期，它们不得不转化为资本投资。因此，根据经济波动规律来提出理论和制定政策，能够最大限度地减少经济波动对经济增长的影响。在这方面，罗伯特森有两个贡献。

第一个贡献是通过将经济周期作为经济增长理论的一个组成部分，他在一个更大的框架内提出了他的理论，即如果牺牲现在的消费，就能够使子孙后代享有更多的消费。通过提出这方面的问题，他在凯恩斯之前的很多年就开始强调短期的重要性，指出短期的概念与人的生命跨度相关。通过关注经济增长的真实成本，他还提出了一些问题，这些问题十几年后成为了经济学界研究的主题——"演化经济学"，即将达尔文的进化论应用于经济学研究。

第二个贡献来自于他的主要研究领域——贸易周期理论。罗伯特森提出通过牺牲消费，从而有可能以最低的成本获得实现经济增长所必需的储蓄，进而实现对短期进行管理的理论。出于同样的原因，这也意味着作为经济增长过程一个必要组成部分的经济波动，将会减小到所需的最小水平。这个理论创新性地解释了货币、投资和储蓄之间的关系，因此在其推动下，两次世界大战之间争论最激烈的主题取得了重大进展。他的贡献主要基于两个方面。第一个是对个人在一个由两个或两个以上的人组成的社会里尝试进行储蓄的结果进行分析；第二个是对现代银行经营对于储蓄行为的影响进行分析。虽然他的观点是在萨伊定律的传统背景下和货币数量理论的框架下提出的，但是罗伯特森的创新启发了凯恩斯，并最终导致了凯恩斯革命。罗伯特森相信自己提出的观点，他坚定地站在了凯恩斯的对立面，并因此把他的新观点带到了公共领域。

因此，即使由于罗伯特森的写作风格导致他的经济思想仅仅局限在理论研究领域极少数严肃的经济学家的范围之内（他的写作风格除非以一种派生的形式，否则不容易为非专业的读者所接受），但是他对经济思想发展的贡献仍具有持久的价值。罗伯特森的工作为一个新的思想流派——罗伯特森经济学——打下了坚实的基础。罗伯特森经济学是凯恩斯经济学的一种替代，也是对后者的批评。而且，近年来，罗伯特森经济学再次得到重视。

最后，除了主要理论贡献之外，罗伯特森将他的研究兴趣重新定位于短期，并致力于创造一个新的思想流派。由于他的经济理论在 20 世纪 30 年代的罗伯特森—凯恩斯论战中成为主角，这使得他声名远扬。这场论战是关于整个经济理论研究的方法之争的，论战本身亦成为了经济思想史上伟大的争论之一。

虽然通常很少为人所知，但是罗伯特森经济学在经济思想史上拥有一个永恒的位置，他的一些理论、概念和术语已经进入了现代经济学词典。罗伯特森经济学表现出了对于人类生活和本性的广泛深入的考察和睿智机敏的思考。然而，出于同样的原因，他也遭受到批评，被人们认为是一个超然的、冷漠的、牢骚满腹的、饱受争议的、不能够带来积极的希望和改变的人。然而，我们应该注意到，他是对公共建设工程方案进行论证的先驱者。从罗伯特森在货币、商业周期和经济增长等理论方面的主要贡献中，我们不仅可以看出他思想的原创性和准确性，而且还可以惊奇地发现他所采用的研究方法是一种被抑制的研究方法，这导致他的研究成果不大容易被人接受。与未被抑制的革命——例如凯恩斯革命——相比较，罗伯特森的工作可以被看做是**半妥协性**的。但是，这种局限性也可以被看做是能让罗伯特森免受凯恩斯的一些更加广泛和更加理想化的观点所饱受的诟病。

罗伯特森经济学的主要特征，它的优势和劣势，它的成功和失败，或许都可以通过作者的个性特征来解释。也就是说，生活就像一面镜子，通过了解罗伯特森的生活，我们就可以逐步了解他的经济学理论。这就是个人传记写作方法的特点。当然，由于不同人对某一个人的生活会有不同的解释，因此出现问题也是不可避免的。

对罗伯特森的生活模式有一个传统的描述。这些描述来自讣告和在凯恩斯主义大行其道时期那些急于将罗伯特森从被遗忘的角落中解救出来的同情者所写的文章。对于罗伯特森主义者们而言，他们愿意接受这样一个观点，即罗伯特森的衰落主要是由于他与凯恩斯主义的决裂。许多年以来，这一直是一个被接受的观点，已形成了一个基于事实的假象。这个传统的描述是下面这样的。

罗伯特森的生活被凯恩斯革命分为两个不同的阶段。凯恩斯革命是罗伯特森生命中的分水岭，在这之前，他生活幸福快乐，事业蒸蒸日上，而在此之后，他生活变得不幸，事业日趋衰落。在第一阶段，他从他的牧师父亲那里学习古典文学，并通过在中学和大学阶段的努力，取得了极大的成功。他从拥有"伟大传统"的伊顿公学顺理成章地进入了剑桥大学三一学院。强烈的社会道德感和责任感让他抛弃了他所钟爱的古希腊语研究，转而投向了经济学研究。1914 年，为了能在战争开始的第一天加入军队，同样的责任感驱使他毅然地抛弃了自己对于和平主义的承诺。后来，他与凯恩斯之间的愉快合作广为人知。用约翰·希克斯爵士的话来讲，他们两人的合作产生了：

> 独立的但是相互关联的作品。包括罗伯特森：《货币》（1922 年）；凯恩斯：《货币改革论》（1924 ［sic］）；凯恩斯：《和平的经济后果》（1925 年）；罗伯特森：《银行政策和价格水平》（1926 年）；罗伯特森：新版《货币》（1928 年）以及他的重要论文《银行政策理论》（也在 1928 年）；凯恩斯：《货币论》（1930 年）。①

在这些年里，罗伯特森生活幸福快乐，事业蒸蒸日上。然而，接下来，从凯恩斯革命以后，他的生活开始变得不幸，事业日趋衰落。在这个传统的解释中，自从他在 20 世纪 30 年代反对凯恩斯背离正统经济学观念以后，罗伯特森就变成了一个被迫害的牺牲者，在巨大的压力之下，他被迫离开了剑桥大学。在他战后回到剑桥大学以后，这种迫害仍在继续，这使得他长期在悲哀和孤独中度日。在他死后，由于凯恩斯主义经济学在教学中的主导地位，

---

① Hicks ［ed.］ 1966：pp. 13～14.

他的工作被忽视了。

从以上的分析中，我们可以得出一个简洁的、符合逻辑的因果顺序："一个为社会所接受的、智力早熟的、正步入充实和幸福的成年期的年轻人，却仅仅由于在经济理论上的不同意见而被毁灭了。"① 这里没有提到一个外在因素，即战争因素对于罗伯特森的思想的影响。罗伯特森战时在财政部的同事弗兰克·李爵士在其为罗伯特森写的一篇生动的讣告中曾提到，两次世界大战的经历以及凯恩斯的影响让罗伯特森彻底抛弃了存在一个想象的、理想的未来的观点。②

我们可以从时间的先后顺序上来解释战争对于罗伯特森的经济学研究生涯所产生的影响。种种迹象表明，战争对于罗伯特森的经济学研究生涯所产生的影响要么太早，要么太晚。因为，当罗伯特森1914年在军队服役的时候，他就已经获得了剑桥大学三一学院的教职，然后，直到五年以后他才开始自己的学术生涯。而且，有证据表明，罗伯特森经历了一场"很好的战争"（good war），战争经历对他的精神产生了积极的影响。无论如何，第一次世界大战后的20世纪20年代正是罗伯特森与凯恩斯第一次亲密合作的重要时期。很有可能的是，对大部分英国人而言，第二次世界大战持续了太长的时间，带给他们太多的忧郁和沮丧，但是对于罗伯特森而言，第二次世界大战期间对他来说却是一个重要的时期，当时他身处美国，过着和往常一样的生活，并且在战争结束前顺利地回到了剑桥大学。

关于凯恩斯的影响，我们必须清楚，在凯恩斯革命及随之而来的争论展开之前，凯恩斯曾对罗伯特森的经济学思想产生过积极的影响，他曾经给罗伯特森带来了一段充满希望的时光。但是，我们不仅要问，为什么凯恩斯革命会对罗伯特森的生活产生了重大的影响？难道对一个经济理论的争论真的就可以逆转罗伯特森

① Fletcher, 2000：pp. 16～17.

② Lee, 1963：p. 312.

的生活轨迹吗？或者说，在这个因果解释之外，是否还有别的不为人知的原因呢？

我们对这个问题的解释始于凯恩斯对罗伯特森的评价。凯恩斯以直觉敏锐而著称，他认为罗伯特森机智聪明、乐于进取，但是非常可惜的是，由于他坚守老一套传统不放松——凯恩斯称之为"虔诚"，导致了他在从理论发现到结论得出的整个逻辑过程都停滞不前。1937 年，凯恩斯这样评价他们各自的理论观点：

> 我与其他人——例如罗伯特森先生——的经济理论的不同点主要在于他对于经济学的传统思想更加坚持。①

换句话说，他们都在挑战传统观点，但是罗伯特森不能承认这个事实。

还有一个被广泛引用的补充观点，即罗伯特森是一位侧重于通过方法创新来发展传统经济学的改良主义者，他总是希望把自己的理论建立在经济学前辈研究的基础上，与凯恩斯相比，后者是一位敢于挑战传统的革命者，正如《通论》中所表现出来的，他愿意打破来自他的老师们的传统观念。

这主要是由于罗伯特森性格上的原因造成的，伴随着他早熟的智力和强烈的求知欲的是来自情感上的不安全感，这种不安全感让他时刻都谨小慎微，从而产生了坚持传统的需要。而且，他被迫要不断地调和两个相互冲突的矛盾，即被强加在身上的根深蒂固的责任感与渴望获得自由发展的意愿之间的矛盾。总之，以上分析可以解释以下几个问题：为什么他的理论导向是不断向前的，但在理论创新上却总是瞻前顾后；为什么他和凯恩斯进行合作，但最后却变成了凯恩斯的最坚定的批评者；为什么他倾注毕生精力从事经济学研究，但却热衷于艺术追求；为什么他是三一学院的学生，却总是向往着国王学院；为什么他引用路易斯·卡罗尔《爱丽丝仙境漫游》中的内容用于写作学术书刊和论文，并且被认

---

① Keynes, Collected Writings XIV, 1973: p. 109.

为是一位文采出众的经济学家。

正是由于这些原因，我选择了用传记写作的方式来创作本书。传记学是历史学的一个分支，是描写一个人的历史的学科。在可得证据的基础上，传记作者需要找到一条综合性的叙事主线。通过这条主线，传记作者可以对一个人在个人生活和工作方面的表现作出全面客观的描述和评价，并最大限度地减少传记作者的主观色彩。例如，在罗伯特森的传记中，要通过对历史事实的分析，正确地把握好他所采用的思维新方法和他对前人的经济学思想的坚持之间的关系，以及他对自由发展的意愿和强烈的内心责任感之间的关系。同时，还要注意到，这本传记是有关经济学方面的，经济学前辈阿尔弗雷德·马歇尔曾将经济学定义为"人类日常的经济生活"。也就是说，经济生活中的回报和付出、投资和储蓄都充满了不确定因素。

来自回忆录、主要作品、个人和工作论文，以及其他一些文学描述的证据，并不支持将罗伯特森的生活简单地以凯恩斯革命为分界线，两分为积极阶段和消极阶段的观点。虽然从表面上看这个观点比较令人信服，但是实际情况更为复杂。本书建议以公众层面的自我（Public self）和私下层面的自我（Prirate self）来划分罗伯特森的生活：

> 从某种意义上讲，凯恩斯革命至少在罗伯特森生活中的幸福和不幸之间划出了一道分水岭；但是从更片面的意义上讲，凯恩斯革命只是在幸福的公众层面的罗伯特森和不幸的公众层面的罗伯特森之间作出了划分。然而，在（起初是幸福和成功的）公众层面的罗伯特森和（一直是不幸的、情感上孤独的）私人层面的罗伯特森之间存在一个更加显著的、纵向的断层。凯恩斯革命是这两种自我的交汇点，在这个点上，罗伯特森彻底放弃了逃离现实，过上一种幸福生活的希望。从那以后，他过上了他的侄女简·布罗姆利所描述的"悲剧般"的生活。①

---

① Fletcher, 2000：p. 20.

　　下面我们来了解一下罗伯特森的实际生活环境，这个环境在很大程度上塑造了他的生活悲剧。他的早期生活并不是如某些描述所写的那样过着一种田园式的诗一般的生活。他正好出生在家道迅速没落的时候，在一个死要面子活受罪的氛围里长大，这让他一生都害怕贫穷。由于没有钱，他只能依靠奖学金来获得教育，虽然他在这条路上赢得了巨大的成功，但是这只是一种无奈之举，他本身并没有从中获取巨大的满足感。

　　通常情况下，当然也不是绝对的，伊顿公学的男孩们都要进入剑桥大学国王学院，它是伊顿公学的姊妹学院。然而，为了得到更多的奖学金，给家庭减轻经济负担，罗伯特森选择了剑桥大学三一学院。三一学院在学术上是卓越的，但是与国王学院相比，三一学院被认为是刻板枯燥的，而前者更加具有艺术气质。他曾经后悔自己的选择。而且，尽管他天资聪明，但是他在青春期和成年期早期遭遇到的一些事情，例如失去安全感、失去内心的基督教信仰以及发现自己具有同性恋倾向等，都让他备感孤独和失落。

　　对于这些挫折，他的处方是找到一些方法，避开那些不如意的自我，逃离到那些合意的自我，在那里他的个性中的不同部分能够和谐相处；他还会经常寻求退回到一个神秘的、无忧无虑的、充满安全感的黄金年代：一个理想的、舒适的童年时代。罗伯特森非常喜欢在写作的过程中引用路易斯·卡罗尔的《爱丽丝仙境漫游》中的人物和情节，这已经成为罗伯特森作品的一个重要特征。《爱丽丝仙境漫游》很明显是一本儿童读物，里面充满了智力因素和哲学思想。对于罗伯特森而言，逃离意味着他要寻求自由发展的意愿，但是他却受到了继承自他的父亲的强烈的责任感的束缚。责任和意愿之间的冲突在他上剑桥大学时突出表现出来，在三一学院，他追随自己哥哥的足迹主修古典文学，而在国王学院，那里充满了自由气息，那正是他所向往的，实际上他也的确在那里度过了很长一段时间的大学时光。

　　同样，我们认为，以前人们提出来的关于罗伯特森转向经济学研究的理由太过简单了。罗伯特森在责任和意愿的冲突中备受折磨，因此他寻求折中的办法来化解这个冲突。他逃离了古典文学（这是他家庭的特长），古典文学代表着责任，进而转向经济学，经济学是新的、有趣的，而且是有用的。从此，经济学成为了他一生的事业。同时，通过发挥他作为一名业余演员的非凡能力，他满足了自己内心深处对于浪漫的、艺术家气质的本性需求。

　　因此，选择经济学是罗伯特森为化解内心两种冲突的有益之举。在他的同事凯恩斯的帮助下，他继续从事日后为他赢得声誉的写作工作。很多人夸奖他的演技，确实，他的表演能力远远超过了一般的业余演员的水平。表面上看，他已经从他选择的生活道路中获得了满足，但是，因为这是一个妥协的结果，所以一切并非看上去所表现的那样。

　　首先，经济学本身有问题。罗伯特森认为经济学不仅是重要的和值得研究的，但同时也是缺乏美感的，因此，以他的艺术家气质看来，这不能令人满意。为了解决这个问题，他顺从自己的天性，公然地采取了一种"文学化"的写作方法。这样做取悦了一批读者，但是也排斥了另外一批读者，在一些场合，他甚至还获得了一个名声，即尽管取得了一定的成绩，但是他不是一个严肃的学者。

　　另外一个问题是，事实证明，即使是在罗伯特森和凯恩斯合作的那段充满希望的时光里，对于罗伯特森这样一个敏感的人来说，他也正在承受越来越大的压力，因为凯恩斯是一位力主创新和相当强势的合作者。性格上的不同让两人之间产生了紧张。在罗伯特森写作《银行政策和价格水平》（1926 年）时，他就采取了一种防御性的、不容易被接近的写作风格，并且他不顾自己与凯恩斯之间的重要的"合作关系"的存在，始终坚持自己的写作风格。在同一年，罗伯特森拉着其他几个与凯恩斯走得很近的同事一起到国外旅行了 8 个月。然后，在第二年，他再次尝试逃离凯恩斯、经济学和剑桥大学，这一次他尝试以一名业余演员的身份开启自己的演艺生涯，然而终以失败而结束。对于罗伯特森而言，这是一次沉重的打击。无法逃离现状，他只好继续自己以前的生活。

罗伯特森是一位公认的文采出众的经济学家，这一方面是因为他优美、睿智和天马行空的写作风格，另一方面是因为他在自己的经济学作品中加入了很多文学性的典故和引文。当我们研究他的作品时，我们发现在他引用的文献中，最重要的是路易斯·卡罗尔的《爱丽丝仙境漫游》，该书被引用的次数最多。这被认为是罗伯特森作品的一个特征。发现这一点，对于理解罗伯特森在生活中的表现具有重要意义，而且对于理解罗伯特森作为一个普通人和一位经济学家之间的关系同样非常重要。

它们也为罗伯特森为什么要如此强烈地反对凯恩斯革命提供了一个重要的线索，因为凯恩斯革命颠覆了古典经济学，破坏了罗伯特森的职业传统以及他情感上的安全感。这就是他断然反对凯恩斯革命的原因。当凯恩斯主义经济学大获全胜的时候，经济学作为罗伯特森主观意愿和内心责任之间妥协的角色就此终止。罗伯特森不再进行思想上的创新，取而代之的是，他的工作重心转向了对凯恩斯主义的批判和发展，同时对他在研究生期间和与凯恩斯合作期间提出的一些理论进行整理提炼上。

在这个职业上的重大打击发生时，罗伯特森刚刚经历了追求他的艺术家梦想的失败，他在过去的几年时间里一直试图通过进入职业表演行业来实现这一梦想。可见，在当时，罗伯特森试图通过经济学和舞台表演来逃离他不喜欢的自我，可是却四处碰壁，因此在公众层面的自我上，罗伯特森是不幸的，与此同时，在私下层面的自我上，罗伯特森始终是不幸的。罗伯特森认识到逃离是不可能的，他只能生活在凯恩斯的阴影里。他只能继续写作大量精炼的散文和论文，依靠从著作和音乐中获得的荣誉来寻求安慰，也从那些崇拜他的剑桥学子们身上找到慰藉。

总之，毫无疑问，罗伯特森是一位非常重要的经济学家。当然，他的贡献始终为凯恩斯的阴影所笼罩。相对于凯恩斯，罗伯特森的思想在很大程度上被忽视了，正是由于这一原因，许多罗伯特森以前的同事，以及许多热心的学生正在尝试恢复他那些已经被遗失的贡献。就这样，这个最无情地批判凯恩斯主义的人继续为那些支持他的人提供一个重要的、不懈抗争的观点，即相信凯恩斯：

> 用各种各样的曲解和夸张，玷污毁坏了一个几十年来由许多位经济学前辈共同打造的成果丰富的学说体系。[①]

结果，丝毫不令人吃惊的是，一种新的兴趣出现了，即尝试声讨凯恩斯主义，提升罗伯特森经济学的地位，扭转关于谁是胜利者的历史判决。

在本章中，我们已经证明了罗伯特森是经济学界当之无愧的伟大的思想家，同时我们也了解到传记式的写作风格特别适合罗伯特森，因为他作为一个普通人和一个经济学家，两种角色之间存在着紧密的解释性关系。在下一章中，我们将采取传记式描述、历史性描述以及文学评论和经济分析相结合的方式把罗伯特森的生活和工作全貌呈现给大家。一些叙述将来自于他在剑桥大学的经济思想，以及当时他与凯恩斯和凯恩斯经济学之家的个人关系和工作关系。我们将会对罗伯特森所写的书和论文中的思想和理论进行仔细的研究和发掘。罗伯特森经济思想中最重要的部分主要集中在经济波动（贸易周期或商业周期）和货币领域，甚至在他的相对不重要的出版物中，也有许多闪光的、有价值的思想。这将是一个有价值的、有趣的发现之旅。

---

① Robertson，1963：P. 326.

第 2 章

青年时光：从生活中获得经验

罗伯特森早年从出生到学校毕业所经历的成长环境，塑造了他的人生观，以及他的经济学方法论。正是在这些年中，他逐步认识到了自己的本性以及生活的困境。他经历苦难而获得的"生活经验"让他对于自身的优势和劣势有了清晰的理解和权衡，也使他对于自己将要借以生存和发展的方式和手段有了朦胧的认识。

丹尼斯·霍尔曼·罗伯特森，1890 年 5 月 23 日出生于英国萨福克郡海岸的洛斯托夫特城（Lowestoft）。他是六个孩子中最小的一个，他有三个哥哥和两个姐姐。他的父亲是令人尊敬的詹姆斯·罗伯特森爵士（1836～1903 年），他的母亲是康斯坦丝·伊丽莎白·威尔逊（1857～1935 年）。虽然定居在英国很长时间，但是罗伯特森家族拥有苏格兰血统，因为罗伯特森的母亲拥有英格兰血统。罗伯特森家族属于中产阶级阶层，家族成员长时间来一直接受英格兰民族性格的熏陶：

> 他出生在英国，在英国的公立学校接受教育……他的祖先（来自双方的）许多代以来一直在英国的不同学校和部门担任牧师和教师。[1]

---

[1] Hicks [ed.]，1966：p. 10.

丹尼斯自己在他年轻时所写的一本自传体小说里认可了这一点，但是他更强调了自己与教堂之间的紧密联系，而不是与学校之间的联系。

与英格兰的联系来自于一个利物浦家族——赫尔曼家族，这给了丹尼斯（姓前的）第二个名字。在 19 世纪，该家族发展起来了一个庞大的建筑业承包企业，在当地的市政建设中发挥着重要的作用。1852 年，丹尼斯的曾祖父——萨缪尔·霍尔姆担任利物浦市的市长。非常有趣的是，与他同时代的人发现，存在于丹尼斯身上的那种非凡才智和性格保守主义相结合的个人特质，也同样存在于他的祖先身上：

> 对于许多人而言，这是一个令人吃惊的事实，即一个阅历丰富的绅士，一个思想进步的人，居然会如此牢固地将自己依附于一个几乎僵化的政党；一个在机械科学比赛中表现如此优异的人居然会把自己归为像美洲大地獭一样灭绝的英国保守党行列。他的思想从本质上来讲是保守的。[1]

在丹尼斯成长的那段时间里，罗伯特森家族通过丹尼斯的大哥埃斯利的努力逐步发展成为一个"利物浦家族"。埃斯利是父亲的好儿子，他在学术上、生意上以及公众生活中都有成功的、无可挑剔的表现，他的所作所为已经成为兄弟姐妹们学习的榜样。他以优异的成绩和良好的声誉毕业于剑桥大学三一学院，并且毕生都对古典文学保持着浓厚的兴趣。然而，他也是一个见过大场面的人，在所有丹尼斯看起来很难应对的生活问题上，他也都游刃有余。1903 年，他的父亲去世了。这一年，埃斯利开始了他在利物浦的商人生涯。起初，他在一条航运线上做雇员，后来在第一次世界大战期间，他获得了一个管理职位。再后来，他成为了一家水果租船经纪人企业的合伙人。事实上，他在 1926 年被推选为利物浦的水果租船经纪人协会的主席。后来，他改变了经营方向，

---

① Shimmin, 1866: p. 29.

自己建立起一家小型的企业——哈瑞根服装有限公司，专门生产和销售自己的产品。在公众生活领域，他热衷于慈善事业，同时，他还是利物浦交响乐团的主要成员。最后，或许是最值得一提的是，他还是一名狂热的和优秀的板球运动员。很多年以后，丹尼斯或许会写信给他的哥哥，告诉哥哥他对于他曾经取得的得分感到有多吃惊，困惑于哥哥怎样能取得这样的成绩，并表示自己——丹尼斯——将从来也不想遇到哥哥这样的对手，而进行这样的比赛。[①] 对于丹尼斯而言，由于他有天生的创造能力，但是他却长时间地极力逃避现实，作为哥哥的埃斯利的成功于他而言是有一定的压力的。因此，丹尼斯既羡慕又蔑视他。

除了他的父母以外，在其他的家庭成员中，对丹尼斯的生活影响比较大的是他的姐姐葛达。葛达是一位秘书，在第一次世界大战期间，她曾经在唐宁街十号首相府为劳埃德·乔治工作。葛达分享着丹尼斯生活中的点点滴滴，包括他们共同分享一个坚定的信念，即他们的命运是由自身教养，而非婚嫁决定的。她曾经是丹尼斯的知心女友和支持者，他们曾经一度有过很多美好的计划来共同分享给这个家。人们一致认为，葛达在1951年的去世对于丹尼斯而言是一个巨大的损失。

至于丹尼斯本人，他出生在一个家庭财富急剧减少的时期。他的父亲詹姆斯刚刚被迫从海雷布瑞学校校长的位置上退休。海雷布瑞学校是一所很好的公立学校，是前东印度公司的学校。对于令人尊敬的詹姆斯牧师而言，以这样一种方式结束自己的职业生涯多少有些令人失望。刚开始，他在切尔滕纳姆学院求学，后来又在剑桥大学耶稣学院攻读古典文学，并于1879年取得了该校的古典文学学位，从而获得双学位。随后，他获得了该院的教员职位，开始执教生涯，直到1879年，由于他与康斯坦丝的婚姻，根据学校的规章制度，他被迫辞职。后来，在他1884年被任命为海雷布瑞学校校长之前，他先后在拉格比学校和哈罗公学担任过副

---

① A1/13/20 RPTC.

校长。被任命的那一年，老罗伯特森48岁，看上去一定是春风得意。多年以来，罗伯特森家的两口子发展得都不错。

然而，到1889年，他们多年来为大学所作的贡献却并没有换来大学相应的良性发展。学校当时处于一种"萧条的状况"，这主要是由于当时学校的男孩中不断有人得白喉病（一种传染病，在当时很严重），家长们认为学校董事会对此负有不可推卸的责任。随后，在因此而引发的哈特审判中，学校的声誉遭受了极大的损失。许多人认为哈特案受到了泰伦斯·瑞汀根的作品《文斯洛男孩》的启发，后者讲述了一个13岁的英国富豪子弟文斯洛，因被怀疑偷窃5先令的邮资而被勒令退学，其家人据理力争的曲折故事。对于罗伯特森而言，指控他的证据看起来是充分的，但却都无法证实。很明显，证据对他而言是不利的。然而，溺爱自己孩子的父亲们已经顾不了这么多了，他们正式提出抗议，断然起诉学校。法院最终判决：校长罗伯特森，作为主要责任人，由于脾气暴躁而对事故处理不当。

问题在于詹姆斯牧师是一位特别的强身派基督徒，也是一名狂热的阿尔卑斯登山家，在颇具威严和雷厉风行的背后隐藏着和蔼善良的本质。他在海雷布瑞大学的继任者提及他时，认为他是"一位外表粗野，但是头脑灵活、招人喜欢的人"。更糟糕的是，他的一名学生评价他："举止粗暴，并且喜欢挖苦人。"① 他的粗鲁无礼最终使他付出了失去工作的代价。他被迫辞职，家庭寄居在洛斯托夫特城。他的家人们对过去发生的事情感到震惊，害怕面对未来，他们在焦虑中等待着，直到老罗伯特森在剑桥大学耶稣学院找到一份稳定的生计。

正是在家庭不幸的这一段动荡时期，丹尼斯降生到了这个世界。与过去生活的稳定和富足相比，丹尼斯出生在令人不安的家庭变迁时期，成长在每况愈下的家境中，他的人生观在这样一种理念的影响下逐步形成，即虽然未来必须要付出决心和勇气去面

---

① Thomas, 1987：p. 70.

对，但是安全感和舒适感仅仅属于过去。他的出生环境也塑造了他的工作方法——探索性的，或称之为革命性的——罗伯特森经济学方法。非常实事求是地讲，家庭财富的急剧缩水的现实，给丹尼斯上了印象深刻的一课，使他意识到繁荣兴旺并非永恒。在他的整个成长过程中，他都极度害怕贫穷。

1891 年，詹姆斯牧师被提名担任剑桥附近的威特利斯福德的教区牧师，从此，他在那里待了 12 年，直到 1903 年去世。对于一位知名的学者和校长，他有着令人感到羞耻的记录，他的职业生涯在 54 岁时戛然而止，他的家庭依靠援手才可以脱离贫穷。尽管有一大家的人等待着牧师的薪俸来养活，有非常艰难的时光要度过，但是他们依然保持着惯有的面孔，目的是要产生"一段充满了有教养的贫穷和一些牧师架子的糟糕的家庭史"[1]。在这样一种情况下，任何有正当来源的额外收入都是受欢迎的。一个可能的事实是，为了平衡惨不忍睹的家庭预算，康斯坦丝不得不把自己保存多年的一所女子寄宿学校的历史参考书卖掉。

不幸的是，詹姆斯牧师在任期内的工作并没有被很好地记录下来。当然，我们基本可以想到，他的主要职责就是在教区的教堂里安抚人们的心灵。目前已知的是，他曾经担任过当地的地方轮值主席、当地英国小学的教堂的财务主管，以及一个为了当地居民的信仰需要而成立的古老的慈善捐赠组织的董事。除此之外，他有充裕的时间来写作诗歌和韵文。后来，埃斯利和丹尼斯也写这些东西，他们的写作目的是借此和朋友们保持通信联系。对于詹姆斯牧师而言，做这些事情，更为重要的目的是，"为了准备送他的四个儿子上公立学校"[2]。

丹尼斯，还有他的哥哥们则可以在家里（很便宜地）接受他们优秀合格父亲的教育，而不必上预备学校。因此，他可以尽享乡村教区的田园风光，尽情发挥他的聪明才智，研究中产阶级的

---

[1]　Vaizey, 1977b：pp. 12, 17.

[2]　Cambridge Chronicle and University Journal, 30, October 1903, CCRO.

植物学和鸟类学。尽管经济上困难，但是他的兄弟姐妹和他们的父母一起料理家务；共同营造舒适温馨的氛围。作为家里最小的孩子，丹尼斯是家里的宠儿，被亲昵地称呼为本杰明（或者 Ben，或者 Benny），他的名字参照《旧约全书》里雅各布和雷切尔最喜爱的小儿子的名字起的。他看上去是一个幸福的小孩，虽然偶尔有迹象表明他正处于困惑中，例如从六岁起，他创作的诗歌就表现出对于生死和损失主题的强烈关注。然而，如果他在这个阶段只是在潜意识里关注这些主题的话，那么认识到这一点很重要，即他依然处在令人放心的基督信仰的框架之内。

关于学前准备教育，可以说，在父亲的言传身教之下，丹尼斯得到了全面的发展。认识到这一点很重要。我们可以通过在丹尼斯的早期和后来的教育中古典文学所发挥的作用，来更好地理解这一点。在丹尼斯退休后所写的自传体回忆录《1957 年三一学院回顾》（p. 23）中，他提出了一个错误的观点，即他早期在拉丁文和希腊文方面的功底帮助他获得了伊顿公学的奖学金（Gll/5 RPTC）。虽然古典文学毫无疑问在选拔过程中发挥了不小的作用，丹尼斯用他那丰富如大百科全书般的知识，用拉丁文说出各种英国鸟类的名字，以此征服了考官，但是实际上奖学金并没有用在古典文学方向上，丹尼斯在存档的时候，小心翼翼地修改了奖学金使用的方向。

这个错误的观点实际上是一个被广泛提起的观点的一部分，即认为罗伯特森是一位真正的古典文学学者，只是他为了公众的利益，不愿意从事那些不能经世济民的工作，而选择了更为有用的经济学研究工作。大学和家庭的经历都表明古典文学是他内心可以停靠的王国，同样也是他早期教育的主要内容。

> 直到丹尼斯 1902 年去了伊顿公学……他的父亲是他唯一的老师。他并没有为应对这个世界作好充分的准备，也没有准

备好要做一名迅速窜红的古典文学学者。[1]

事实上，他在古典文学方面表现出了惊人的天赋，是伊顿公学和剑桥大学当之无愧的古典文学学者。然而，仍需讨论的一点是，古典文学是否是他的心灵归宿。因为，自从他通过了剑桥大学的文学学士学位第一部分考试以后，他便永远地放弃了古典文学。也就是说，他仿佛是在履行完自己的责任，一旦完成任务，他便尽可能快地体面地选择了离开。

对此的解释是，直到丹尼斯在剑桥大学的第二个学年结束，他的家庭氛围极大程度地影响着他所接受的教育内容。他的父亲在做学生，做教员，以及做校长时，都是一位著名的学者。他的大哥埃斯利通过赢得剑桥大学三一学院的古典文学奖学金和随后在文学学士学位考试中取得的优异成绩为家庭争得荣光。另外，教育的路径依赖注定了丹尼斯要么成为一名古典文学家，要么成为一名数学家。然而，丹尼斯从来都没有对数学表现出热情，也没有展现出天赋。考虑到所有这些，我们可以意识到，丹尼斯几乎是不可能考虑抵制那些想让他成为一名令人沮丧的牧师的想法的。富有责任感的本杰明做了他被要求做的，然后在履行了责任和满足了荣誉以后，他义无反顾地跳出了束缚。然后他就可以自由地寻找自己的归宿。那么，哪里才是他心灵的真正归宿呢？

这个问题的答案与他自己想要做的和他自己被要求做的两者之间的区别紧密联系在一起，并随着故事的展开而逐步变得清晰。眼下，来自伊顿公学的校长的一些信件，以及来自他的一位感觉敏锐的姑姑的一些信件里面的谈话提供了一些线索，证实无论丹尼斯的拉丁文和希腊文有多么好，但他实际上是英语母语的大师。[2] 这也是丹尼斯致力于经济学研究，并形成自己独特的风格的原因。但是，事实上，英语一直没有被当做是一个可以研究的学科。我们推测，在剑桥大学，丹尼斯的才华受到了束缚，因为英

① Hicks [ed.], 1966: p. 10.

② A/2/4/1 and A1/9/1 RPTC.

语在那时仅仅被作为中世纪和现代语言文学学士学位考试的一个
组成部分来进行研究，该学科的研究重点主要放在了语言学和文
献学方面。在 1910 年以前，学校里甚至没有英语文学的大学教授
的职位，独立的英语文学学士学位考试仅仅在第一次世界大战以
后才开始出现。因此，丝毫不令人吃惊的是，在选择和机会面前，
丹尼斯很轻易地就落入父亲为他所做的人生规划之中。

丹尼斯在早年生活中习得的另一个经验是他认识到自己的智力
是一流的。在他接受教育的过程中，他逐步展示出了一种令人吃
惊的智力早熟。有充足的证据表明，这一点是他的特长，而在任
何其他的领域内，他则是脆弱的，聪明才智是他安身立命的根本
手段。事实是，他的聪明才智不同于凯恩斯，并没有达到融会贯
通古典文学和数学的地步，但是在他自己选择的研究领域内，他
不惧怕任何对手。

他最早认识到他拥有过人智慧的时间是在 1902 年。那一年，
他在伊顿公学奖学金的竞争中获得了第二名的好成绩，那时他的
年龄仅仅是十二岁零一周，刚刚具备了竞争奖学金的资格。赢得
奖学金不仅意味着他的学费有了着落，而且也意味着他拥有了国
王奖学金的头衔。伊顿公学是由亨利六世国王在 1440 年创建的，
国王奖学金每年为全校 5 个年级的 70 名学生提供免费教育，每个
年级 14 名。伊顿公学也展示神圣遗迹，包括真十字架的碎片，因
此是基督教朝圣的中心。在经过深思熟虑之后，亨利国王在剑桥
大学成立了伊顿公学的姊妹学院——国王学院，学生们在那里接受
大学教育。这很自然地形成了伊顿公学男孩们在毕业后选择剑桥
大学，而不是牛津大学的传统。

没有人知道，丹尼斯为什么会选择伊顿公学。伊顿公学不是他
父亲的母校——切尔滕纳姆学院；很显然，也不是他哥哥埃斯利的
学校——温彻斯特学院。或许是因为伊顿公学的奖学金更加丰厚，
因为丹尼斯是家里最后一个接受教育的孩子，此时家庭需要承受
的财务压力比较大。但是无论什么原因，事实证明，这是一个成
功的选择。丹尼斯打着领结，豪情万丈地走在人生路上，当他在

随后的几年中被聘任为大学教员的时候，他很高兴。我们能够很容易地看出为什么伊顿公学是一个非常理想的选择。伊顿公学拥有深厚的渊源、漂亮的建筑，以及神秘的传统，并且，它与统治阶级之间保持着密切的联系，所有这些共同形成了伊顿公学吸引人的美学气质和神秘气质。而且，作为学生，丹尼斯可以在校园里和其他公费学生生活在一起，安全地远离那些校外寄宿生。伊顿公学的校外寄宿生们需要缴纳学费，且生活在镇子里，由男女舍监照看他们的生活。生活在一群聪明的、活跃的天才少年中间，处在一位有感染力的老师的管理之下，丹尼斯在这里找到了充足的机会来施展自己的才华，放纵自己的诗歌写作天赋：

> 他是簇拥在后来曾担任伊顿公学校长的西里·艾林顿身边的优秀的学者和诗人之一……获得过无数奖项……其中之一是一首勃朗宁风格的纪念旧金山大地震的诗歌。[1]

还有一个更深层次的原因来解释为什么伊顿公学被证明是比温彻斯特学院更好的选择。如果财务因素在选择学校的过程中真正是一个最主要的权衡因素，那么财务因素在中学阶段所发挥的作用要比在大学阶段的更大。更主要的是兴趣在发挥作用，正如丹尼斯发现伊顿公学与他的见解、兴趣、志向非常符合，因此在伊顿公学的姊妹学院——剑桥大学的国王学院，他更加真正地感受到了家的感觉，尽管他是三一学院的学生。这是由于学院之间的对比特征是不同的。如果三一学院被讽刺为皱着眉头的谨小慎微的老学究，代表着责任，那么国王学院则与此形成了鲜明的对照，被称为"牛津人"，代表着艺术和浪漫。丹尼斯和埃斯利都曾是三一学院的学生。丹尼斯曾经希望自己能够在国王学院学习，而埃斯利则没有这样的想法。

两兄弟的学校之间有着一些不同点。著名的英国艺术史学家肯尼思·克拉克也在温彻斯特学院就读过。他曾经将这两个学校作

---

[1]　Butler, 1963：p. 40.

过比照。他的实验是在饮食条件非常差时，比较两个学校的学生在对待参加激烈的越野跑比赛的责任上的不同态度。

> 我们的成绩有专人计时，我们的耐力不是很好，如果我们跑太长的距离，我们肯定不会赢得比赛。学生们都具有雅典人的狡猾，这是伊顿公学的传统，我们总是会找到一些捷径来绕过这些困难。但是温彻斯特学院的学生们则像塔米诺（Tamino）王子一样道德高尚。① （在下一章中，我们将会清楚地看到，丹尼斯这种雅典人的性格，造成了他虽然人在三一学院，但却甘愿作国王学院的"客家人"，遭受国王学院学生排挤的事实。）

丹尼斯在伊顿公学的成功主要是缘于他的学术成就。他是一个头脑灵活、反应敏捷的模范学生，他的工作赢得了很高的赞赏。在伊顿公学可以争取的两个大奖——古典文学的纽卡斯尔奖（Newcastle）和数学的托姆林奖（Tomline）之中，丹尼斯获得了前者。在他所选择的课程领域里，成功可以轻而易举地获得，但是在数学方面他却很难如此游刃有余（许多年以前，凯恩斯已经获得了托姆林奖，非常不同寻常的是，他还进入了纽卡斯尔奖的入选名单）。

虽然努力热心地工作，但是丹尼斯却并不是一个死读书的人，他把读书看做是一件很轻松的事情。他是《伊顿公学编年史》的编辑，为一家周刊报纸写时评。他也曾因表演能力而赢得喝彩，并因此从此与业余舞台演出挂上了钩。在适当的时间，丹尼斯被选入了"波普会"，这是一个排他性的伊顿公学社团。在这里，丹尼斯逐步成长为学生领袖，也由此开始了一段相对短暂但是却非常成功的公众事务生活，并在剑桥大学的时候到达了顶峰。他发现既没有乐趣，也没有获得过成功的唯一领域是游戏，公立学校的学生所特有的气质将他与其他一些有天分的，但却未能进入公立学校的孩子们截然分开。他与埃斯利是多么的不同啊！他已经

① Clark, 1974: p. 38.

超越了他的哥哥！

　　然而，在学校的日子，从孩提时代，到青春期，再到早期的成熟阶段，都充满了成长的烦恼。因此，一个可能的事实是，在伊顿公学的六年里，丹尼斯已经以一种无声的方式，不安地意识到他将要在剑桥大学所要面临的问题。这些问题是每个人都要面对的，它们发自于人类普遍的价值追寻。这些问题包括生命的目的、死亡的意义；这些问题被赤裸裸地抛给那些最能敏锐地感知他们的人、那些聪明的敏感的人。他们认为传统的、常规的方法不一定能够得出对于这些问题的令人满意的答复。在伊顿公学，学校的教育培养，来自继承的信仰，以及有规律的校园生活等的共同作用，使丹尼斯对自己的本性以及生命的归宿都有了更多的认识。然而，有事实表明，到他要离开伊顿公学的时候，他已经能够比较自如地应对这些问题了。

　　关于这一点，我们能够从他保留下来的那个时期创作的诗歌中找到证据。这些诗歌揭示了他在学校期间兴趣、态度和焦虑，非常精确地预测了他的性格。这些诗歌写于 1907～1908 年间，那时他正处于 17～18 岁的年龄段，也是他在伊顿公学的最后两年时光。那时，他的自我意识已经觉醒，已经能够比较自由地表达内心深处两种相互冲突的自我了。于是，我们看到扮演公众角色的罗伯特森，在外表看来是一位坚定的保守主义者，一位古典文学家而非数学家，一位诗人而非游戏玩家，一位有趣的、擅长讽刺的作家。然而，我们也发现，私下场合的罗伯特森，摆明了就是一位怀旧的、谨小慎微的、彻头彻尾的悲剧家。

　　罗伯特森扮演公众角色的自我可以从他为《伊顿公学编年史》所写的两首"打油诗"中表达出来。在其中的一首诗里，他用有气无力的、懒散的口气回忆起韦斯特曼兄弟在收音机大行其道的时代所进行的讽刺公共学校的双人表演（韦斯特曼兄弟的双人表演在 20 世纪的三四十年代非常受欢迎，讽刺上流社会是他们的主要艺术形式，讽刺的目标是 BBC 和公共学校）。这不同于在半个世纪以后的今天，某一个人来剑桥大学做演讲，表达他的感情。① 在他所写的全面拥护英国宪法和伊顿制度的诗歌里，他把自己描述成一位现有秩序的忠实拥趸，并不想对此作出任何改变。

还有一首"打油诗"表明了他缺乏通过参加游戏在体育运动领域取得成功的意愿，或者说是他根本没有机会这样做。在他的这一首诗里，以公众角色现身的罗伯特森显得很深沉，尽管如此，他仍承认，对他而言，虽然与古典文学研究相比，来自体育运动方面的声誉的吸引力显得微不足道，但是无论如何那也是他能力范围之外的一个成就。在被授予军功十字勋章的时候，他高兴地发现绶带的颜色与学校的英式足球奖章的颜色一致——后者是颁发给英式足球运动健将的——英式足球奖章是他一直以来非常想得到，却一直没有能够得到的。②

在托姆林数学奖的考试中，罗伯特森写了一首自我评价的诗，这首诗同样表现了他的一直秉承着的一种现实主义的态度。而且，当他认识到数学作为一个研究领域的重要性时，他承认他必须对这个他从未精通过的学科进行学习，他的天分决定了他必须要这样做，并且要做的比古典文学还要好。因此，在那个时候，他就已经认识到了这个不足，这将会在他以后的学术生涯中给他带来一定的困扰。③

我们可以通过他在 1907 年写的三首诗和在随后几年里所写的一篇长篇小说的框架来更好地了解私下场合的罗伯特森。如果这些资料能够真正地反映他所处的那个时期的情况，那么它们将有助于我们了解他写作这些材料时的内心世界。

当然，他在一个具有很强的基督教背景的家庭里长大。他的父亲从事圣职，为他提供了清晰的神学和道德指导。他的母亲崇敬她的丈夫，在丈夫死后的很多年里，依然认为自己有责任完成丈

---

① Marris to Fletcher, 7 April 1995.

② 参见 D9/1/15～18 RPTC.

③ D9/4/1 RPTC.

夫未竟的事业。她继续向丹尼斯灌输詹姆斯牧师的博爱和服务上帝的理念，看上去（虽然我们不能确定）她想让丹尼斯成为一名公务司祭职。总之，在 1905 年 4 月，丹尼斯在学院的礼拜堂内，在他母亲的欣喜注视下皈依了基督教。

有了家庭的支持，自己还具备渊博的古代语言知识，丹尼斯将要在教堂里开始自己的职业生涯看起来已经是板上钉钉的事情了。然而，有一些线索表明，或许丹尼斯并不像他的父母那样虔诚地信仰基督教。例如，他在 1898 年写给母亲的一封信里曾用一种非常引人发笑的方式描述了一位教区牧师来访的事情，在信中他很少使用令人肃然起敬的词汇。还有一封他在伊顿公学第一学期期中的时候写给他父亲的信，在信里，他分析了学校礼拜堂的窗户，这些窗户后来因为德国的轰炸而被毁，但是他没有对此表露出任何遗憾之意。为此，父亲因为他在信中的轻浮责备了他。无论事实的真相如何，很明显，丹尼斯通过这每一次鼓励和机会来强化自己的信仰，培养自己对基督的虔诚。

然而，事情并没有朝着预想的方向发展。牧师的儿子不再子承父业是很常见的，但是拒绝继续在教堂供职就相当于挑战父母的权威。但是，在丹尼斯的故事里，这还并不足以解释当他中学将要毕业时的思想状态，因为这还不能够解释为什么他这么早就确信所谓的宗教信仰只不过是一个空架子，而他要在茫茫大海中寻找自己的人生坐标。他也明白他这样做会使他失去来自正常家庭生活的支持，即使是葛达也不会支持他。丹尼斯承受了很大的压力，我们发现在 1907～1908 年期间，丹尼斯就已经找到了应对他生活中的这些问题的明确方法：

> 罗伯特森在 17 岁时产生的一个观点伴随了他的一生。简单地说，这个观点所包含的原则与《爱丽丝漫游仙境》里所表达的是一致的，即生命是野蛮粗野、令人生厌的，人生路是一条苦涩的路，最重要的是，生命是短暂的；幸福的来生只是一个神话，我们的责任（负责任的生命）就是要行使我们

的使命，无所畏惧地生存下去，为我们的同类服务；我们只能
在当下通过人们之间的互敬互爱来拯救我们的灵魂；安稳舒适
只能在对过去的、没有痛苦的黄金时代的怀念里面才能找到。
现实的爱远远胜过沉浸在过去的黄金时代里，但是不是每个人
都能找到爱的，在这种情况下，过去的黄金时代就显得更重
要了。①

　　上面提到的三首"打油诗"，第一首很明显受到了乔治·艾略
特小说的启发，在罗伯特森眼中，艾略特的小说教会了他无神论，
教会他看穿那些毫无意义的存在，教会他寻找隐藏在普通人生命
中的智慧。可以推断，他一直没能抽出时间将这些灵感启发哲学
化，但是生命和爱却在这样一个贫瘠的、普通的环境中找到了真
正的意义。对于假定的无烦恼的"简单人"的一个浪漫的解释很
明显对于一个敏感的、受过高等教育的中产阶级年轻人有着很强
的吸引力，这为他的生活赋予了新的意义。第二首诗很明显受到
了一出希腊戏剧（索福克勒斯的悲剧《安提戈涅》）演出的启发，
通过克服痛苦和悲伤的爱实现救赎，可以使人实现永生。第三首
诗是为向肯尼思·格拉汉姆致敬而写的，这首诗有特殊的意义，
因为它表明罗伯特森正通过逃离到一个已逝去的神秘的"黄金时
代"而让自己的作品中充满着消极、退化的因素。他十分怀念格
拉汉姆在《杨柳风》中所描绘的世界，他从这本书里获得的启发
后来在刘易斯·卡罗尔的《爱丽丝漫游仙境》中再次得到验证。
这两个故事之间的联系被认为是河流，那里是《杨柳风》里的水
鼠和鼹鼠的家，也为卡罗尔故事里的里德尔女孩提供了归宿。②

　　其他能够从中了解罗伯特森当时生活状况的资料来自于他在
18 岁时所写（可能是他写的）的一本小说的片断。小说的名字是
《伊利克特拉的诅咒》，这个名字取自希腊神话，伊利克特拉是索
福克勒斯和欧里庇得斯悲剧的主人公。这本小说是以一个小孩子

---

① Fletcher, 2000: pp. 41~42.
② D9/1/19/20/29.

的口吻讲述的，这个小孩子对应的就是那时现实生活中的罗伯特
森。小说中的其他两个人物在罗伯特森的现实家庭生活中有着显
而易见的对应角色。其中一个是大哥诺埃尔，他对应着埃斯利；
另一个是令人敬爱的护士艾米莉，她对应着罗伯特森的保姆格特
鲁德·斯普纳，她是丹尼斯非常亲近的人。在小说中，艾米莉的
作用是当这个孩子感到焦虑时，她就利用她那屡试不爽的、绝对
可靠的能力帮助他排解烦恼，安然入睡。

在故事中，这个孩子知道自己的家境因为一个诅咒而衰落了，
因此他被禁止结婚，或者离家出走。很明显，这是对罗伯特森现
实命运的一个写照。这个孩子还讲述道，从他记事开始，仿佛全
世界的重担都压在了他的肩上，他感到身心疲惫。故事在一场捉
迷藏的游戏中达到了高潮，在游戏中他被哥哥诺埃尔找到了。在
这里，当艾米莉的安慰无法帮助这个孩子驱散由游戏引发的恐惧
时，罗伯特森命运中的另一个方面得到了反映。充满蓬勃朝气的
乐观主义死去了，每一件事情最终总是要变为现实的可靠信仰遭
到了破坏。故事情节精确地反映了罗伯特森当时的精神状态。正
如我们看到的，他当时的这种精神状态从他后来进入剑桥大学以
后遇到的一位感觉敏锐的观察者的评论中得到了证实。

我们能够对小说的内容本身作出如下解释。他最近刚刚获得了
剑桥三一学院的奖学金，他是在 1907 年的 12 月知道这个结果的。
因此，他通过以哥哥埃斯利为榜样而满足了家庭对他的期望，并
且可以以一个最低的成本来获得良好的大学教育。然而，现在，
他认识到虽然哥哥一直是自己追赶的目标，但是自己和哥哥的人
生轨迹是不一样的，他必须找到办法在自己所被赋予的责任和内
心想要实现的目标之间实现和谐。在他寻求解决这个问题的答案
的过程中所做的一些试验最终为他的生活和工作确定了航向。

而且，当他 18 岁的时候，他对自己的处境有了更加清醒的认
识，他所要走的是一条不同于身边的人为他设计的道路，这让他
产生了强烈的焦虑感，仿佛以前那些可以依靠的东西一下子都从
眼前消失了，例如，童年的安全感、继承而来的信仰系统以及学

校的适当管控。因为他的本性和他所受到的教育的影响，他也不会在失去这些依靠的情况下，采取那些每个人都会采取的一些方式，也就是通过寻求来自家庭的温情和来自兄弟姐妹之间的关爱，来调整自己以便更好地生存下去。所以，现在他必须找到一个新的确定的人生定位，以便在生活中实践《爱丽丝仙境漫游》里的人生哲学，在工作中发扬令人尊敬的剑桥先辈的遗风，使自己有所作为。在这条道路上，《伊利克特拉的诅咒》在他内心投下了一道长长的阴影。

无论内心的自我如何混乱，公众生活中的罗伯特森依然继续笼罩在成功的光环下。1908 年 6 月 4 日，在伊顿公学为纪念乔治三世国王（他是伊顿公学的重要捐助者）生日而举办的庆祝活动上，罗伯特森成为当仁不让的主角。作为学生领袖，他的照片出现在庆祝活动节目单的封面上，在各项活动中出尽风头。在系列演出活动中，他被安排在阿里斯托芬的作品《青蛙》的一场戏中出演欧里庇得斯，朗诵坦尼森的《最后的巡演赛》；在路易斯·卡罗尔的《爱丽丝仙境漫游》的一场戏中出演"白皇后"（White Queen）。

在那样胜利的一天，罗伯特森圆满地结束了自己的中学学业。《剑桥大学编年史》的一位记者很欣赏那天罗伯特森在《青蛙》里的表演，他很贴切地注意到罗伯特森在感觉事物的缺陷美方面具有很好的天赋。而他饰演的"白皇后"一角则更加出色。三年以后，当罗伯特森在剑桥大学达到他在公众事业领域成就顶峰的时候，一名学生记者评价说，那天的演出是他的第一次，同时或许也是他最精彩的一次舞台表演。他的一位同事①在 55 年后的一篇讣告性的回忆录里，用了"令人难忘"一词来描述那次演出。因此，在他到达荣耀顶峰的那一天，第一次公开他与《爱丽丝仙境漫游》故事之间的联系是比较合适的。因为这个故事后来变成了他的商标（？），并且给他的专业写作增添了无限的魅力。

---

① Butler, 1963：p. 40.

第 *3* 章

求学剑桥：光明与黑暗同行

　　1908 年秋天，丹尼斯·罗伯特森进入了剑桥大学三一学院，主修古典文学，他认识到自己已经实现了家人对他的期望。这是一个幸运的开始，预示着一个杰出的大学生涯。毫不例外，他开始在英国最好的大学这样一个更广阔的舞台上，在考试成绩、公众事务，以及业余舞台表演等方面重复着他在伊顿公学的成功。看上去他的前途一片辉煌。简要地讲，他变成了一个广受爱戴和被人钦佩的名人。

　　这是一个令人羡慕的纪录。但是，在他的公众生活领域取得成功的是同时，他在私人生活领域却遇到了困境。他早在伊顿公学时就已经认识到的人生困境现在已经完全暴露出来了，他现在的学校生活失去了保护性的支持。面对来自内心的危机，罗伯特森制定了自己的生存策略。这个策略带给了他一个不同的丰富多彩的人生和职业生涯，然而由于这个策略本身的折中性质，它从来没有给他的问题提供一个完全令人满意的解决之道。命运也作祟，总是有一些不确定因素出现，让他无论取得了什么样的名誉，都无法完全驱散来自内心深处的个人失败感。

　　罗伯特森很快就认识到了他的考试能力。当然，他最初认识到的是他在古典文学方面的天赋。除了他在三一学院时获得的奖学金和许多大学奖项之外，他在 1910 年获得了帕森斯（大学）奖学金（Parson Scholarship）。这个奖学金是用以前伊顿公学校友、三一学院校友、希腊语的皇家教授帕森斯的名字来命名的。在已经在家庭的荣誉榜上证明了自己是最优秀的古典文学学者之后，他便开始转向了经济学，两年以后，也就是 1912 年，他通过了经济学荣誉考试的第二部分。沿着这条路，1911 年，他获得了另外一项大学奖学金——克莱文奖学金（Craven）。作为一名杰出的学生，为了争取留在大学任教，毕业以后他继续留在了三一学院，他写了一篇有关贸易周期现象的论文。一年以后，在 1913 年他提交了论文的第一稿，虽然未被发表，但是却被授予了科布登俱乐部奖。在那之后，他的论文获得了成功。终于，在 1914 年的秋天，他如愿在剑桥大学经济学科获得教职。

罗伯特森在学术领域的才华无需多言，但是，在学术领域以外，他同样不甘示弱。他继续写诗，并发表在剑桥大学的杂志上。为此，他还参加剑桥大学英语诗歌的"校长金牌奖"的年度竞争，并曾三次获奖。他成为一位著名的辩论家，同时他还在剑桥联合会和自由协会供职。他因为在马洛戏剧团和业余戏剧俱乐部对一些古典角色和轻喜剧角色的精彩扮演而被认为是一位具有很高天分的演员。虽然他不玩游戏，但是他在正常的审美情趣之外寻找兴趣。作为剑桥大学骑兵中队的一员，他参加业余骑马活动，享受军队生活的摸爬滚打。

令人感到奇怪的是，评论者们给后人留下的印象是，罗伯特森是一个孤僻害羞的人，但是看起来，这与他在公众生活领域的表现完全不符。约翰逊曾经把他描述成一位害羞的、毫无能力可言的人，[1] 然而事实上这是那些将罗伯特森看做是一个十分严肃的人对后人的一种误导，甚至罗伯特森的知己——斯坦利·丹尼森——也惊奇地发现作为"一个很保守的人"的罗伯特森实际上是一个

---

[1] Johnson and Johnson, 1978: pp. 136, 138~139.

"充满热情的、非常成功的演员"①。对于这个明显的差异，有几个可能的解释，但是如果有许多评论都与他的后半生相关，那么这实际上会不会有可能是罗伯特森对公众层面的自我和私下层面的自我进行重新排列的结果呢？然而，私下层面的自我主要体现在他的早年生活中，他特有的不自信的行为方式在 20 世纪 20 年代的时候表现得较为明显。② 此外，罗伯特森曾经一度对批评表现得很敏感。

即使如此，我们依然很难发现他在学生时期表现得很孤僻害羞的迹象。在有组织的辩论场合的对抗氛围中，他看上去表现得游刃有余，根据他身边的一位观察者，例如凯恩斯的评价，他的讲话声音"真的很美"③。记住这一点很重要，因为有一些人，他们后来把罗伯特森描述成是攻击的无助的牺牲者，对于这些攻击，他除了面部表情上的剧烈变动外，不能进行强有力的回应。

他在剑桥联合会（一个辩论协会，也是一个绅士的俱乐部）的会员资格在他上学时和毕业后都一直保留着，尽管他主要在 1910 年和 1911 年活跃了两年，在那之后，他就很少露面。他主要依靠吸引力，而不是蛮力，为自己赢得了一个有技巧的、有说服力的演讲者的声誉。在四旬斋（Lent）[注释：也叫大斋节，封斋期一般是从圣灰星期三（大斋节的第一天）到复活节的四十天，基督徒视之为禁食和为复活节作准备而忏悔的季节]，在 1911 年的复活节和米迦勒节（Michaelmas）期间，他连续当选秘书、副主席和主席。他也曾以演讲者的身份拜访过牛津联合会。

罗伯特森参加那些辩论会时所发表的观点有助于我们了解他当时的态度。1910 年，在牛津联合会，他表达了这样一种观点，即"与帝国主义相比，民族主义代表着更高的政治价值"。在以后的几年中，他的演讲中都没有对于帝国主义的同情。同样在 1910 年，

① Dennison, 1992b: p. 18.
② Robbins, 1971: p. 221; Vaizey, 1977b: p. 17.
③ Dennison, 1992b: p. 18.

他对"在全民福利问题上，考虑实际效率要比考虑道德准则更重要"这一观点，进行了激烈的反驳。但是如果考虑到他后来对凯恩斯观点的驳斥，他当时的讲话或许不是那么令人吃惊的。1911年，他在牛津联合会，鉴于当时主要强国之间的竞争，他选择了当时正困扰着这个国家的出生率下降的议题进行演讲。他的演讲支持这样一种观点，即"英国正在不断退步"，这与他关于社会改良的前提条件的观点是一致的，即要改善一个种族的福利水平，就必须首先完善这个种族自身。

在那一年的年末，作为剑桥联合会的离任主席，他提出："应该对君主的统治表示充分的信任。"为了支持这一观点，罗伯特森表示，尽管他担任自由俱乐部主席的职务，但他在内心深处还是十分保守的。在回应他在伊顿公学所写的诗歌中的一些观点时，他认为对于现代的自由党而言，"自由放任"的口号已经过时了，他们不再以自由的名义从事犯罪活动。罗伯特森把自由主义者看做是"保守者而不是革新者，不是变革的拥护者，而是传统的坚守者，是对某些于国家而言利益攸关的事情——例如贵族统治的原则、国家至高无上的权威以及良好的秩序——的坚实捍卫者"（1911 年 12 月 5 日的辩论，A3/1/1 RPTC）。

离任后，他很少露面。但是在他的一些谈话中，他对自己没有经常出来露面流露出些许悔意，戏称自己是很少能为人们所看到的"稀世珍禽"。在 1913 年他在公众场合的两次露面中（在这两次露面中，他分别抨击了两个观点，即"宁舍其他文学作品，也不弃一篇莎士比亚的作品"和"支持对英国人进行强制性的军事训练"），他表示自己的魅力丝毫没有减弱，罗伯特森风格是他的武器库里的重要武器。一位学生记者成功地抓住了一个将成为他职业特征的细节，他是这样描述罗伯特森的：

> 离任后的主席正处于最具个性和魅力的精神状态中。他陷入了更多对手的包围之中，但是他的有理有据、气定神闲的表现使得他相对于很多甚至比他更加投入的，以及一些观点片面

的演讲者而言，给人们留下了更有说服力的印象。豪斯将会怀念他的。①

半个世纪以后，罗伯特森的旗鼓相当的论战对手，美国经济学界的老前辈，保罗·萨缪尔森，在他对罗伯特森写作风格的比较客观的评论中也提到了相同的特征：

> 他是一位非常有魅力的作者（演讲者）。他能够悄无声息地俘获读者（听者）的心。他的作品（演讲）中有一种魔力，几乎能让你把最荒唐的事看成是最基本的常识。②

在他成为剑桥联合会的天空中一颗冉冉升起的明星的那段时间里，罗伯特森同时也被尊称为一位杰出的业余演员。他在马洛戏剧团和业余戏剧俱乐部的演出经历中曾经分别饰演过重量级的"古典"角色和轻喜剧角色。在学校三年一次的希腊戏剧演出中，他的首次演出获得了巨大的成功，这令他声名远扬。这为他此后的业余演出事业定下了基调。要想演好剑桥大学的希腊戏剧，演员们必须能够"就像讲自己的母语那样明快自然地"讲古希腊语。③ 1909 年 11 月，由阿里斯托芬填词，拉尔夫·沃恩·威廉姆斯谱曲的戏剧《黄蜂》在剑桥大学新剧院上演（此后，戏剧《黄蜂》的序曲成为了经典保留剧目中经常用到的序曲）。在罗伯特森和其他人一起演出的菲罗克勒翁（Philocleon）这场戏里，他的希腊语对白赢得了观众的赞誉，大家一致认为他的表演是"演出中最精彩的部分"④。

同样，罗伯特森在一系列的男子非正式社交聚会（smoking concert，一种形式多样的现场演出，主要活跃在剑桥大学和牛津大学的校园内）中游刃有余。仅仅在戏剧《黄蜂》演出后的几天时间里，业余戏剧俱乐部就推出了新剧《普通人，还是重罪犯，或者是国王

---

① 1911 年 12 月 5 日的辩论，A3/1/1 RPTC.

② Samuelson, 1963：p. 518.

③ 剑桥评论，1910 年 6 月 8 日，F1/1 RPTC.

④ 每日画报，1909 年 11 月 10 日，F1/2, 3 RPTC.

和恶棍：一个两幕的情景悲剧》，罗伯特森在该剧的"女王大厅的主人"一场戏里饰演角色。在这部戏里，他展现了令人嫉妒的多才多艺的表演天赋，在接下来的几年中，这样的表现接踵而来，例如他曾在《谢尔福德的耻辱》一剧中同时饰演了特兰平顿国王、总理和第一财务大臣三个角色。到1911年，他已经被选进了委员会。同一年，他被推选为该俱乐部的主席，他的创新风格备受推崇。①

　　尽管像男子非正式社交聚会这样的现场表演是令人感到愉快和难忘的，但是罗伯特森在这个时期的演出声誉主要是靠他所饰演的古典角色建立起来的。他所饰演的菲罗克勒翁一直都很成功，直到1914年，他出演了一个类似的角色，即在本·约翰逊的戏剧《炼金术》中出演萨博托。这一次，他不但没有招致意料中的批评，相反，他所饰演的角色得到了剑桥大学作家、诗人、编辑和英语文学教授亚瑟·奎勒·柯奇爵士的高度赞许。

　　罗伯特森在剑桥大学的课外活动模式与他所从事的学术研究之间表现出有趣的联系。从1910年开始，他开始转向经济学研究，恰恰在这段时间，也就是说在沉寂了一段时间以后，他又增加了在公众场合露面的次数。这如何解释？好像他已经挣脱了将他束缚在古典学责任上的缰绳，沉浸在新发现的自由王国里。然后，他内心深处经常存在的个人问题再次浮现，他也再次停滞不前。客观地讲，学生时期取得的辉煌成就已经足以证明他的能力，因此他觉得没有必要再证明自己，从而也就失去了前进的动力。公职不是他的职业兴趣所在，他不想做一辈子。相反，他的工作和生活已经被他所选择的策略所塑造。他所选择的策略是他与生活困境之间达成妥协的产物，是基于一种独特的、个人的、更适合的准则建立起来的。

　　罗伯特森大学生涯中达到成功顶峰的那一年是1911年。当时他已经是剑桥大学这所最伟大的、最知名的学府的学生，同时已经在文学学士学位考试中取得了1:1的成绩。他已经为自己赢得了

_____

① 　剑桥评论，F2/2 RPTC.

有一个有天分的业余演员的名声。现在，他接连担任剑桥联合会的秘书长、副主席、主席，自由协会的主席，业余戏剧俱乐部的主席，在剑桥大学和牛津大学都是赫赫有名的辩论家，已经获得了克莱文奖学金，赢得了英语诗歌的"校长金牌奖"。而所有这些成绩都是罗伯特森在大学三年级一年内取得的！

根据他的声誉，学生报纸《格兰塔》（Granta）在一篇文章中将他描写成"特权人士"。他被称为"总统级别的人物"，并评价为：

> 一位杰出的典范……他以让自己成为身边众多社团的主席的方式，赢得了每个人的尊敬和爱戴……听上去，他是一个让人敬畏的人，我们确实也已经遇到很多与罗伯特森先生不熟悉的人，他们声称自己被罗伯特森先生的威严震慑住了……（实际上没必要这样）。大量重要的事实表明，罗伯特森就是戏剧《黄金时代》里的英雄之一，在转动奥林匹亚山的同时，也深受那些兴高采烈的孩子们的喜爱。[1]

有了这样的记录，毫无疑问，罗伯特森已经取得了骄人的"成功"，但是在公众层面的自我的表面魅力之下——作为一位"总统级别的人物"，他天生适合在剑桥联合会、业余戏剧俱乐部，以及其他他擅长的领域里担任领导——私下层面的自我却处于绝望之中。在伊顿公学时期就已经表现出来的问题发展成为一个他必须努力解决的生活危机。

> 简单地讲，所谓危机就是他不愿意在没有宗教的安慰，也不冒犯任何人的四平八稳的状态下，平静地走过短暂的、终将死亡的一生。罗伯特森通过为自己戴上一个能够从中发现自我，并从中获得安慰的理想的人格面具，来试图从不满意的自我状态中逃离出来。这样做意味着他要摆脱过去的自我，寻找他内心真正的自我。此时，他面临着一个困境。高度的责任感，这个过去的自我的主要组成部分，继续奴役着他，让他在寻求

---

[1]　Granta, 1911 年 10 月 21 日，A3/2/1 RPTC.

自己的发展战略的时候，不得不采取折中的办法。然而，与此同时，在他内心深处他非常想完全地逃离责任囚笼的束缚。①

我们可以从很多渠道来了解罗伯特森当时的心理状态。他自己在公开场合的讲话清晰地表达出他对自己在剑桥大学生活的不满，以及他内心所面对的责任和意愿之间的矛盾。在一个更加私人化的场合，他曾经把自己对于性的恐惧和他的无望感觉，向一个年纪更大的人倾诉，后者将这些倾诉写在了自己的日记里。在那些已经发表的和未被发表的诗歌里，他自始至终地表达着自己对于生活、死亡和爱情的看法。

考虑到他在剑桥大学的成功表现，看到他表露出如此多的不满是令人吃惊的。虽然是三一学院的学生，但是他在大部分时间里都待在国王学院。在国王学院，他被看做是一名"国王学院的客家人"，即本身是别的学院的学生，却感觉自己就是国王学院的学生。在这里，肯尼斯·克拉克认为伊顿公学具有"雅典人的性格"② 是比较贴切的，在伊顿公学，罗伯特森找到了真正的归属感，而在温彻斯特学院，则完全不搭边。客家人是指那些居住在古希腊的外来人，他们在精神生活和商业生活中发挥着重要的作用，但是却没有政治权利，不能够拥有土地。像罗伯特森这样的客家人在国王学院还有很多。因此，在罗伯特森感到不满的时候，他并不是孤独的。无论其他人的动机是什么，罗伯特森的愤懑主要来自于已经迫使他作出错误选择的生活环境。在他最成功的那一年里，他为国王学院的杂志《巴西里昂》（Basileon）写了一篇文章，题目是"国王学院不容外来学生"，在那篇文章里，他道出了自己心中的苦涩：

> 对于那些满足于在英国最漂亮的地方看到令人愉快的人群而产生兴奋的人而言，我唯一需要说的是，当我那天晚上静静地走在国王学院的游行队伍里的时候，我诅咒着将我推至宇宙

---

① Fletcher, 2000: p. 52.
② Clark, 1974: p. 29~30.

边缘而非光辉灿烂的宇宙中心的运气。①

这种感觉一直存在。1913 年，在他研究生学业的第一学年末，他为《巴西里昂》写下了第六篇，也是最后一篇文章，题目叫做"从一个外来人的角度看，为什么他没有去国王学院"。在文章中，他将一个人没有去国王学院的一大堆理由归纳为一条最重要的理由："因为他错过了机会。"②

我们在前面已经提到了让罗伯特森最终进入了三一学院，而只能成为国王学院的一位"客家人"的环境。具有讽刺意味的是，国王学院是伊顿公学的姊妹学院，是选择剑桥大学的伊顿男孩们的自然归宿（虽然实际上最聪明的男孩都选择上三一学院）。问题由于两个学院的不同性格而被激化，因为在罗伯特森眼中，这两个学院代表了他的内心世界中的两个对立的因素，即责任和意愿。

国王学院代表着灵感。据传，有一次，国王学院为了纪念划船比赛成功而举行了一次"碰撞晚餐"形式的庆祝会，学生们一边围绕着学院游行，一边唱希腊戏剧的副歌。即使这个故事是巧妙编造出来的，也没有人……曾经把它放在别的学院身上讲过……国王学院的学生尊重三一学院，因为它是最大的学院。三一学院比其他任何学院都大……它也有巨大的学术优势。（Wilkinson，1980：p. 36：三一学院的校长 M. T. Trevelyan 的一篇演讲稿。）

伴随着三一学院无可撼动的学术优势的，是它的枯燥、严肃和刻板的声誉。相比而言，国王学院是更加友好的和自由的。一位从 20 世纪 20 年代起就在国王学院任教的大学老师，同时也是罗伯特森的亲密朋友乔治·赖兰兹认为，国王学院充满了"艺术的、文学的、浪漫的自由精神"③。同时身为作家、演员和学者，赖兰兹本身就是国王学院性格特征的缩影，他是马洛戏剧团和业余戏剧俱乐部的明星。透过赖兰兹和凯恩斯，我们可以看出国王学院

---

① Basileon No. 13，June 1911：p. 10.

② Basileon No. 15，13 June 1913：p. 10.

③ interview，17 February 1994.

实际上已经与伦敦和布鲁姆斯伯里文化圈的文学和艺术世界紧密联系在了一起。追溯到上一代，这里诞生过鲁伯特·布鲁克，他是一位诗人、"新异教徒"以及伟大的自由主义者。国王学院被认为比剑桥大学其他的学院更像牛津大学，[1] 而罗伯特森则被认为是"在内心里把自己看成是牛津人"[2]，虽然据说他否认这个事实。

罗伯特森对于国王学院产生如此强烈的归属感的原因是明显的，因为国王学院代表了他想要过上的那种生活，代表了他内心自我的诉求。同样，一个明显的事实是，尽管他非常想要上国王学院，但是他实际上选择了三一学院。他的长处在于他聪慧过人，但是有一天他将会悲哀地发现，虽然他拥有令人赞叹的艺术家天分，但是却并不足以就此展开职业生涯。而且，他必须同时兼顾外在责任和内心意愿两方面的需求，唯一可能的结果是在二者之间寻求一个并不怎么令人满意的妥协。因此，国王学院变成了他的"失落之地"。就像与他同时代的剑桥大学三一学院的从事拉丁文研究的肯尼迪教授教职的拥有者豪斯曼教授一样，豪斯曼教授在被放逐到伦敦的时候，内心深处一直向往着《一个施罗普郡少年》（A Shropshire Lad）里所描写的幻想世界，罗伯特森身在三一学院，但是内心却向往着国王学院。[3]

罗伯特森在公众生活领域里的表现始终是由他不得不面对的责任和意愿之间的冲突决定的，而这些冲突实际上来自于那些困扰他私下层面自我的问题。对此，我们可以从罗伯特森在这一时期所写的诗歌里找到证据。即使考虑到这些诗歌里洋溢着的青春浪漫主义气息，它们所传达出来的信息也是很清楚的。充斥在诗歌字里行间的是孤独和失落。信仰的缺失使他无法从宗教中得到精神安慰。在生活中，信任是建立在科学计算，而不是对上帝的冥想的基础上的。生活和运气被捉摸不定的命运之手，而不是被公

---

① Wilkinson, 1980: p. ix.

② Granta, 21 October 1911, A3/2/1 RPTC.

③ 参见 Housman, 1986: XL.

平和公正所操纵。死亡不是通往天堂，而通往毁灭和生命终点的大门。同样，永恒的希望只能来自不懈的努力。由于他异常的性取向，他感到自己被剥夺了爱的权利，所以也就无法从爱情中寻求避难所。而另一方面，他在同性恋方面也没有取得成功。最后，因为他排斥一切别人引以为乐的事情，他被迫继续寻找自己的生活方式，从而过上了一种妥协的生活。只能如此，因为最理想的生活状态是很难实现的。[1]

在观察者看来，罗伯特森对生活的种种不满，或许可以被看做是一种自我完美主义的表现，是一个拥有许多令人羡慕的天分的人对自己的吹毛求疵。这样的观点肯定有合理的成分。但是，反对方可能会认为，罗伯特森天生就是一个完美主义者，他也始终用这样的标准来衡量自己。虽然学术上的成功对于一个获奖"如探囊取物般"[2] 的人而言是很容易的，但是他看上去对于不费吹灰之力就可以得到的奖项并不是很在意，相反对于那些自己得不到的奖项却非常在意。在一个不存在上帝的世界里，爱承担着重要的作用，因此发现爱就变成了一项主要工作。如果没有爱，一个人就会与人类生活的主流相隔绝，也无法从爱中得到舒适和安慰。莱昂内尔·罗宾斯从 20 世纪 20 年期起就认识罗伯特森了，在他看来，罗伯特森"明显渴望情感归属"[3]。但是，罗伯特森没有能够通过常规的手段找到自己的情感归属，这使得他陷入困境，[4] 精神不稳定，并为此寻求治疗。

我们也能够通过罗伯特森在私下场合与剑桥大学麦格达伦学院院长本森的交谈来判断他当时的外在情况和内在的精神状态。本森是世界上伟大的日记作者之一，他将自己的思想和观察记录下来留给了子孙后代。在几乎四分之一个世纪里，他写下了 185 卷手

---

[1]　see D9/1 - 3 RPTC.

[2]　Vol. 120 fol. 39 BDMC.

[3]　1971：p. 221.

[4]　他是一个具有同性恋倾向的人，see Newsome，1980：p. 367.

稿，总字数超过了 400 万字。他是有吸引力的年轻男子的坚定赞赏者和知己，他那善于倾听的耳朵为他那支常备的钢笔提供了丰富的精神食粮。很明显，罗伯特森不了解这些情况，他在演讲中、作品中和手势中无拘无束地吐露着自己的心声。关于他们会面的记录主要集中在 1909 年到 1924 年之间，其中 1913 年到 1923 年之间没有记录。在 1909 年，罗伯特森正处于他的研究生学业的第二年，而在 1924 年他已经成为了一位小有名气的大学老师了。本森以记忆精准而著称，他对罗伯特森的描述是很清楚的，并且与我们从其它途径得到的证据是一致的。本森注意到罗伯特森在外在成功和内心混乱之间的不寻常的对照。他很清楚地意识到罗伯特森正陷入深深的麻烦中难以自拔，但是他却不知道如何对此进行解释。

这个模式从日记的一开始就被建立起来。在 1909 年 12 月，本森和罗伯特森一起去喝茶，他发现罗伯特森是"如此聪明的一个人。他是海雷布瑞校长的儿子，他在《黄蜂》中有着如此出色的表现，同时他获得了各种各样的奖项和奖学金。与此同时，他还是一个不矫揉造作的大男孩"。更加令人吃惊的是，他还发现：

> 他内心深处有一种奇怪的、忧郁的、不满的紧张感——在一个自省的谈话中，他表现得非常高兴，一点也不像我期望从他那温和朴实（几乎像兔子一样温顺）的脸上和温顺的行为举止中所应该表现出来的那样——他看上去感到不满，漫无目的。[1]

这个令人感到奇怪的对照在一周以后再次得到了证实。当时，本森和罗伯特森一起在剑桥大学里散步。

> 很惊奇地发现这个著名的成功人士……对于他的无用、他的自省习惯进行抱怨——他对每一件事情都感到不满。为什么

---

[1] v. 108, p. 63 BDMC.

会这样？我想知道隐藏在事物表象之下的真相。①

好像是为了进行解释，罗伯特森后来为本森留下了一些诗，让他去读，从这些诗里，本森开始意识到问题可能出自他性格上的原因：

> 他们让我深感悲痛。在我还不清楚悲剧是什么的时候，悲剧就已经发生了。对我来说，这种不满和不幸正变得越来越清晰。这使我悲哀地想到，一个拥有超强能力，才华横溢，心地坦诚的男孩子为什么要遭此不幸呢？我希望我或许能做一些事情来改变现状，但是我又害怕我什么都改变不了。为什么这些可怕的因素一定要悄悄地潜入我的生活，并且像蠕虫一样挖掘蚕食我生活的大堤呢？②

罗伯特森通过一封"真心地揭示了他的破碎情感的亲密信"，再一次无意地表露出了自己的情感。但是，在 2 月初，本森和罗伯特森第二次在剑桥大学内的河边行走的时候，本森所抱有的打开罗伯特森心扉的希望彻底破灭了。这一次，罗伯特森保持了"绝对的沉默"，或者对本森希望进行一次谈话的努力只是礼貌性地咕哝了几声。③罗伯特森拒绝谈话，至少罗伯特森拒绝和本森谈话。④考虑到他在公共生活领域中的表现，这个行为更加引人注目，因为他当时担任多个主要学生社团的领袖，在剑桥联合会俘获听众的心，并且作为一位演员赢得声誉。这一定是罗伯特森在采用自己的方式向本森倾诉着他内心深处的孤独感（一个不同于外在的自我），在他成功的面具下掩藏着一张心碎的脸。

罗伯特森最后一次真情吐露心声是在 1910 年 3 月。当时，他一直在为他的第一首诗作准备，同时也准备了一封"最亲密的

---

① v. 108, f. 75 BDMC.

② v. 109, f. 64 BDMC

③ v. 110, p. 1 BDMC.

④ 在他上大学和研究生期间：v. 116 f. 8, v. 117 f. 28, v. 120 f. 39, v. 121 pp. 4~5, v. 128 p. 34, v. 137 p. 48, v. 141 p. 11 BDMC.

信"。但是这一次，他让本森大吃了一惊：

> 他对自己，以及自己的性取向作出了相当狂热和疯狂的表
> 述——我承认，我大吃一惊；但是这令人吃惊的、无畏坦诚的
> 表述本身让我更加吃惊。①

在这里，让人吃惊的事实指的就是罗伯特森是同性恋者这一事情。记录中的兴奋的语气确定无疑地表现了作者在记录这个声明时的情感宣泄。对于其他人而言，在一个全是男性的、同性恋情感甚至表演很常见的世界里，这样的发现能够为人们带来快乐。本森自己曾经对一个同事说，"当一个人被靠近的时候，如果他的脉搏跳动不加快的话，那么他可能有病"，他还表示："作为一名大学教师，不浪漫地关心年轻人是一件很冷酷的事情。"② 因此，对于本森而言，他的部分震惊来自于这样一个事实，即很明显，罗伯特森并没有从这种同性恋倾向中感到快乐，相反，它只是给罗伯特森带来了失落、沮丧和负罪感。他所接受的维多利亚时代的培养，③ 他的根深蒂固的责任感，他内心的基督教道德负担，所有这些因素都在谴责这种倾向，而这种倾向也是被社会所谴责和被法律所禁止的。

在内心就自己的性取向问题开展斗争的过程中，罗伯特森更加觉得自己在剑桥大学选错了学院。对于罗伯特森而言，三一学院代表着传统，坚决抵制不正常的行为；而国王学院则标新立异，可以公然炫耀同性恋行为④。因此，国王学院代表着宽容和自由，在这里，一个"客家人"希望自己在别的地方被否定的东西能够在这里得到接纳。

这是私人层面的自我在发挥作用。它们引导罗伯特森在生活遭

---

① v. 110 f. 51 BDMC.

② BCMC, April 1910, 被引用在 Newsome：p. 250.

③ Rylands, interview, February 1994？

④ 请参见本森对于发生在国王学院里的公开的情感展示的反应，被收录在 Wilkinson, 1980：p. 51.

遇困境的时候寻求解决问题的办法，即逃离到一些合意的自我状态，在那里，各种冲突性的自我能够实现和谐共存。他的终极意愿是彻底摆脱责任的束缚，通过在舞台上当一个演员来发挥他天生的艺术家才能，但是最终还是没有能够逃离责任的羁绊。他在儿童时代的贫穷经历，让他充分认识到了拥有一份稳定的收入的重要性。其结果必定是一个妥协，即只能在业余时间满足自己的艺术家气质的需要。1910 年，很多事情还并没有展开。但是当他在文学学士学位考试中取得了 1∶1 的成绩以后，罗伯特森开始向自己最终的人生归宿迈出了第一步。他改变了自己的研究方向，开始从事经济学研究。

第 *1* 章

选择逃离 1：经济学家和战士

在 1910 年的剑桥大学，经济学还是一门相当新的学科，经济学学士考试的第二部分考试是在 1906 年开始的。因此，丝毫不令人吃惊的是，许多罗伯特森的后来的同事们当时正在从事的是更加传统的领域里的研究：阿尔弗雷德·马歇尔和约翰·梅纳德·凯恩斯正在研究数学；杰拉德·肖夫和奥斯汀·罗宾逊正在研究古典文学；阿瑟·庇古正在研究历史学。他们集体转向经济学研究的原因并不难被发现，那就是对于年轻人而言，经济学是非常有吸引力的事业。经济学不仅仅是一门可以开拓创新的学问，而且经济学与现实世界的事件和问题密切相关。对于由一心想改进社会的马歇尔所创立的剑桥学派的理想主义者们而言，经济学承诺其可以提供实现社会改进的工具。

因此，罗伯特森转向经济学研究根本不是当时剑桥大学里非同寻常的一件事情，至少在某种程度上，他的动机能够被相同的原因所解释：

> 为什么他转向经济学研究呢？我们可以想象，但是原因并不难想象。一个天资聪颖，但是却对自己的要求要比大部分聪

明的人对自己的要求更加严格的人，他希望找到一个可以充分
发挥他才能的地方。在 1910 年的剑桥大学，经济学成为显而
易见的答案。社会良知让马歇尔学派充满了吸引力。[1]

在提出这个观点的时候，希克斯握有来自罗伯特森家人的证
据，他的家人认为罗伯特森一直都想成为一个对社会有用的人
（G11/6 RPTC）。还有一个同时代的来自于 A. C. 本森的证据，他
在 1911 年 8 月的日记里记录到，罗伯特森的一个亲密朋友，巴特
勒曾告诉他"丹尼斯·罗伯特森非常容忍，他对于工作的价值和
义务的责任有着深刻的认识"[2]。

义务、责任、有用，这些因素确定无疑地对罗伯特森的行为施
加了一个强有力的限定。而且，它是一个很容易顺应时代潮流的
态度：

> 年轻一代对于经济和"社会"事务的兴趣与日俱增，他
> 们想要了解经济和"社会"事务的运作规律，并有可能发现
> 许多解决社会问题的办法。[3]

然而，我们知道，这并不是故事的全部。对于当时以及那以后
的罗伯特森而言，责任和意愿总是处于斗争之中，他总是试图逃
离责任，因为在选择从事经济学研究的同时，他同样选择逃离他
在古典文学研究上的责任。罗伯特森几乎是从一懂事起就开始研
究古典文学，直到 1910 年，起初是在家里跟着父亲学习，然后在
伊顿公学学习，最后在剑桥大学三一学院学习，他已经厌倦了，
准备作出改变。[4] 虽然他在古典文学方面表现优异，但是他志不在
此，他在古典文学学位考试中取得的成功，以及随之而来的各种
奖项和奖学金都预示着他要对自己的研究方向作出改变。然而，

---

① Hicks［ed.］，1966：pp. 10～11.

② v. 123，p. 59 BDMC：同时参见 Butler，1963：p. 40.

③ Dennison，1992b，p. 17.

④ Rylands，interview，17 February 1994.

我们应该注意到，与奥斯汀·罗宾逊不同，罗伯特森自始至终尽职尽责地完成了古典文学的课程，而奥斯汀·罗宾逊由于受到凯恩斯在1919年秋天的论文的鼓舞，毅然放弃了自己的古典文学奖学金，而转向了经济学研究①。罗伯特森的本性就是服从责任，到1910年，他已经履行了自己的责任：对父亲，他完成了作为一位古典文学家的父亲的心愿；对伊顿公学，他获得了纽卡斯尔奖学金；对家庭，他以哥哥埃斯利为榜样，获得了一个重要的奖学金，而且，还获得了一个更高的等级（1∶1而不是1∶2）；对于三一学院，他实现了获得奖学金的承诺。现在，他可以自由地追寻自己的发展意愿了。

在寻求一个使公众层面的自我在很大程度上与私人层面的自我相吻合的新角色的过程中，罗伯特森并没有获得完全的自由，因为责任的支撑之手将确保内心的意愿不会独自私奔。事实证明，罗伯特森妥协了。当他决定放弃古典文学研究的时候，决定他的新自我的因素是有用、责任和义务。艺术只能处于从属的地位。

罗伯特森作出从事研究经济学的决定的原因并不是很清楚，但是在1910年的夏天，他：

> 开始阅读和消化亚当·斯密的《国富论》和阿尔弗雷德·马歇尔的《经济学原理》，并对后者做了30页的摘要，包括附录……②

这是一个重要的开始，因为对于罗伯特森而言，他将要找到一个符合他胃口的、可以切入的学科。《国富论》写得非常精彩，但是行文稍显冗长沉闷；《经济学原理》则相对比较精炼，技术分析的部分被放在了附录里。这段经历对于罗伯特森有着持久的影响，因为"他毕生都在不断地刷新自己对于这两本书的回忆……在他后来的研究工作中，这两本著作发挥了重要的作用"③。罗伯特森

① in Moggridge［ed.］，1974：pp.99~100.
② Dennison，1992b：p.17.
③ Dennison，1992b：p.17.

投身经济学研究的另一个可能的动力来自于凯恩斯，当时他已经从行政职务返回到剑桥大学，刚刚被任命为三一学院的经济学研究导师。当然，在凯恩斯的手下做事情无疑会加强罗伯特森与国王学院的联系，因为凯恩斯是国王学院的校友。

在剑桥大学经济学发展的初期，很多方面还都不完备，师资力量尤其不足，例如教师岗位仅包括两个由教授自己掏腰包负担的两个非正式的讲师教职。在那时，政治经济学教授是庇古，他在1907 年接替了马歇尔的位置。那两个非正式的讲师教职分别由凯恩斯和林顿所把持，林顿后来做了公务员。当学期开始的时候，罗伯特森去听凯恩斯的课，写论文送给凯恩斯和林顿看。[①] 正如在其他任何需要发挥聪明才智的领域一样，罗伯特森表现优异，这给他的老师们留下了深刻的印象，并且在 1912 年的经济学学士学位考试中再次获得了第一。

如果需要的话，我们可以列举出充足的证据来表明，罗伯特森在经济学这门新兴的学科中表现优异，因此，他所选择的这种妥协的方法是奏效的。但是，从根本上讲，妥协终究是妥协，永远无法达到完全满意。他既没有能够彻底否定掉内心深处充满责任感的自我，也无法摆脱内心要求实现自由发展意愿的自我。作为妥协的结果，他的生活和工作将会按照他已经建立起来的模式继续前行，但结果是他的生活和工作都停滞不前。

由于对现实不满，甚至当他已经作为一名专业的经济学教授而享有盛名的时候，他继续寻找类似当年国王学院那样的"失落之地"。他生活中的问题并没有得到解决，事实上的确没有办法解决，虽然罗伯特森依然继续满怀希望。最后，希望破灭了。他最后的逃离努力也失败了，从事经济学研究这个理想化的折中之路并没有拯救他于水火，相反却让他在公众生活中陷入危机和孤立。他的表演天分虽然要远远超过一般人，但是却不足以让他以此为生。他没有预见到在经济学领域会出现如此大的变化，也没有预

---

① Dennison, 1992b: p. 17.

见到凯恩斯革命的来临。事实上，他已经在该领域内尽其所能，做到了最好，虽然在 20 世纪 30 年代以后，他的所有成绩都被凯恩斯主义的光芒掩盖了。

然而，在 1912 年，一切看起来都是那么美好。当时，罗伯特森选择了继续留在剑桥大学三一学院写申请论文，来谋求三一学院的研究员职位。为学院的资深教员提供的研究员职位享有很多特权。他们可以作为学院的大学老师来领取薪水，可以住在学院里，可以在学院的食堂里用餐。这些研究员的任命与大学里对老师的任命是相互独立的。候选人通过递交研究员职位申请论文来进行竞争。

三一学院的研究员职位被认为是非常重要的，因为三一学院有着巨大的学术优势，并且研究员职位的被授予者拥有较高的学术地位。豪斯曼，《一个施罗普郡少年》一书的作者，当时刚刚被任命为拉丁文研究的肯尼迪教授教职，他以一种过分恭维的语气表达了自己对于该研究员职位欣赏：

> 麦考利领主通常将三一学院的研究员安排在罗马教皇和神圣罗马帝国皇帝的旁边：我忘记了这三者之间确切的座次，但是我知道罗马国王要坐在他们下面的位置上，而笃信王则坐在视野之外。①

我们可以从罗伯特森所选择的研究主题和他完成这个项目的速度上看出他对于三一学院研究员职位的渴求。

他所选择的研究主题是贸易周期，即对经济活动的增长期和衰退期交替变更的现象进行研究。贸易周期现象是经济活动中非常常见的现象，它被认为是一种有规律的波动或周期。贸易周期理论被认为是经济调查领域，后来被称为宏观经济学领域中最重要的问题。周期交替预示着经济是处于繁荣期还是衰退期，预示着是有较高的工资水平还是有较高的失业率，因此直接与普通人的

---

① letter to H. M. Innes, 21 January 1911; quoted in Page, 1983: pp. 94, 219 n.

福利水平相联系。出于同样的原因，它在那些寻求改善人们福利水平的学者们看来非常重要。

周期理论非常丰富，相关研究非常多。罗伯特森承担起了这个艰巨的任务，他在大量经验证据的基础上，系统地回顾了这些周期理论。他的调查既包括国内流行的观点，也包括很多英国人并不熟悉的来自其他国家的重要文献。他用许多产业里超过40年的数据来判断经济周期。在如此综合性的一个调查工作中，必须有可得的数据来源。为此，罗伯特森大量求助于《经济学家》杂志出版的"年鉴"。最终，他提出了一个综合性的贸易周期理论。这个理论提出了很多分析周期问题的新视角，为他在该领域后续的研究提供了坚实的基础。最令人吃惊的是，他早在1913年的夏天就提交了自己的论文。

凯恩斯是罗伯特森的论文指导老师——虽然庇古和沃尔特·林顿也参与其中——但是凯恩斯对于该研究给出的指导可能是极其敷衍的：

> 我们不知道凯恩斯是如何对待这项工作的，但是我们可以看到他的贡献是极少的：在那时，学生们几乎完全靠自己来作研究，老师们很少插手指导，这个传统一直持续到20世纪50年代……①

丹尼森通过引用凯恩斯在1913年9月底写给罗伯特森的一封信来强化他的观点，在信中，凯恩斯表示自己一直在让自己熟悉和了解罗伯特森论文里的内容。② 这封信表明凯恩斯已经发现他的这项工作进展缓慢，他对罗伯特森所构建的复杂理论印象深刻，他相信罗伯特森已经提出了一个综合了大量事实的理论（在同一年的12月份，罗伯特森在政治经济学俱乐部的一次论文宣读会上提出了这个理论）。

---

① Dennison in Dennison and Presley [eds]，1992b：p. 18.

② 28 Semptember 1913，C2/1 RPTC.

当写这封信的时候，申请人的论文还都在评委手上，这封信的写作也是秘密进行的。评审委员会的两位评委一位是凯恩斯，另一位是政治经济学教授和商法学教授尼科尔森。评委们宣称他们很难对罗伯特森提交的论文作出判定，因此将其驳回。然而，在同一年，罗伯特森的论文也参加了科布登俱乐部奖的竞争。这一次，他成功了，他获得了一块银牌和20法郎的奖金。这次评选的评委包括阿瑟·庇古，他写信给罗伯特森，对凯恩斯的信作了回应，并给出他申请研究员职位被拒的原因。罗伯特森在资料搜集方面花了很大的力气，同时他的结论也具有原创性，但是他所使用的研究方法有问题（他用这个方法得出了自己的结论）。在写修改建议的时候，庇古回忆起了自己的老师阿尔弗雷德·马歇尔曾经给他的建议。马歇尔认为一个经济理论的提出需要经过几个阶段，在研究者提出自己的观点之前，他需要对所搜集到的资料进行深思熟虑。如此这般，粗糙的原始材料才能变成抽象的理论。必须强调对前人的研究成果进行综述的重要性，那是新理论产生的基础。①

很明显，这是一个相当严厉的，但是却极富建设性的批评，如果照做，一定会取得进步。罗伯特森遵照庇古的建议，修改了自己的论文，并于1914年再次成功递交给评议委员会。这一次，评审委员会的两位成员分别是埃德温·坎南和福克斯威尔。罗伯特森最终凭此获得了三一学院的研究员职位，除了期间有5年的间断外，他在这个岗位上奋斗了一生。

他的当选被1914年10月13日的《时代》杂志公开报道。他被认为是一个身穿制服、腰挂佩剑的研究员，因为那时罗伯特森已经参军。当他在进行和平的、学术性的问题研究的时候，欧洲已经爆发了战事。在塞尔维亚的萨拉热窝发生的针对奥匈帝国王储弗朗茨·斐迪南大公的暗杀，以及随后奥匈帝国发动的侵略战争，导致冲突迅速扩散为一场涉及广泛的战争。欧洲各国先后卷

---

① see Pigou to Robertson, 1913：in C1/2 RPTC.

入其中，首先是俄罗斯，然后是德国、法国和比利时。最后，英国于1914年4月对德宣战。战争的爆发并不令人吃惊，因为大国之间的紧张关系以及各自明目张胆的战争准备已经持续了很多年了，但是英国对于是否参战一直犹豫不决，直到最后时刻才作出参战的决定。罗伯特森参与了战争前后的许多事件，这段经历成为他生命和职业生涯中的一段重要的插曲。

在战前的一段时间里，对于漫不经心的观察者而言，罗伯特森从事了两个相互分离，又明显互相矛盾的，包含着滑稽的、不一致行为的活动。丹尼森和希克斯都注意到他既是剑桥大学战争与和平协会的成员，又是军官培训团的成员。他在前者中所从事的行为绝非是当时流行的象征式的行为。他游说国会成员，募捐资金，在特拉法加广场举行游行示威，作为协会的代表出席在勒图凯召开的会议。希克斯对于罗伯特森作出反战决定的原因进行了解释，"是德国对比利时的入侵让他作出了这样的决定"[1]。一个确定的事实是，罗伯特森当时正在研究比利时的中立问题，为了使英国远离这场冲突，他拼命工作到最后一分钟，但是依然失败了。罗伯特森经常被认为是一个和平主义者，但是那不是事实。更准确地讲，它是一个在特定时期特定环境下的"中立主义者"。

同事们也都对罗伯特森主动要求服兵役的热情感到吃惊和好笑。丹尼森认为，"应征入伍或许对某些不尚武的、温和的人而言或许是非同寻常的"[2]。巴特勒则试图给出一个更加全面的合理化的解释：

> 没有一个人会看不起职业军人的精神，或者轻视英勇的精神，但是他是通过加入军官培训团的骑兵中队来为即将到来到战争作准备的……[3]

这个解释的意思是，那些讨厌战争的人，他们并不希望战争爆

---

① Hicks [ed.], 1966：p. 12

② Dennison, 1992b：p. 20.

③ Butler, 1963：p. 20.

发，有些会通过当卫生兵来尽自己的一份力量（例如，庇古就加入了公益救护队），还有的人装模作样，试图通过加入骑兵中队的方式来躲避战争。但是，在 1915 年和 1918 年拍摄的几张照片把罗伯特森描绘成了一个彻底的战士，他在该领域内的表现为他赢得表彰，甚至还颁发给他一块令人肃然起敬的奖章。与其被同事们看做是装模作样的懦弱的人，不如主动出击证明自己。事实证明，罗伯特森是一位有效的、负责任的军官。然而，无论是出于什么原因，罗伯特森都是他同时代的人当中唯一一个一直保留着低级文官军衔的人。这或许又一次为那些认为他不是一个严肃的人提供了些许理由。

罗伯特森作出参军的决定主要是受内心责任的驱使，而不是因为他是主战者，但是如果我们没有考虑他性格方面的其他原因——逃离的意愿——我们就会得出一个扭曲的答案。他在战前进行的军事训练，无疑对他为那场"即将到来的战争"作准备有着重要的帮助，但我们应该注意到他至少从 1911 年起就已经是军官培训团的成员了，几乎没有迹象表明他不愿意参与这个事情。《格兰塔》把他描述为"一个热情的骑兵中队战士"[1]，巴特勒承认他"享受宿营的快乐"[2]，他在那个时候写的诗充满了伤感和怀旧的气息。在他的温和态度和美学声望之外，他也有彪悍的一面。参加骑兵中队并不是为他提供在马背上冒险体验的唯一途径，早在 1910 年11 月，他就已经参加了由"十人团"（"十人团"是一个辩论协会，这是一个排他性的组织，它是由从剑桥大学三一学院和国王学院邀请来的 10 位大学生组成的）发起的一场越野障碍赛马比赛。考虑到参加战争是一个大的冒险经历，我们可以发现，罗伯特森很晚才在书面文字上对他对战争的公共热情作出解释。事实上，参加战争为罗伯特森提供了一个从"会计室和工厂的令人不

[1]　Granta，21 October 1911，A3/2/1 RPTC.

[2]　Butler，1963：p. 41.

舒服的奴役"① 中逃离出来的方法。

然而，这也不全是浪漫的做作，因为在这里，责任的需求与逃离的意愿达成了一致。他参加的不同的演习和实战②都有一个军事目的，毫无疑问的是，随着战事的展开，罗伯特森一直都期待着自己能和骑兵队一起打一场运动战。

因此，结果我们惊奇地发现，随着战争的进行，罗伯特森被任命为伦敦城团（芬斯伯里步兵团）第 11 营的陆军中尉副职官员，这是一个他认为没有决策权力、没有家人的建议和帮助，还要面对作战室毫不让步的权威的地方。事情看起来不妙。芬斯伯里步兵团是一支英国国民自卫队，虽然他们要给英国数量极少的正规军提供必不可少的支援，但是他们只是新近创造的一种后备力量的组织方式，士兵们每周六晚都要解散回家。芬斯伯里步兵团的训练场在靠近本顿维尔监狱的本顿维尔路，当地人嘲弄地称他们为"本顿维尔男孩"③。作为一名较低级别的步兵军官，罗伯特森发现自己一开始甚至没有一匹马。据推测，正是他照顾骑兵队战马的经历后来让他有资格成为该营的运输管理员。

一位评论者用十分阴暗的语气描述了罗伯特森在战争中的经历，④ 但是并没有相关的证据来证明它。相反，逃离的快感、冒险的刺激和坚强的意志，所有这些都提升了他的精神，至少增强了他的韧性，允许他把自己的问题暂时抛在一边。他并没有在战争中遭受到死亡、残疾或者是精神折磨，这主要是因为他承担的是运输工作，这个幸运的任命意味着他可以远离血雨腥风的战争前线。

首先，当他所在的团被派往海外去参加灾难性的加利波利战役时，他被留在了英国国内。然后，在 1916 年，在做了一段时间非

① 《战争与和平》，March 1915：in D5/4/1 RPTC.
② see for example Benson v. 134，November 1912：pp. 27，26.
③ Pentonville Pissers, Carver, 1978：p. 5.
④ Lee, 1963：p. 312.

常短的文职工作之后，他随运输队一起重新加入该团的残部，而驻扎在埃及。无论是在三一学院，还是在公众事务领域，罗伯特森对于委员会的工作都没有任何兴趣，仅仅是强烈的责任感驱使他在这些部门里服役。然而，在 1916 年，一张来自英国政府的传票给他带来了一个星期的苦恼，军队委员会要把他重新调回军队。当然，问题在于虽然文官委员会满足了他的责任感需求，但是他们不能给他提供他所需要的逃离感需求。怀着不安和负罪感，他又回到了交通部门的惯性生活之中。

在中东地区，他起初负责苏黎世运河的防务工作。然后，在土耳其人被迫撤回到巴勒斯坦以后，他经历了三次加沙战役。就是在这段时间里，他被授予了十字勋章（Military Cross）（1917 年），以表彰他在保障前线给养方面的英勇行为。然而，这次嘉奖只带给罗伯特森非常少的满足感，一方面是因为他觉得他所获得的嘉奖只是对他不懈努力的一个回报，而不是因为他在敌人面前英勇无畏的表现；另一方面是因为一个四处散布的谣言，即他本应该获得更高级别的荣誉奖章。尽管这让他有些难堪，然而，没有人怀疑他的工作的重要性。在一个水资源短缺的国家，是否能够保障水源供给影响到战争的进程和结果。而且，依靠牲畜运输物资本身就存在着很大的问题。

我们可以通过 1917 年后半年的一个小事件对此作出解释，当时罗伯特森已经被提拔为上尉军衔，担任一家机关枪公司的运输主管。为了一场即将来临的战争（第一次加沙战役，1917 年 3 月），他们正准备用通常使用的骡子运输的方法来运输机关枪。现在，骡子对骆驼已经产生了明显的厌恶情绪。骆驼是被用来搬运供给物资的。就在最关键的战斗前一夜的行军中，通常使用的让骡子和骆驼和谐相处的方法突然失效了。骡子四散开来跑进黑夜里，背上还驮着宝贵的机关枪，后来硬是依靠着运输管理员的技能确保机关枪被及时地运送到了战斗前线。[1]

---

[1]　Carver, 1978：p. 24.

又一次，他获得了幸运的任命。这一次，他没有被派往前线去增援在法国埃纳省进行的失败的内维尔攻坚战，也没有参加发生在底格里斯河流域的不幸的汤森冒险（也就是所谓的"美索不达米亚野餐"）。他也因此不必经历在库特·埃·阿马拉（Kut el Amara）所遭遇到的恐惧，也不必徒劳地试图缓解它。

当协约国的军队攻下奥斯曼帝国的心脏康斯坦丁堡（即今天的伊斯坦布尔）的时候，罗伯特森的参战经历也到此结束。总而言之，在战争中，他一直都是很幸运的。当1918年他在埃及等待遣散的时候，他表示他"在战争中有一段美好的时光"[①]。

罗伯特森不仅仅在战争中是幸运的，而且对他而言，战争出现的时机也恰到好处。他的参战经历正好处于他上一个职业生涯的末期和另一个新的职业生涯的开始，这帮助他在两者之间实现了很自然的过渡。在他的申请论文第一次被拒之后，他可以有时间在战争开始前对它进行修改，并且能够正好在宣战的那个月再次提交论文。他的任命可以使他在1916年年初之前的一段时间里一直留在英国国内。这从时间上保证了他能够继续申请研究员职位，因此也就能确保在战争结束后，他可以拥有一份学术研究工作。在这段时间里，他还写下了为他之后的学术生涯打下了基础的两篇重要文章。其中之一是"贸易波动研究的一些素材"，他在皇家统计学会的一次会议之前宣读了该论文，后来该论文发表在了该学会1月份的期刊上（丹尼森认为是发表在3月份的期刊上）。另外一篇文章就是他的申请论文。

在对他的申请论文进行修改、准备发表的时候，他的论文里就已经包含了凯恩斯后来提出的"关于经济波动的杰出理论"，据推测，这是他自己的研究心得。然而，由于在这篇论文里，罗伯特森提出了贸易周期的过度投资理论，强调储蓄不足是经济危机的原因，在这方面，它的价值有限。然而，该论文的重要意义在于，它分析了银行的作用，并提出了强迫储蓄的概念。后来，沿着强

---

① 　1918 年 1 月 27 日，A1/13/16 RPTC.

迫储蓄这一思路，罗伯特森发展了关于投资、储蓄和信用三者之间关系的分析。[1]

论文在修改过程中还得益于 1915 年国民自卫队的结构调整，这次调整使得罗伯特森得以留在英国，而他的战友们则远航到加利波利。这为罗伯特森接触凯恩斯提供了机会，当时凯恩斯正在代表麦克米兰出版社审阅罗伯特森论文的初稿。在 1915 年 5 月底，凯恩斯给出版社写信说，"这本书作为对该学科最杰出和最重要的贡献，我毫不犹豫地推荐出版这本书"。同时，他还特意提到了该书在表达方式上的变化，认为这本书的表达方式来自于作者对于经济学的理解，表达更加艺术化，并且采用了一种劝说的方式。在书中，罗伯特森的确采取了一种非常个性化的、广受读者欢迎的写作风格，但是他从来没有让自己采用凯恩斯的写作技巧，后者与他所采取的写作风格截然相反。

然而，他也尽其所能地按照庇古对他的研究方法所提出来的批评重新组织了他的文章。在公开出版的版本里，他写道：

> 在下面的几页中，我将简要谈谈本文所采用的研究方法。经济学研究的理想化方式或许是首先对其他人的研究成果和建议进行综述，去次取精，为我所用。在此基础上，提出一个独立的、建设性的理论。然后，引入事实对理论进行解释。虽然我尽力遵循这个方法，但是看上去我并没有完全适应这个方法（这或许是因为我目前正在研究的是经济波动这个主题吧）。[2]

庇古很快对他的努力表示了承认。庇古认为新版本，尤其是新版本中的第一部分，在谈到私人贸易时，文章已经作出了很大的改进，虽然第二部分为了能够让人更好地理解该理论，仍旧需要作进一步的改进。[3]

从这里，我们可以看出两点。第一点是庇古认识到罗伯特森正

---

[1]　Robertson, 1926.

[2]　Robertson, 1915：p. 9.

[3]　Pigou to Robertson, 1916 年 1 月, CI/3 RPTC.

在做一些"很有抱负的……很有英雄气概的"事情。他所从事的研究是一个经验性的研究,这是一项伟大的、开创性的事业。也就是说,他在实际经验的基础上,寻求为英国的贸易周期提供一个合理化的解释。第二点是正如他所暗示的,他很清楚地意识到虽然在第一部分中他可以自由地阐释自己的观点,但是在第二部分中,他不得不对当时对贸易周期理论的研究现状进行适应:当时关于贸易周期的不完整的理论解释太多,而且到目前为止贸易周期理论家们缺少对于经济事实的关注。其结果必定是对贸易周期的明白透彻的理论解释很少。

或许是由于麦克米兰出版社要求,要想出版该书,必须对凯恩斯提出的对该书写作风格和句子进行修改的意见进行落实,而罗伯特森不能,或者是不愿意那样做,所以,该书最终没有能够在麦克米兰出版社出版,而是在国王出版社出版了。1915年底,《工业经济波动研究》[①]问世了。它注定将成为一个经典,罗伯特森后续的很多研究成果都是从该书中发展出来的。

在这期间,战争仍在继续,罗伯特森开始了他的旅程:第一站去了埃及,这使他有机会去看看开罗、金字塔和著名的庙宇;然后他去了巴勒斯坦,那里是乐土和圣地的所在地;继而他去了康斯坦丁堡,那里是古代东基督教教堂的所在地,后来发展成为一座重要的伊斯兰城市。这些经历给他的战士生活增添了浪漫和冒险的因素,也给了他逃离的快感,他需要摆脱责任的重负。他的所见所闻,再加上他所遭受的苦难和危险,所有这些都给他留下了不可磨灭的印象,给他怀旧的记忆提供了丰富的素材。当他十年以后有机会再次故地重游的时候,这种感觉变得更加强烈了。

然而,当战争接近尾声的时候,对于未来和平时期该何去何从的担忧开始扰乱他的思绪。他的姐姐葛达曾经让他相信,一个人如果太忙了就没有时间瞎操心。可是现在,他不得不有所考虑。战后一代将如何看待他的反战活动?他在战后该从事什么工作呢?

---

① Robertson, 1915.

可以肯定地是，他的主要考虑是取得一份丰厚的、稳定的收入。反过来，这个考虑也排除了他想要完全逃离进入一个艺术世界的幻想。他没有从三一学院的领导们那里得到任何消息，因此也就不能确信自己是否能在那里得到一份有保障的收入。他考虑在伦敦的劳工教育协会找一份工作。这份工作有一个好处，那就是可以更加接近戏剧圈子，甚至有可能在一个更著名的舞台上进行演出。然而，最后，他还是回到了三一学院，并且一直待在那里，直到他老去，除了中间的 1939～1944 年。他于 1919 年的米迦勒节开始授课：他的学术生涯终于开始了。

第 5 章

社会改良的经济学

　　罗伯特森非常刻苦地从事研究工作，这为他的研究员申请论文
打下了坚实的基础。许多年以后，他小心翼翼地用一些比较谦虚
的话来描述他当时努力工作的情形，他表示自己"有很长时间在
《经济学家年鉴史》和类似材料中摸爬滚打"，已经花费了"大量
的时间在这些事实和数字上"①。作为回报，经过修改以后，他的
工作产生了一本重要的专著。虽然删减掉了 1913 年获得科布登俱
乐部奖那个版本中的"连贯的工业叙事"部分，1915 年版的《工
业经济波动研究》的主要内容仍旧达到了 254 页，还有 27 页的统
计图表和插图。在令人吃惊的非常短的时间里，他提出了一个基
于广泛的经验事实的贸易周期理论，这为他以后在该领域内的所
有研究提供了重要的基础。当这本书在 1948 年被伦敦经济学院再
版印刷的"政治经济学经典著作再版书系列"列为丛书的第 8 本
书时，这本书也作为一本经典的教科书而为人所知。这本书对于
罗伯特森自己的学术生涯的重要性在 32 年后得到了承认，当时他
在一个公共场合提到这本书是"我唯一真正重要的书"（1946 年

---

① Robertson, 1948a: pp. xvi, viii.

对院务委员会的讲话，B2/3 RPTC）。

这个研究的主要内容可以通过它的主题反映出来，很明显罗伯特森精心挑选了这个题目：《工业经济波动的研究：探寻所谓的贸易周期性运动的特征和原因》。换句话说，他将检验这样一个观点，即经济活动受到有规律的经济波动的影响，这些波动被认为组成了一个可以识别的交替进行的周期。在我们继续探寻罗伯特森实现他的目的，进而得出他的结论所采取的方法之前，对他要进入这样一个与他内心的美学性情完全不搭边的陌生领域的动因进行一番了解是很有必要的。

我们已经了解了他为什么在 1910 年选择经济学这门新学科，因为它可以比较好地解决他生活中的困境。我们也已经解释了为什么有理想的年轻的剑桥学子们会对经济学情有独钟，以及为什么罗伯特森会选择研究贸易周期理论。现在，我们要进一步探究，为什么罗伯特森要在经济学研究这个特定领域下这么大的功夫。这个问题的答案有助于我们深刻理解这项工作对于罗伯特森本人的重要性，以及这项工作的贡献对于经济学知识发展的重要性。

普雷斯利在《罗伯特森经济学》一书中阐述了罗伯特森的这项工作的重要性，以及他作出这个选择的合理性：

> 工业经济波动理论是罗伯特森研究的重点，他的工作对经济学研究产生了重大影响，而罗伯特森与凯恩斯之间的分歧也主要集中在这个领域。[1]

罗伯特森自己的观点也与这一致，因为他对自己的研究方向坚信不疑。我们可以从他 1946 年在校务委员会的一次会议上以主席身份所作的一次发言中清楚地看到这一点：

> 下面我来谈一谈经济波动问题。关于这个问题，我不得不说几句。对于我个人而言，这一直是经济学中我最感兴趣的研究领域。对该领域的研究是我对经济学做出的唯一贡献。我的

---

① Presley, 1978: p. 5.

唯一真正重要的作品是 32 年前出版的关于产出波动方面的书。①

值得注意的是，普雷斯利认为罗伯特森经济学包括很多研究主题，例如总产出和就业的波动、储蓄和投资之间的关系、投融资、货币和利息率等。在现代经济学中，所有这些研究都与对经济波动的研究有关，它们反过来印证了罗伯特森工作的重要性。它们不仅是罗伯特森和凯恩斯之间曾经密切合作过的研究主题，而且也是后来引发了罗伯特森—凯恩斯之争的研究主题。他们两人之间的争论掩盖了罗伯特森在经济波动研究领域的杰出贡献，以至于后人经常将罗伯特森看做是一位货币经济学家。然而，对于罗伯特森而言，这两者之间并不冲突。他的经济波动理论的发展势必会牵扯到对货币事务的讨论，然后出于对抗凯恩斯提出的"货币产出经济理论"的需要，对于货币事务的讨论又会牵涉到经济学研究的其他领域。

关于经济波动和货币之间的关系，主要反映在他的《经济学原理讲义》一书中。在书中，罗伯特森明确地表达了自己的观点，他写道：

> 我现在不得不讲一些关于货币，关于经济活动中的波动，关于"来自充分就业的问题"的事情，即"货币、信用和就业"三者之间的关系，这是马歇尔曾经规划过的研究方向，但是至今仍没有得到充分的关注。这一直是经济学中我最感兴趣的领域，对该领域的研究也是我期望能被后人记起的唯一的个人贡献。②

在这里，我们可以从他的表述中找出最终引领他从事经济学相关研究的重要原因，也就是说，失业问题的重要性、经济波动的影响和马歇尔的遗产这三者共同决定了他的经济学研究方向。马

---

① B2/3/2 RPTC.

② Robertson, 1963a: p. 325.

歇尔的观点的确对罗伯特森产生了重大的影响。马歇尔坚信经济学研究应该产生一个预期的实用结果，即社会状况的改善；经济学家，尤其是剑桥大学的经济学家应该有一种神圣的责任感，即使用他们的专长来减轻社会上无处不在的贫穷和剥削。马歇尔使他相信英国可得的经济资源不足以供养大量人口从事学习和发展智力等休闲活动。

马歇尔成为了剑桥大学的经济学之父，同时他也是经济学学士学位考试的创始人。1885 年，在他被任命为政治经济学教授的就职仪式上，他发表了一个按照现在的说法叫做使命宣言的演说：

> 我内心深处的抱负就是尽我所能，以我微薄的能力和有限的精力，通过剑桥大学这个精英的摇篮，为社会输送越来越多的具有冷静头脑和热心肠的有用之才，他们愿意全力帮助身边的正在遭受不幸的人；他们下定决心，永不满足，直到他们已经尽其所能，帮助所有人都过上体面的、有尊严的生活。①

这是一个救世主般的号召，是对一个人生命中的责任、义务和行动的号召。虽然实现目标的手段是笼统的，但是从根本上讲就是要将科学应用于实践，以"建立起经济理论的工具论"，来减轻"社会问题的经济方面"②。当 1913 年启动经济学学士学位考试的时候，这个新学科的研究范畴和研究方法也随着各项工作的相继到位而变得清晰起来。到罗伯特森涉猎该领域的时候，该领域内的每一个人似乎都知道了自己的努力方向，都在忙着掌握由马歇尔提供的方法论工具：

> 经济学研究是一个什么样的研究？它的研究内容是什么？这是我 1910 年在剑桥大学开始研习经济学时经常会问到的问题。我想，我敢说，在我们中间，拥有我这样想法的人比前几年要少很多。那时，经济学还没有像夏娃的肋骨那样从道德科

① in Pigou [ed.] 1925: p. 174.
② Pigou [ed.] 1925: p. 171.

学学士学位考试中分离出来……现在，我们认为，我们知道自己想要了解什么，我们都很高兴我们采纳了马歇尔本人在《经济学原理》开篇里的建议，"我们越少关心诸如经济学是否能够给我们带来一笔稳定的收入这样的问题，我们在该领域就会做得越好"，我们就会快速翻阅完导读章节的内容，进入到需求理论的部分。[1]

这些理论对于一个聪明的、善良的年轻人开启经济学研究事业或许是足够的，但是如果要实现社会状况改善的目标，就需要提出相应的对策建议，而对策建议如果想要产生实际效果，就必须基于坚实的实践基础。这就迫切需要在经济学与引发社会不安的问题之间建立起明确的理论联系。此时，仿佛是上天的安排，庇古的书《财富与福利》[2] 及时出版了，当时罗伯特森仍处在他经济学研究的早期阶段：

> 发生了一件使我们能够形成一些更锐利的观点的事情，那就是在 1912 年，庇古的著作《财富与福利》问世了。从那以后，我们有了明确的努力方向……[3]

这本书后来逐步发展成为非常有名的《福利经济学》（1920年及以后的版本）。仅就当时的剑桥大学而言，该书所使用的研究方法达到了福利经济学研究的顶峰。下面，我们开始介绍《福利经济学》的基本内容，庇古的研究方法也贯穿其中。

经济学是一门研究人类的物质需求和满足该需求的手段的科学（也就是说，是一项系统化的研究）。依此定义，经济学可以分为两个大的方面：实证经济学（positive economics），它以经验为基础，不涉及价值判断——旨在回答"是什么"的经济学；规范经济学（normative economics），它是规定性的，涉及价值判断——旨

---

① Robertson，1952：pp. 13~14.

② Wealth and Welfare, Pigou, 1912.

③ Robertson，1952：p. 14.

在回答"应该是什么"的经济学。福利经济学属于规范经济学，规范经济学与政策建议有关。在剑桥大学，亨利·西奇威克、阿尔弗雷德·马歇尔、庇古对福利分析的功利主义方法作出了重要贡献，功利主义方法与庇古的工作紧密联系在一起。福利分析的功利主义方法可以拿来与维尔弗雷多·帕累托的非功利主义的、欧洲大陆的分析方法相比较。帕累托的理论取代了庇古的福利经济学而成为占据主流的经济学流派，因为庇古的福利经济学是建立在基数效用论（效用可以用绝对数值来测量）的基础之上的，他认为效用可以在人与人之间进行比较。我们应该注意到这些问题并没有困扰到罗伯特森，因为他旗帜鲜明地、坚决地反对基数效用论。[1]

庇古的《财富与福利》一书为马歇尔在 1885 年发出的行动召唤与罗伯特森在 1915 年从事的贸易周期理论经验研究两者之间提供了一个有价值的联系。我们或许会说，庇古的工作是一个开创性的尝试，目的是为了发展一个对别人有好处的科学，它为社会改良提供了理论基础和实践工具。庇古的工作为罗伯特森选择自己的论文研究主题提供了理论支持，在罗伯特森的《工业经济波动研究》中有好几处明确地提到了这本书。[2] 具体情况如下。

"福利"意味着"好处"，而"好处"到底是什么，则很难再进一步给出定义，虽然伦理学研究允许我们决定什么事情属于福利范畴，以及在哪些方面属于福利范畴。在这个基础上，我们能够提出关于福利的两个观点："首先，福利的要素是一些意识，或者说是意识之间的关系；第二，福利可以置于较大或较小的范畴之下。"福利的一部分是经济福利，经济福利"与那些直接或间接地以货币来衡量的国民收入相关"。更进一步，经济福利仅仅包括来自于国民收入的消费中的心理回报的那部分，这种回报被称为

---

① 参见 Robertson, Utility and all that, 1952: pp. 13~41.
② Robertson, 1915: pp. 5 n2, 51 n1, 70 n1, 124 n2, 137 n1, 252 n1 and na, 253 n1.

"满足的心理回报"①。正如所料，虽然将经济福利的变化与福利的变化联系起来通常会产生一定的问题（包括满足—效用的测量——一方面是货币，另一方面是好处），但是有一个假设——"埃奇沃斯（Edgeworth）教授称之为'未经证实的可能'，即如果一个经济原因对于经济福利产生影响，那么它将也会对总福利产生影响"②。

下一步是理解，在大部分情况下，影响经济福利的原因，仅仅是通过国民收入的变化间接地影响经济福利的。这里出现了两个问题。

第一个问题是关于国民收入的测量问题。在这里，庇古遵循马歇尔所采用的方法。他用货币来测量国民收入，他在消费商品（服务）和资本商品（服务）之间作出了非常重要的区分：也就是说，前者能够直接带来满足，后者被作为工具来使用以生产商品和服务，这些商品和服务在未来能够带来满足。这些项目的总和被称为国民总所得，从这个国民总所得里减去将"足够维持国家资本完整（即折旧和中间产品消耗）"的部分，就得出了净国民收入的具体数值，或者说是得出了当前的"心理收入"。③

第二个问题是关于国民收入的规模和分配问题，以及它与经济福利的关系。在这里，庇古提出了三个观点，实际上，这三个观点为政策措施的制定提供了一个基础。这些观点是，任何原因（a）导致国民收入规模增加；（b）减少国民收入在不同人之间分配的不平等；（c）减少"国民收入的可变性，或不平等，尤其是对于社会贫困阶层而言"，都将从整体上增加社会的经济福利④。

我们应该注意到，庇古的第一个观点是与经济增长相关的，第三个观点是与经济波动（周期）现象相关的，这两个主题与罗伯

---

① 所有这些都引自庇古，1912：pp. 3~4.

② Pigou，1912：p. 11.

③ pp. 15，17.

④ pp. 20，24，32.

特森的理论紧密联系，形成了罗伯特森的研究员申请论文和《工业经济波动研究》的主题。我们还应注意到在和第三部分的联系中，关于定义和证明的问题出现了，庇古在他的书中的第四部分用很长的篇幅来处理这个问题。① 后来的事情证明这个处理对罗伯特森的影响很大。许多年以后，罗伯特森提醒他的读者们，他已经选择了把国民收入（总所得）"而不是价格、利润，或者甚至是就业的波动作为研究的主要对象"，这件事情发生在凯恩斯革命声称是他们提出了"作为一个整体的产出"的概念，并把其作为一个独特的凯恩斯现象之前很多年。他认为，从来没有人这么做过，因为在那时"庇古的《财富与福利》的第四部分正在我的手中"②。

福利和经济波动之间的重要联系能够被做出如下解释。庇古使用边际效用（代替了马歇尔的消费者剩余的概念）的概念作为测量社会福利水平的基础。这是因为消费者是根据效用或满足的程度来决定消费水平的，福利的测量是根据消费者从消费中获得的效用或满足感来进行的。而且，销售水平受收入水平的限制，而收入水平又受到就业水平的影响：

> 一般来讲，消费的变动不仅仅造成当前满足感的损失，也给未来的福利带来了有害的后果……社会贫困阶层的消费变动通常起因于不同程度的就业变动（失业被看做是贫穷的一个原因，对于工人的健康和道德品质也是有害的）……在大多数的产业中，是企业家需求的改变引起了就业的变动。③

就业和收入与国民收入的变动相关，特别是与"大自然的慷慨"（收获）的变动，还与商业信心④密切相关。因此，福利水平的波动、消费的波动、收入的波动，以及经济活动的波动之间存

---

① see Chapter 1 and 2 of Part IV, pp. 401~419.
② Robertson, 1948a: p. ix.
③ Pigou, 1912: pp. 403~404.
④ see especially Part IV, Chapter VIII.

在着直接的联系。正是依靠这种联系，庇古来判断收入再分配政策的合理性，这其中既涉及到人与人之间分配的合理性，也涉及到在时间顺序上分配的合理性，其理论基础是消费平等的程度越高，效用水平就越高，（经济）福利水平也就越高（p. 401）。

所有这些事实表明，作为一个剑桥人，他希望对马歇尔发出的责任召唤作出回应，虽然他身处剑桥大学，且从未离开过他的研究，但是他通过研究贸易周期的内在规律和熨平手段，比那些正如马歇尔所指的活跃在企业界和政界的人，默默地为减轻社会的痛苦做出了更多的贡献。因此，罗伯特森给自己制定的任务，虽然已经很充分了，但是却包含着更大的社会意义。相应地，在《工业经济波动的研究》中，他主要关注的是由于贸易周期所导致的福利损失，以及福利水平与经济增长之间的关系。同时，他对减少这种福利损失的措施也进行了研究。

罗伯特森采用经验主义法和归纳法来研究贸易周期，因为他寻求在大量事实和数字的基础上推导出理论。令人感兴趣的是，他在以后的研究中再也没有从事过如此雄心勃勃的经验性研究工作，但是却一直沿用了从特殊到一般，从部分研究到整体研究的归纳研究方法，这形成了罗伯特森作品的特点。在他的研究员申请论文中，他起初仅仅打算依据比较容易得到的统计资料对现有的贸易周期理论提出批评，但是后来，他却沿着庇古的思路，提出了他自己的理论，并使用数据和实际工业经验作为证据和实例。然而，他的理论自从提出来以后，就遭受了很多责难，直到许多年以后，才峰回路转，当时，希克斯表示自己"完全同意和欣赏"罗伯特森关于贸易周期产生原因的分析，然而，他却对罗伯特森独特的研究方法感到惊叹：

> （罗伯特森）……在《工业经济波动研究》中提出的周期理论是第一个有预见性的周期理论……在那时，它更多是通过归纳研究方法，而不是夸张的理论得出的。在当时的条件下，能从如此杂乱无章的事实中提炼出这样一个结论，对于我而

言，我觉得这简直就是一个奇迹。[1]

难道希克斯想要表达的是，罗伯特森提出他的理论，就像是从帽子里变出一只兔子吗？在希克斯对罗伯特森的评论中，经常会出现讽刺性的记录，这或许是希克斯在这里写这段话的原因。或者，也有可能的是，希克斯不知道这本书从何而来，他对罗伯特森成功地运用马歇尔—庇古研究方法得出结论真的感到吃惊。如果是这样的话，希克斯的答案是，抛开事实和数字，罗伯特森并没有得出一个以前并不存在的周期理论。当时已经有大量的关于周期的理论，罗伯特森只不过是第一次尝试着用系统的经济学方法来对它们进行筛选。

关于现有理论：

> 在 19 世纪 80 年代以前，在不同的国会委员会上曾经提出过大约 180 个关于危机和萧条的原因，其中包括铁路自由畅行的问题、妇女选举权的保留等。这份名单一直保持没变，直到伯格曼在 1895 年出版了德语版的著作，在书中他详尽地讨论了危机和萧条产生的 8 大类，230 个原因。事实上，工业波动问题已经在过去的一整个世纪里引起了商人、经济学家和实践改革者们的极大关注：仅仅在过去的五年里，就有六本重要的专著——从 280 页厚的到 742 页厚的都有——已经在英国、美国和法国等地相继出版。[2]

如果所有重要的理论贡献都有其闪光点，那么就没有人能够对这些理论作出公正的评价。其结果是：

> 到现在为止，依然没有一个单独的综合性的解释被公认为是无可替代的。因此，我认为目前最重要的工作是对这些现有的不同的，而且经常是相互冲突的观点进行发展和融合。[3]

---

[1] Hick, 1942: p. 57.

[2] Robertson, 1915: p. 1.

[3] Robertson, 1915: p. 2.

相应地，罗伯特森的贡献就在于在这些可选理论的基础上，提炼出了一个关于贸易周期的经验性的、经过验证的、综合性的理论解释。

这些可选择理论的内容极不相同。很长时间以来，没有人能够提出一个令人满意的系统来对它们进行分类。在最近几年里，罗伯特森经济学的第一个重要的学生——普雷斯利——根据贸易周期产生的原因对现有理论进行了分类。他将对贸易周期理论的研究划分为七个流派，其中包括英国本土的、欧洲大陆的和泛大西洋的流派等。罗伯特森的选择受到了他后来称之为幸福的无知的"大量的欧洲大陆文献"① 的限制。由于这个限制，他的工作给人留下的是强调创新无用的、有时被人轻蔑地称为盎格鲁—撒克逊（Anglo - Saxon）传统的印象，虽然他本应该被看做是英国当时在该领域的思想开创者。

罗伯特森的工作进一步受到了限制，这一限制来自于他的研究前提，尤其是他"从庇古那里学来的，坚持在事物的货币表面下发掘问题……找出引起经济波动的'真实'原因"②的做法。在这样做的时候，他与英国主流的经济学家作对，因为后者支持贸易周期的货币解释和心理解释。虽然他遵循的是"马歇尔博士的方法"，然而，他的理论明显地偏离了剑桥学派的思想。

在一些基本现实的表面下发掘问题的想法很明显打动了罗伯特森。接下来，在《工业经济波动研究》中，这种想法产生了两个不同但是相关的含义。第一个含义是关于寻求对经济波动的解释的，罗伯特森认为，在除去了货币影响和心理影响的泡沫后，经济波动深深地根植于生产过程的基本结构之中。

他的理论还暗示一定程度的经济波动是经济增长所必需的，因为它包括着收入之中的储蓄而不是消费，这又引出了挖掘基本现实表面之下的问题的第二个含义：发现人类活动的主要原因，也

---

① Robertson, 1956：p. 89.

② Robertson, 1948：pp. xi - xiii.

就是那些控制人类行为的主要力量。

罗伯特森的贸易周期理论能够被归类为这样一种理论：

> 一个非货币的、过度投资的理论……依据是，危机被看做
> 是由于过度投资引起的，产生危机的原因从根本上讲是非货币
> 的，而且与资本主义生产体系的内在特征密切相关。[①]

过度投资理论在英国是新颖的，但是在欧洲大陆却并不新颖。罗伯特森反对杜干－巴兰诺夫斯基（Tougan – Baranowski）的观点，后者认为导致投资过度的原因在于资本品的需求相对于购买资本品所需的信用供给是过量的。罗伯特森更愿意接受拉伯德尔和斯庇托夫的观点，他们认为导致投资过度的原因在于以消费品形式表现的"真实储蓄"相对于投资水平显得不足。罗伯特森后来对拉伯德尔的工作致以迟到的感谢，[②] 并且将储蓄短缺理论作为解释经济危机发生的次要原因。然而，由于过度投资理论得到了更好的证据支持，罗伯特森将它作为了自己的经济波动理论的基础。为此，罗伯特森十分感激阿夫达里昂（A. Aftalion）。对于阿夫达里昂而言，过度投资理论意味着在经济繁荣期末的资本品供给相对于对它们的需求而言是过量的，结果导致资本品的边际效用下降，这会"合理地诱导消费品生产者限制他们的供给量"，从而导致劳动雇佣水平下降，最终引发了庇古所言的劳动阶层的福利水平的下降。

虽然剑桥大学以外的世界不得不等到 1915 年《工业经济波动研究》出版以后，才能够对罗伯特森对于贸易周期的研究有一个比较充分的了解，但是在《工业经济波动研究》出版前的几年里，他的一些重要的结论就已经为人所知了。这主要是由于两个原因造成的。一个原因是他为欧洲大陆学者的书所写的两篇评论，另一个原因是他在皇家统计学会的一次会议上宣读的一篇论文。由

① Presley, 1978: p. 26.

② Robertson, 1948a: p. xiii and the Appendix to the volume.

于那本书要在 1914 年出版，所以评论必须要在那之前写出来。另外，他在皇家统计学会宣读论文的时间是 1913 年，当时宣读的论文是他研究员申请论文的第一稿，那是在他研究生学业开始后仅仅一年就写成的。这些事实进一步证明了罗伯特森在智力上令人惊叹的早熟。在着手处理已成名经济学家的作品时，他既表现出了对于材料的熟练把握，又表现出了超出他年龄的自信。

很明显，罗伯特森的书评[1]令人耳目一新。在书评中，罗伯特森是真正地在倡导和实践他的"挖掘事物表面下的问题"的理念，他对于有很多经济学家公开表示支持的、仅仅限于货币层面分析的方法保持着高度的敏感。罗伯特森发现这个方法的缺陷严重地破坏了他所评论的第一本书里面提出的理论。这本书的作者是杜干 – 巴兰诺夫斯基（M. Tougan – Baranowsky），书的内容是 1894 年英国经济危机的事情，书名叫做《英格兰的工业危机》（1913 年）。当时，该书正要由俄文翻译成法文。在这本书中，有一些观点与罗伯特森的周期理论之间有着特殊的关系，让我们来看一下这些观点。

首先，作者认为危机与生产的资本主义系统，或者是与生产的"迂回"（Roundabout）系统密切相关，虽然罗伯特森注意到一个明显的矛盾，这个矛盾存在于这一个观点之中，即随着时间而逐步缓和的危机与消费品生产的成比例增加密切相关。

其次，作者注意到工人阶级状况得到了明显改善，这一点可以从失业与货币工资、救济资格等因素之间的传统相关性的减弱中看出，他把这归因于工会力量的增强。虽然罗伯特森承认，从庇古福利的意义上讲，这种情况是会带来一些好处的，但是他也恰如其分地指出，这种情况可能会产生两种可能性：一种是货币工资的稳定是通过以就业水平的不必要的大规模波动为代价而获得的；另一种是，正如作者所承认的那样，失业期与犯罪率的激增密切相关。

杜干 – 巴兰诺夫斯基十分正确地把资本品的过度投资看做是产

---

[1]　Robertson，1914.

生"现代经济波动"的主要原因，而且他还意识到，就投资和储蓄而言，资本品和消费品是密切相关的。然而，他并没有把自己的逻辑观点应用于结论中，因此没有能够认识到过度投资的产生是与以消费品的形式存在的，而不是与以锁定在银行账户和政府债券的货币购买力形式存在的可得真实储蓄密切相关。很明显，作者没有更进一步地发掘问题的真相。

罗伯特森对于他写书评的第二本书更感兴趣。这本书是阿夫达里昂的《生产过剩的周期性危机》（1913 年）。罗伯特森认为"总的来讲，该书是现有的关于这个最重要问题的最具有建设性和创新性的作品"，他还评论道，"这或许是除了杰文斯以外，对经济波动理论所做出的最具有建设性的贡献"[1]。像前面一样，在这里，我们将我们感兴趣的一些观点罗列出来。

首先，阿夫达里昂的观点与罗伯特森的观点一样，都是建立在统计数据的基础上的。

其次，他驳斥了当下流行的经济波动理论，例如危机的后果、消费不足和信用的可获得性。在总体赞同之中，罗伯特森唯一做出的附加说明是阿夫达里昂对于储蓄的本质的解释相当模糊，他或许还是仅仅停留在货币层面上看问题。

第三，阿夫达里昂预见到了在资本品和消费品的生产方面存在过度供给的可能性，这种过度供给是由于长时间的强烈的需求引起的。考虑到资本品的生产总是滞后于总产出和价格，以及生产周期（这个概念在罗伯特森的贸易周期理论中发挥了重要作用）的存在，在资本品和消费品的生产方面存在的过度供给可能会更加严重。不幸的是，在罗伯特森看来，阿夫达里昂没有能够很好地理解社会需求的本质，他的理论中也没有能够包括农业和发明对经济危机的影响，这必然限制了他的成就。

第四，然而，阿夫达里昂的另外一个观点却帮助了罗伯特森，即从边际效用下降的意义上讲，经济扩张会导致过度供给。结果，

---

[1]　Robertson, 1914a: pp. 84, 88.

由于货币工资保持相对稳定，产品的边际收益和边际成本之间的不平衡会引起企业主削减产量，随之会引发雇佣工人数量和消费（福利）的减少。对于罗伯特森而言，过度生产的含义变得清晰了，即"没有能够实现在各个时点上的消费品的边际效用的均等"[1]。

正如罗伯特森选择的标题《贸易波动研究的一些素材》所明示的那样，罗伯特森在皇家统计学会上宣读论文的公开目的是，提出关于经济波动的一个适当的理论解释。在可得到的统计数据的基础上，"素材"包括两个观点，这两个观点在解释"所谓的贸易周期性波动"方面很有帮助。这两个观点都不是罗伯特森的原创，他把功劳记在了阿夫达里昂和尤尔（G. U. Yule）的身上，后者是剑桥大学的一位统计学家，他给了罗伯特森非常有帮助的建议。[2] 而且，每一个观点都是单独进行讨论的，并没有提出一个总体的理论框架作为背景。

第一个观点——在《工业经济波动研究》一书中，罗伯特森把这个观点看做是过度投资的一个诱因——是阿夫达里昂提出的"孕育期"的概念，在"孕育期"内，"贸易繁荣迟迟没有到来，经济萧条因恢复生产尚需要一段时间而加剧"[3]。阿夫达里昂运用了来自法国的统计数据，罗伯特森的贡献在于证实了前者的研究，他沿用了阿夫达里昂的研究方法和相关概念。所不同的是，他使用的是来自英国工业部门的"具有相当准确的特征"的证据，这些工业领域包括：铁路、生铁和煤炭、货运和造船、棉纺及咖啡。

第二个观点——在《工业经济波动研究》中，罗伯特森将其称之为萧条的恶化——是卡尔·马克思的观点，即"经济危机表现出十年一次的特征主要是由于世界上的固定资本每十年就需要

---

① Robertson，1914a：pp. 88.

② Robertson，1914b：p. 178.

③ Robertson，1914b：p. 159.

更新一次"①。尽管这个观点可能是为了解释看到的事实而作出的一个猜想，但是罗伯特森感到它一直没有"得到后来的经济学家们的足够关注"（p. 165）。此外，罗伯特森还用英国工业的数据，包括铁路、棉纺、造船、建筑、咖啡、生铁、煤炭以及石油等行业的数据，检验了设备寿命的重要性。

　　最后，从对论文的讨论中可以看出，罗伯特森提出的思想具有非常重要的意义，但是他用来为其提供证明的统计数据是有缺陷的——它们遭受到了来自讨论者们的真正的挑战。人们认为，这篇论文为马歇尔在长期和短期之间作出的重要区分提供了解释，"价值和在努力及牺牲方面所进行的投资之间的一致性"只会在长期出现，而短期则为马歇尔的超额利润（quasirent）（当资本供给是固定的时候，回报超过了机会成本）现象所支配。

　　总之，《工业经济波动研究》是一个开创性的工作，虽然按照现代的标准来看，它所采用的技术是粗糙的和业余的，但是它将调查的方法应用于贸易周期理论，这个方法后来变成了经济学研究的规范方法。总的来说，这是一个涉及面很广的研究，考虑到罗伯特森在一年之内提出创新性的想法，然后在两年之内从数据中提炼出了自己的综合性的理论，它所完成的速度令人印象深刻。他所提出的对贸易周期的解释使他后来被公认为是一位经济学界的伟大的思想家。他所提出的贸易周期理论将是我们下一章讨论的主题。

---

① Robertson, 1914b: p. 164.

第 *6* 章

贸易周期理论

那些第一次接触《工业经济波动研究》的读者将会很快意识到，即使是在它获得科布登俱乐部的奖项以后，它还是有修改的余地的。罗伯特森承认，"其他责任（战时服役）的压力"阻止了他的进一步修改的工作：

> 一定数量的技术手段和详细的统计材料，更加适合于写一篇给学者们看的论文，它们可以为研究提供证据，而不适合于一项向一般公众表达一个特定的清晰的结论的工作。①

换句话说，这项工作所包含的理论并不是通过书本内容推理得出的，而是根据相应的确定的证据归纳得出的。这与我们前面的讨论是一致的。但是作为一个开始，罗伯特森对于"大概从1870年直到大战前夕"（p. xviii）的工业数据的观察分析和推理结论是非常有用的。

首先，我们应该注意到，除了在文中引用庇古的《财富与福利》之外，庇古作品的精神同样弥漫在整个《工业经济波动研究》

---

① Robertson，1915：p. xviii.

一书中。无论从思想上，还是从行动上，它都试图告诉政策制定者应该如何随着时间的推移来增加人类福利的总和。

其次，罗伯特森认为由自由放任的工业无序状态产生了一个非凡的经济凝聚力和经济繁荣，而"没有任何直接权力的指导"（p. 7）。

然而，他认为经济系统会产生波动，而这种波动会造成社会福利的损失。经济波动主要是由两个互补的因素引发的：（1）现代资本主义（资本使用）生产的本质；（2）一个明显的不懈地推动经济增长的意愿。

由于习惯、习俗，以及对人类欲望后果的盲目接受的影响，经济系统已经在年复一年地不仅产生好的产出，而且产生不好的产出。

然而，由于可能使国家面临遭受破坏的可能性，战争已经迫使统治阶级向公众寻求有效的治理之道，这种情况（令人感到好奇的是！）仅仅会在这种情形下发生，即"当国家的安全，而不再仅仅是它的成百上千的居民的福利危如累卵的时候"（p. xix）。换句话说，罗伯特森认为：

> 就像在其他领域一样，在工业领域，至少存在着一种可能性，即我们正面临着那些确定的社会生活的变迁之一，即人类集体的力量决定了人类的最高希望（p. xx）。

其结果是：

> 从某些方面讲，公众对于工业问题的研究分析要比以前更容易为政府所接受。几乎没有人怀疑剧变的发生。无情的现实已经打破了无用的教义，撕掉了虚伪的面纱（p. xix）。

来自金融系统的案例已经提供了一个最有价值的先例，传统的信仰正遭遇到一种前所未有的挑战：

> 高度复杂的融资体系已经表现出无限的脆弱性，表现得比那些想要有意识操纵和控制它的人们更加顺从（p. xix）。

与金融领域一样，整个经济体系同样是这样的：

> 战争的打击正在以各种各样的方式唤起人们的经济现实感，这或许会开启一个更加深思熟虑的、有秩序的工业时代。（p. xx）

罗伯特森在《工业经济波动研究》中预示了人们态度和行为方面可能会出现的变化，并将它们清楚地表达了出来，而且还提出了一些方法，借助这些方法，人们就能够利用这些机会来增加人类的福利水平。看起来十分矛盾的是，由于战争的发生，罗伯特森在和平时期所提出的一些观点和政策建议更有希望被采纳了。

非常不幸的是，罗伯特森没有机会将他在《工业经济波动研究》里的观点推广开来，并对国民意识产生一个更大的影响——就像凯恩斯通过 1919 年的《和平的经济后果》所实现的那样。然而，我们必须承认，凯恩斯是一位社会活动家，他总是时刻准备着利用自己的写作能力和社交能力来实现他的政策目标；而罗伯特森从来都不是。

罗伯特森通过深入挖掘问题的本质，更进一步地认识到，在技术细节的复杂表象之下，周期问题的实质是储蓄和投资问题——它们由什么组成，以及它们是如何发生联系的。后来，在两次世界大战之间的那段时间里，储蓄和投资，以及货币问题，成为当时经济学家们关于国民经济决定问题的争论的焦点。罗伯特森关于这三个变量（Robertson，1926）之间的关系的创新性研究对于这个主题的后来的研究产生了深远的影响。罗伯特森在《工业经济波动研究》中所使用的来自现实世界的工业数据为这项工作提供了重要的基础。

十分重要的是，罗伯特森对于工业过程的研究首次强调了短期分析的重要性，他认为经济系统正是依靠短期的不断调整而趋向于长期均衡的。[1] 在这里，罗伯特森的短期的概念与以前剑桥学派

---

[1]　on the Cambridge School, see bigg, 1990.

的短期的概念是不同的。对于罗伯特森而言，表现为周期性波动
的短期，由于它与人的生命跨度，进而与经济福利水平实际相关，
因此变得十分重要。它是通过存在于周期和增长之间的关系而与
长期发生联系的。因此，《工业经济波动研究》实际上也在探讨在
一个增长的经济中，经济福利的决定性因素到底是什么这样的问
题。而且，《工业经济波动研究》中还提出了一些让周期所产生的
成本与经济增长的需要保持一致的方法：也就是说，采用这些方
法，可以使周期与趋势保持一致。

　　具体来讲，罗伯特森寻求解决的问题又产生了两个新问题。也
就是说，如果接受经济增长的过程是以当前福利的损失为代价的
观点，就会引发两个新问题：（1）对于任何既定的增长率而言，
我们有可能使这个经济增长的必要成本最小化吗？（2）即使必要
的成本已经被最小化了，以牺牲当前利益来换取未来对经济繁荣
的承诺的做法可取吗？对于第一个问题的回答占据了《工业经济
波动研究》的大量篇幅，其中也包括罗伯特森的贸易周期理论。
对于第二个问题的回答是试探性的，因为罗伯特森认为这是一个
伦理学问题，可以试着从哲学或者文学的角度，而不是经济学的
角度去寻求答案。

　　对于作为一位经济学思想家的罗伯特森而言，所有这些都是具
有两面性的。首先，在首次强调短期的重要性的时候，罗伯特森
这位先驱者当时正在参与凯恩斯的工作，他的思想通常都与凯恩
斯的名字相联系。第二，他所提出的未来经济增长的要求需要以
当前一代人的福利损失为代价的观点，以及人类生生不息的发展
欲望等观点，已经超越了庇古，这使得《工业经济波动研究》不
再仅仅是庇古研究方法的一个简单应用。而且，那种经济学家们
能借之为经济现象提供一个更加完备的解释的思维方法在以后的
70多年的专业文献中再也没有出现过。

　　或许相当令人吃惊的是，《工业经济波动研究》中有一个我们
或许可以称之为"杜撰的理论"的例子，罗伯特森非常喜欢这个
例子，将它作为抵御各种批评和讥讽的有效武器。同样，《工业经

济波动研究》中还有一个或许可以看做是"最讨厌的东西"的例
子，这或许来自于一些个人倾向的影响。最后，纵观以上这些分
析，我们可以在罗伯特森的作品中发现一个很少见，但是却非常
突出的暗示，即他正准备在以后的理论阐述中改变他的思想。相
应地，在这个改变过程中，前面的那个"最讨厌的东西"承担着
主导因素的作用，而"杜撰的理论"则改变了它与其他因素之间
的关系。

罗伯特森"杜撰的理论"是关于农业的持续重要性的探讨的，
他后来承认"全书大约有 1/3 的篇幅致力于研究农业对于工业活
动的影响"①。在这点上，他从他十分尊敬的杰文斯父子的作品中
获得了灵感，虽然他并不接受农业能够为工业波动提供一个完全
的解释的观点，但是他认为农业是经济波动的一个重要因素。他
建议对杰文斯父子关于周期的太阳黑子理论进行完善，后来他要
求对太阳扰动对于经济活动过程的影响进行一个更加专业的
调查。②

然而，有一个普遍的看法认为，罗伯特森对农业的重要性的强
调甚至在它被提出的时候就是有问题的，因为到 1913 年的时候，
农业部门的产值在规模上已经大不如前了。一位表示同情的评论
家认为罗伯特森在强调农业的作用时"表现出勇气"，因为当时
"如果有人哪怕对有关天空或粮食的理论表现出任何倾向的话，他
真的就会被给出这样的建议：你应该去看看医生"③。而且，对于
经济学职业而言，证据之间的系统性关系是难以被找到的。回想
起来，一位很少有同情心的评论家使用了一篇讣告文章来表达下
面的意见：

> 时间允许我们过滤掉罗伯特森所过度强调的一些因素，例
> 如农业。经验表明，农业与商业周期之间并没有一个简单的关

---

① Robertson, 1948a："New Introduction"，p. x.

② Robertson, 1948a：p. xi.

③ Ashton, 1951：p. 300.

系了。①

面对着普遍的怀疑态度，罗伯特森显得无所畏惧，偶尔他也收获一些来自其他一些作者②的支持的声音。

对于他"杜撰的理论"，他一直坚持到底。在他的《经济学原理讲义》③中，他依然坚持他的信念：

> 大自然的慷慨的波动扮演着一个依然可以辨识的角色，考虑到太阳黑子的作用，要将危机减少到一个有规律的周期模式或许是不可能的。

虽然在罗伯特森的感情中，农业始终保留有一个位置，但是在他后来的作品中，它的作用被弱化了，它改变了与其他变量之间的关系。在《银行政策与价格水平》（1926 年）中，农业被认为既影响周期的各个阶段的发生时机，又影响危机的程度，但是并不能够"为工业产出的周期性提供一个完全的解释"④。很明显，农业在罗伯特森的波动理论中的作用改变了，这个改变伴随着一个事实，即他以前的"最讨厌的东西"逐步得到了大家的认同。这个"最讨厌的东西"就是加速原理，或者是他在 1915 年所讲的"反应"（repercussion）。虽然罗伯特森基于以前的思想建立起了一般规则，并且对他所使用的规则保持忠诚，但是由于他的工作与当时经济学理论的发展背道而驰，最后，他自己也不得不逐步作出改变，甚至于对于以前完全排斥的"反应"的概念也几乎完全接受了。

人们通常没有注意到，罗伯特森使用专业术语"反应"一词来表示加速原理，也表示凯恩斯后来所使用的"乘数"⑤的概念。还有一点非常重要，那就是虽然罗伯特森逐渐接受了加速原理，

---

① Samuelson, 1963: p. 522.

② see, for example, Robertson, 1948a: p. x.

③ Robertson, 1963a: p. 410.

④ 1926: pp. 14ff.

⑤ see Study, p. 125 and Lectures, p. 410.

并且看上去并没有把它当做是对自己观点的威胁，但是，他却轻视乘数理论，很明显，事实上他把它看做是一个威胁。① 然而，在1915 年，他已经很难轻视乘数理论了，但他依然声称：

> 正如被莱斯库尔（M. Lescure）所流畅地解释的那样，整个"反应"理论好像正在编造一些无中生有的东西，整个理论好像建立在流沙上一样。②

同样，在接下来的几页中，他谈到了他要抛弃"'反应'这个术语"③。

罗伯特森与和与他同时代的许多经济学家一样，认为由于缺乏内在的约束机制，"反应"很明显将会是一个无尽的过程：

> （有一个观点认为）在一个无尽的链条中，从一个产业到另一个产业相继繁荣、互相促进。难道是因为思想混乱才会产生这样的观点吗？④

问题在于即使是在凯恩斯已经将偏好的概念引入消费和储蓄分析中，从而为他的乘数理论提供了科学的基础，为节俭悖论提供了一个更加简明的解释以后，罗伯特森还在继续思考这些术语。这将为他（或许是故意地）误解凯恩斯的新经济学提供理由，同时，这也是罗伯特森与凯恩斯两个人之间产生争论的根源。

虽然他继续诅咒乘数的概念，但是在他以后的工作中，他却从加速原理中受益，以至于到 1973 年，他能够说："我发现我自己与哈罗德先生的观点是一致的，即乘数原理在对贸易周期的任何分析中都应该被放在首要的位置"⑤。随着时间的流逝，他对加速原理的感情与日俱增。等到他在该领域的研究工作得到承认的时

---

① see, for example, Robertson, 1948a："New Introduction"，pp. 12 ~ 13.

② 1915：p. 125.

③ 1915：p. 164.

④ 1915：p. 125.

⑤ Robertson, 1940：p. 179 [Review of The Trade Cycle in Cam. Journal of Economics, 1937, reprinted in Essays pp. 176 ~ 181] .

候，他确信"我总是感觉，在一个人关于周期的思想中，加速原理应该被放在首要的位置"[1]。

当这些改变正在发生的时候，罗伯特森的理论研究的另外一个基石也发生了动摇。在《经济学原理讲义》中，他并没有提到"需求的努力弹性"的概念，这个概念在表达《工业经济波动研究》中所包含的思想方面发挥了重要的作用。用这种方法，当农产品的相对价格下降时，整个努力会增加。取代这个概念，罗伯特森应用了一些宏观层面上的结论（尤其是关于农业收入和投资之间的关系方面的结论），这些结论是在他早期对微观层面所作的观察的基础上得出的。[2]

现在，如果我们要考虑农业和"反应"这两个因素的发展情况的话，我们或许可以合理地得出结论，即当罗伯特森逐步接受"反应原理"或者说加速原理的时候，对《工业经济波动研究》而言最重要的相对边际效用的观点，就变得没有什么必要了，甚至能够与"需求的努力弹性"一起被舍弃掉。

---

[1] Robertson, 1963a: p. 425.

[2] Presley, 1978: p. 58.

第 *7* 章

详解《工业经济波动研究》

　　《工业经济波动研究》的组织结构和研究方法是很有意思的，因为它们遵循了罗伯特森习惯的做法，即从特殊到一般，从个体到整体，或者，按照现在的说法，叫做从微观到宏观。相应地，内容被分成了两部分。第一部分主要写单个贸易中的波动；第二部分主要写总体上的贸易波动。在这两部分中，罗伯特森遵循了相同的程序。读罗伯特森 1914 年在皇家统计学会的论文对于研读《工业经济波动研究》非常有帮助，因为从前者中我们可以清晰地看出罗伯特森的研究方法和思路。正如前者，在《工业经济波动研究》中，罗伯特森先提出一个观点，然后讨论它，在此基础上，将它与一些贸易的真实的历史数据联系了起来。

　　例如，皇家统计学会论文中提出了一个"资本的孕育期"的观点——同样，在《工业经济波动研究》中，有一个与此相类似的观点，即与现代工业联系在一起的"供给现象"——它们都倾向于导致过度投资发生。罗伯特森将它定义为"建造和准备必要的生产设备所必需的时间的长度"（p. 13）。如以前一样，观点的有效性是通过来自煤炭、生铁、货运、铁路、棉纺、咖啡、铜及橡胶等贸易领域的经验和实践来检验的。与此同时，由于供给刚性的存在，延长了"转型期"，以至于局部的或者普遍意义上的交换价值或许会提高，这或许将会导致过度投资（pp. 13~25）。

然后，在第二部分，罗伯特森用他的调查结果来解释"经济总体扩张和萧条的交替"，即所谓的贸易周期（p. 121）。换句话说，在第二部分，罗伯特森力图追问他从大量的单个贸易中识别出来的那些产生波动的、各具特点的原因，是否能够被用来解释整个工业经济的周期。当然，作为解释的一个重要因素，"反应"的概念在这里没有被采用，更有可能被用到的概念是那些与相对价格的新古典概念相一致的概念，这些概念在微观经济层面的单个产业分析研究中占据着主流地位。这样做的前提是，对于一个庇古思想的倡议者而言，（相对）边际效用理论将会被放在一个非常重要的位置。

从单个贸易着手，罗伯特森开始研究"特定的波动趋势，一开始表现为由贸易提供的服务所引发的交换价值的提高，它被发现深深地根植于大规模的竞争性的资本主义工业的现代体系中"（p. 46）。也就是那些鼓励过度投资——过度投资会引发经济衰退——的趋势，以及那些导致经济萧条恶化的趋势。

产成品需求的变化，以及生产成本的下降，都可能会引发交换价值的最初的提高。由此引发的供给方的变化，正如许多贸易的经验所表明的那样（pp. 47~65），是"一种特殊的低成本的形式，无论是在减少直接繁荣方面，还是在刺激为未来的萧条播下种子的过度投资方面，它看起来都发挥着重大的作用"（p. 66）。罗伯特森一直强调发明的重要性，这通常被认为是他最重要的贡献，至少是在英国本土对周期的研究领域里是这样的（然而，现在，发明主要是与熊彼特联系在一起的）。

继续考虑需求方的变化，罗伯特森在第一部分中并没有探讨关于消费品贸易和设备品贸易之间的（非常重要的）需求关系（p. 69）的问题，这些问题直到第二部分才得到讨论。在第一部分中，罗伯特森将主要精力放在了探讨在一般意义上引起需求变化的因素上。在这些因素中，有一个团体的研究被冠以"五花八门"

的标签，他们的研究中包括了各种各样的引起需求变化的因素，例如"和平与战争的交替"和外国关税（p. 72）等，但是他们坚持认为最主要的影响因素是农业。罗伯特森将农业的影响看做是"比其他任何因素都有着更加持久和更加广泛的重要性"（p. 75）。他之所以一直对农业的作用感兴趣，是因为农业在他的理论中扮演着战略性的角色。农业的作用之所以重要，不是因为考虑到总体贸易问题时农业对工业所产生的影响（是否会对设备品贸易和消费品贸易产生"直接的"、"正常的"或者是"心理的"影响，参见 pp. 75 ~ 120），而是因为考虑到总体贸易的波动问题时农业对工业生产所产生的影响。在他的书的第二部分里，重点探讨了这个问题。

现在，考虑到交换价值的最初的提高，被观察到的"经济总体扩张和收缩的交替"将是一个必然的结果。然后，"什么是被观察到发生交替的经济体的本质"这个问题出现了。许多年以后，在《工业经济波动研究》的再版的"新导论"中，罗伯特森声称他自己有意选择了"真实国民收入"而不是更加传统的一些关注点，例如价格、利润或者甚至是就业等。毫无疑问，他的选择受到了庇古的《财富与福利》的启发。

然而，这里再一次有一个暗示，表达了罗伯特森对于自己的原创性理论被否定的不满，因为罗伯特森承认他现在所选择的专业术语（与 1915 年的专业术语相比较）是对凯恩斯的有意识的反击，后者声称在 20 世纪 30 年代就已经发现了作为一个整体的产出的重要作用。

结果，罗伯特森在《工业经济波动研究》的"初始章节"里对这个主题的原创性研究是很有启发性的，在那之前，凯恩斯主义者们的自以为是还没有给他投下很大的阴影。罗伯特森使用了"农业活动"相对应的"工业活动"这一术语。工业活动是指消费品和资本品的生产，它被分为贸易（或组群贸易）和总体贸易。

使用"贸易"这个术语也暗示着交易的意思，当就单个贸易而言，对于繁荣和萧条的合适的度量手段是"总净收入"（p. 3）

的时候，对于总体经济行为的度量手段就是交易总量，或者更加确切地说，是消费总量。消费是经济成功的度量手段。在一个处于增长的经济中，这个非常直白的概念会由于必须包括在一年里的总投资以及产成品的效用而变得复杂（p. 5）。然而，非常清楚的结论是，所有经济活动必须以消费为终点，经济努力的目的就是要实现从消费中得来的社会净效用（总效用扣除投入的效用，参见 p. 200）的最大化。

进一步，罗伯特森解释了根据储蓄和投资所分别决定的两种产出之间的关系。资本品（"设备品"）被用来生产消费品，消费品为资本品的生产形成了真实储蓄的需要。[①] 两种类型产品之间的比率由相对边际效用（交换价值）决定，以至于边际效用的增加将引起生产活动的增加，同样它的减少将引起生产活动的减少。在单个贸易的情形下，边际效用的概念是相对的，这不会有什么问题，但是当考虑到组群贸易或者整体贸易的情形时，必须要有一些相对能够起或落的东西。那些事情要么是预期，要么是农业。

首先，关于预期，罗伯特森认为，资本品的边际效用的评估相对于消费品而言可能不是那么精确和稳定，因为对于资本品的边际效用的评估不得不建立在对未来生产率的评估的基础上（pp. 156～157）。可能的变化是理解现代工业经济波动的关键。尤其是，它能够解释经济体从萧条中恢复，进而开始了扩张，然后，在适当的时候，又从繁荣到衰退这一过程。对于罗伯特森而言，这是因为"'扩张'的每一个时期都包含着自生自灭的种子"（p. 8）。

资本品边际效用的改变（提高）或许是由于以下几个原因：（a）意外的好收成所带来的心理影响；（b）经济主导部门非同寻常地大规模更换磨损资本品的需要；（c）经济主导部门对新发明的应用（p. 157）。进而，对于投资品投入增加的预期将预示着对消费品需求的增加。消费品的边际效用将相应地得到提高，生产

---

① pp. 171 n. 2 and 236.

商将被诱导增加产出，商品所有者将释放他们的库存。

在思考总体贸易中的波动时，罗伯特森将自己描述为"在一些点上不经意地闯入了工业变化的神奇周期中"（p. 121）。他在这个点上切入研究的做法，后来被一位评论家略带斥责地称之为罗伯特森方法。[1] 然而，关于为什么罗伯特森选择在贸易周期中的复苏这个点上进行切入研究的解释现在是很清楚的。首先，因为复苏是整个贸易周期中最重要的一步，从复苏开始，一个贸易周期的其他各个阶段相继展开。其次，它允许罗伯特森将引起资本品的边际效用改变的三个原因都集结在一起，因为复苏是整个贸易周期中唯一一个能够产生（b）大规模更换资本设备的需要的阶段。

我们把目光从预期转向农业。农业的战略重要性现在变得很清楚了，因为农业是工业之外的唯一与总体工业的产出的交换价值相关的，并且能够起或落的实体。对于罗伯特森而言，在他的研究计划中，农业的地位主要来自于他的经验性调查的结果，无论后来遇到了什么样的批评，他都总是能够为他的观点，即农业对周期有重要影响的观点，找到证据（pp. 129~155）。

由于罗伯特森排斥"反应"（pp. 122~125）原理，所以他就必须对生产者和改变他们行为的原因提供解释。为此，根据满意度原则，他提出了"需求的努力弹性"的概念。更具体地讲，就是说生产者和股东投入的努力越大，生产率也就越高，他们的满意度也就越高。满意度的提高可以来自于三个方面：由于产品生产的真实成本的下降所带来的生产效率的提高（通过改进组织方式或机器设备）；或者，更可能的是，由于大丰收所导致的产品交换价值的提高；或者是产品的边际效用的期望价值的提高（pp. 126~129）。

他的这套理论在农业领域特别管用，因为它解释了为什么交换价值的改变将不仅仅带来国民经济各部门之间既定购买力水平的重新分配。这是因为需求的努力弹性要大于单一弹性（谷物消费

---

[1] see Goodhart in Presley, 1992: p. 24.

者的努力会导致生产率提高，进而会导致满意度的提高），这意味着谷物价格的下降将会导致超过正常水平的需求，至少增加的需求中的一部分构成了工业品增加的供给的一部分。因此，总需求水平会增加，为了获得谷物而额外付出的努力并不是完全以被投入到其他产品的需求上的努力为代价的（pp. 130～137）。

从经济复苏开始，经济活动快速进入繁荣阶段，从那时起，到一定的时候，工业周期的危机和萧条阶段将会接踵而至。这个周期性活动为什么会发生呢？罗伯特森对此的解释是当考虑到导致经济扩张的力量的负面因素时，其中也包括了"终结经济整体复苏的力量"（p. 165）。

因此，联系到要素和技术的低效使用，以及供给的成本上升等因素，经济的扩张必然会带来真实成本的稳定的增长。而且，"更加明显和灾难性的"是农业短缺的影响，它有可能会导致工业活动的收缩，其前提是在那时谷物的努力弹性将是无弹性的（小于单一弹性）。罗伯特森将农业的影响看做是"补充的重要性"，但是"拒绝将它看做是工业崩溃的唯一原因"（p. 170）。第三，产品的边际效用的期望价值的下降，"显示出与消费品相比，建筑品的交换比率下降，建筑品贸易的前景变差（p. 170）"。可能有两个原因导致了这一情况的发生。首先是因为投资储蓄的短缺：

> 投资吸引力增加的一个结果是大量的消费品被吸收到不断累积的消费品存货交换的漩涡之中。因此，过一段时间，除非由新设备创造的消费品在数量上足够补偿这种吸收，否则在建筑品上的投资是不可能维持在一开始的规模的。因此，造成建筑企业倒闭这样一种情形的主要原因被认为并不是建筑业的高成本，而是可用于投资的真实资本（消费品）的不足。[①]

然而，"相比消费品而言建筑品交换比率的下降"并不依赖于后者存货水平的实际下降，因为当生产率提高的时候，这种下降是不会

---

① pp. 170～171.

发生的。取而代之的是，资本品相对于消费品而言能够被过度生产的第二个原因是误算，或者更准确地说，是"由于现代大规模生产的不可避免的特征"（p. 187）。这个原因使得对周期性波动的解释摆脱了偶然因素和情形的影响，将波动的责任坚决地推给资本主义系统的真实特征。因此，"死亡……的种子"是内在固有的。

为了更好地理解"不可避免的特征"，我们把注意力转向"过度投资的诱惑"，它是现代的、使用资本的工业生产的一个基本特征。

首先，有一个投资的孕育期。产品交换价值的提高将会在生产该产品的贸易领域引起投资的增加。因为"建造和准备必要生产设备所必需的时间的长度"（p. 13），同时因为个体生产者们会忽视在价格高位运行时期竞争对手们所作的准备，结果必然导致投资的增加，以至于产品的交换价值将最终会下落到原有水平之下。即使产品需求是有弹性的，这个过程仍将会发生。因为在投资上的完全不成比例的增加，结果会导致对其他产品所产生的增加的需求将不能够补偿（以消费品形式存在的）投入水平。罗伯特森得出结论"因此，孕育期越长，价格在高位运行的时间就越长，过度投资水平就越高，接下来的经济萧条就越严重"（p. 14）。

当某一种贸易的进入壁垒很低的时候，过度投资的诱惑也会存在。在这里，进入壁垒是通过进入该贸易所必需的固定资本投入水平来衡量的。当该贸易所需的资本投入规模较小，或者采取合股原则（joint‐stock principle）进行融资，或者很容易从货币市场进行融资的时候，这种情况通常会发生（pp. 25ff.）。

然而，规模庞大是资本主义企业的两个其他特征——"生产设备的不可分割和难以驾驭（pp. 31~36）"——的实质，庞大的规模能够加剧随后发生的萧条的程度。也就是说，在那些生产的最优规模和投资的适当单位都比较大的贸易领域里，企业或许会被诱导发展出超出使它们的产品的交换价值得到合理增加的程度之外的能力。然后，因为停止运行和再次运行的成本的存在，这种不连续性将使得生产者很难对资本的使用进行较为经济的管理。

最后，还存在着生产设备的寿命问题。也就是说，资本品的寿命长度将会影响经济活动的模式，这主要是因为企业需要以投资的方式定期地更换大量资本品（pp. 36~45）。

在过度投资的情况下，资本品的边际效用水平将会被修正下调，对于资本品的需求将会下降。同时，从满意度的角度出发，生产的努力程度会下降，这会引发生产率的下降，进而会引起消费品生产的减少（结果导致投资吸引力减少），最终将会相应地导致产出水平的减少。① 罗伯特森注意到这种产出水平的减少可能会比工人阶级期望看到的程度更加严重，工人阶级对消费品需求的努力弹性要比资本家阶级更低，因为对于后者而言，在经济萧条时期，他们还有别的选择。然而，通过对资本的控制性使用，资产阶级将会拥有调整雇佣水平的能力，因此也就拥有了决定工人阶级福利水平的能力（p. 210）。

迄今为止，"挖掘事物表面下的问题"的方法已经根据产业过程的真实特征为经济周期现象提供了一个解释，但是罗伯特森也仔细地思考了货币因素对于经济周期的影响。相对于真实因素对于经济周期的影响，他将货币因素对经济周期的影响看做是从属性的，但是同时他又认为这种影响是非常重要的，因为现代金融经济的运作将会加剧经济波动的程度。货币因素在经济周期中的作用我们将会在第 11 章中进行介绍。

我们现在来看一下罗伯特森所采用的经济学研究方法。罗伯特森发展"总量理论"的过程被安雅迪－丹尼斯（M. K. Anyadike－Danes）追踪记录了下来。② 我们能够说，罗伯特森在他设计的系统的基础上，在《工业经济波动研究》中提出的波动理论是建立在一个"强调协作的、非货币的经济体系"的基础上的，但是，他的分析也表明，在整个经济体系处于非协作状态下（资产阶级和工人阶级之间的利益是不同的），或者在一个使用货币的经济体系中，经济波动的程度会加剧。

---

① 1948a: pp. xiv, 241.

② see [Anyadike－] Danes, 1979, 1985.

第 *8* 章

与周期和增长有关的福利

由于消费品构成了为生产资本品所必需的真实储蓄，而且储蓄不能够被用于消费，所以我们可以通过分析投资与储蓄之间的关系来解释经济活动对于普通人的福利水平的影响。我们已经看到，当经济活动趋向繁荣的时候，投资的扩张将会导致"大量的消费品存货被吸入到投资的漩涡当中"（p. 170）。当然，在经济扩张阶段，消费品将继续被消费，但是按照鲁滨逊式经济中的真实储蓄逻辑，资本品的生产将会发展到排挤消费品生产的程度。因此，就会存在着一种为了未来的利益而放弃即时消费的做法。这种对消费的剥夺在经济萧条的时候依然会继续发生，因为虽然此时消费品是相对丰富的，但是这时候又会出现一种声音，即呼吁人们进行积累，为迎接将来的经济复苏作准备。

当我们立足长远的时候，我们就会看到投资与储蓄之间的关系是罗伯特森经济学的中心问题，根据其变化趋势可以解释周期现象，因此，工业波动是经济增长的副产品。其结果就是，正如在某一个特定的经济周期内，在经济扩张阶段为投资增长进行准备需要牺牲当前的一些消费一样，从长远来看，为了让我们的明天更加美好，我们需要牺牲当前一代人的消费，来进行储蓄。

因此，正如我们想象的那样，公共福利问题与随着时间的流逝而采取的消费品分配模式紧密相关，于是也就与由于工业经济波动所导致的难以预测的就业问题紧密相关。因此，无论如何，过度投资的本质是：

> 没有能够找到随着时间的流逝，根据一个社会的消费品消费的情况而可能采取的最佳分配模式。因此，随着时间流逝，社会的总体满意度不断下降，最终甚至会达到无法挽回的程度。①

随着时间流逝而采取消费品最优分配模式的观点沿袭了庇古主义的传统，是罗伯特森经济学中的重要观点，他曾经多次提到过该观点。在那些最优分配模式不能实现的地方，当与未来可能的回报进行比较的时候，牺牲即期消费的经济合理性问题就会出现。在整个周期过程中，这意味着在一个当前的投资规模到一定程度就会产生大量的消费品的经济复苏过程中，一个聪明的社会会放弃消费当前可得的消费品去生产更多的未来消费品，而不是用于进一步的投资（p. 80）。

因此，可以推理，在更加一般的意义上，从长期看，经济波动对于福利的损失主要是由于过度投资造成的：这是在任何经济扩张中都内在隐含的危险（p. 80）。

罗伯特森通过一段文字来强化自己的观点，在今天看来，他的经济学观点表达得是很清楚的。这段文字采取了一般原理的形式来对于在整个经济周期和经济增长过程中所产生的福利损失进行分析，所以其理论无论对于短期还是长期都适用：

> 当我们真诚地面对现实的时候，防止工业经济波动的问题就变得与随着时间的流逝最大化社会净满意度总和的问题一样棘手了，换句话说，就是要在不对社会总收入做出令人不快的限定的情况下，实现随着时间的流逝社会总收入中消费品与投

---

① p. 187, also p. 180.

资品之间的最优配置。①

看上去，经济增长是深受大家欢迎的，但是我们必须最小化那些必须要承受当前成本的人的福利损失。要做到这一点并不容易，因为虽然它们是同一问题的两个方面，都有助于缓解经济周期，但是在短期内福利损失的程度，比从长期看对于一些更加模糊的问题的任何可能的解决方法，要更加容易被说清楚。对于短期，罗伯特森提出了自己的测量方法，即在短期内，既能减少那些能够引起系统作出反应的事件的发生，又能够遏制周期初始混乱状态的进一步恶化（p. 242）：

> 因此，任何变化都将是有利的：（1）在农业上提供跨地区、跨时间的补偿（抵消好坏收成之间的不平衡）；（2）通过在工业上的权利下放和委托授权，减少投资过程中的不连续性；（3）无论在经济繁荣时期，还是在经济萧条时期，都将最小化生产者可能会出现的错误估算现象（p. 242～9）；（4）去除那些阻止社会在经济萧条时充分享受消费品的障碍，这些消费品是在经济繁荣时过度投资的产物。②

在这些建议中，（3）和（4）需要作出进一步的说明。对于（3），可以通过几个方法来减少错误估算现象的发生。一个对未来有特殊参考意义的方法是价格稳定。在这里，传统的经济学思想认为，市场最好通过保持价格稳定而得以实现稳定，但是罗伯特森却认为，在经济繁荣时期，为了控制投资，价格应该上升；然后，在整个周期过程中，都需要判断价格是否应该被调低或调高，以阻止进一步的危机恶化或过热投资（pp. 243～246）。自由价格操控后来成为罗伯特森经济稳定政策的核心措施。

对于（4），如果在经济萧条的时候，在人们想要消费的时候就能够得到足够多的消费品的话，那么在下一轮的经济复苏过程

---

① pp. 241～242.

② Fletcher, 2000：p. 220.

中所需要的投资的积累就要不可避免地受到限制。请注意，投资是"工业进步所依靠"（p. 253）的基础。这是一个两难困境，这个问题的解决办法依赖于罗伯特森所谓的"终极判断"（p. 253）。在后面的作品中，罗伯特森将通过询问国家想要经济增长保持怎样的速度，来为这些问题提出政策建议。然而，在《工业经济波动研究》中，罗伯特森第一次明确说明了摆在人类面前的几个选择。对于单个的男人和女人，时间是很短暂的，他们必须在当前享受和牺牲之间作出选择，这种牺牲建立在一个毋庸置疑的假设的基础之上，即它们将会带来经济增长，将会让子孙后代受益。"随着时间的流逝，最合意的收入分配模式是什么"这个问题被罗伯特森在他文章的结尾段，也就是一篇经济学文章最好的段落中提了出来：

> 假设西方文明世界还将继续存在并发展下去，那么，操纵一个人的收入流——这种收入流本应该是以一种逐步递增的趋势增加的——是可取的吗？从整个工业经济周期来看，这就好像是在未来的圣餐桌上摆上了永久的祭物一样。在经济繁荣时期，有很大一部分本应被用于享受的消费品被用于了投资：在经济萧条时期，为了换取未来的经济复苏，享受活动更是被禁止。正是通过这种工业资源的重新配置，我们才能够在未来某个时候获得更多的好处。我们还要为所谓的未来繁荣买单多久？我们还要默认这种无止境的所谓长短期利益交换多久？我们应该把自己作为牺牲品献给：

> 努力推动、推动又推动。
> 永远顺着世界的繁殖力而向前推动？
>
> （节选自惠特曼的诗歌《我自己的歌》）

> 或者，我们是否应该听从一位英国最聪明的哲学家曾经说过的话？他总是劝告我们要先吃那些最容易摘到的葡萄，而他本人如果有可能的话，总是在取叉子之前先清洗刀子。这个问

题是一个伦理学问题，而不是一个经济学问题：但是，让我们至少记住，我们生活在一个时代里，这个时代倾向于在"具体的原因"中忽视"最终的原因"，这个时代倾向于让我们牺牲自己，如果我们必须要这样做的话，那么请睁开我们的双眼吧，而不是总是神情恍惚。(p. 254)

也就是说，罗伯特森在《工业经济波动研究》中，花费了大量的篇幅根据工业经济波动的趋势来解释经济周期，那么最后要回答的问题就是趋势本身是由什么因素决定的？什么是"最终的原因"？"最终的原因"是存在于"具体原因"表象之后的规律，是工业经济波动的必要条件。如果没有它，就没有工业经济波动吗？换句话说，我们应该对目前的消费进行怎样的遏制？作为回报，我们能够最大限度地为那些我们从来都不会见到的人提供一种什么样的物质生活标准？由于这个问题是一个"伦理学而非经济学"问题，于是罗伯特森摒弃了经验数据和经济学分析，转而进入了哲学和诗歌的王国。在寻求给出一个最终解释的时候，他尝试着从赫拉克利特和沃尔特·惠特曼的作品中找出一个尝试性的答案。

来自古希腊城市以佛所（Ephesus）的赫拉克利特是古典文学时期的一位古希腊哲学家，相传此人生性忧郁。他最重要的观点是所有的事物都处于"流动"之中，但是在表面的混乱之下，存在着一个稳定的和有秩序的现实世界。也就是说，"流动"是被决定着宇宙运行的永恒法则所掌控的。因此，为了理解世界，理解影响事物运作的各种可能性，我们有必要理解规律（原因），理解普遍法则，正是通过这些普遍法则，世间万物才得以相互联系。这个观点无论是在社会学领域，还是在哲学领域都是适用的，为了实现社会和谐，我们有必要理解和遵循规律，而不是被表面现象所迷惑。

在《工业经济波动研究》的序言部分，罗伯特森引用了赫拉克利特关于"流动"的观点。这些引用资料表明，罗伯特森不仅将"流动"的观点与构成贸易周期的工业经济波动联系了起来，而且还把"流动"的观点与"在处于个体力量影响下的经济组织中，未被计划的和未被管理的原子组织引起了经济波动"[1]的观点联系了起来。然而，尽管他的观点充斥着现代工业的无序状态，以及随之而来的波动，但是从整体上讲，各种事物之间令人吃惊地配合默契，共同缔造出了繁荣的局面。通过更好地理解发生作用的各种力量，随着时间的流逝，实现一个更加理想化的收入分配格局是有可能的。十分幸运的是，战争对于既有观点和实践做法的破坏为发起变革提供了最好的机会。

当然，只有当结果被施加到现实中的人的生活上，而不是经济学理论中的时候，经济波动，以及随着时间的流逝消费分配所产生的结果才是有意义的。现实中的人们的生活很简单，然后死去，他们必须尽其可能地与自己不可避免要到来的死亡之间达成妥协。对于那些没有宗教慰藉的人而言，这个问题更加急迫。对于他们而言，只要"今天的果酱"（jam today），而不关心"明天的果酱"（jam tomorrow）的经济学观点是很重要的，这逐步成为他们最关心的问题。就是这样，罗伯特森将履行他作为剑桥大学导师的职责，为增加大众的福利而努力。

最后，"流动"的观点还有更广泛的含义，它隐喻了一个不断变化和衰变的世界，在这个世界里，对于那些把死亡看做是在一个寒冷的、缺少关怀的、没有道德原则的、没有目的性和意义感的世界里面灭绝的人而言，时间如白驹过隙。罗伯特森将视角深入到了人类困境的本质，他的视角总是要比凯恩斯敏锐，这一切都源于他自己的生活观和他所使用的与这个世界相妥协的方法。我们可以从一些对他的生活产生了重大影响的文学文献和相关联系中推断出这一点：主要来讲，作为一名业余演员，罗伯特森所饰演的莎士比亚笔下的贾斯廷斯·夏洛（Justice Shallow）先生（《亨利四世》的第二部分）被认为是他最成功的表演；路易斯·

---

[1] Fletcher, 2000: p. 223.

卡罗尔的爱丽丝系列故事为罗伯特森的作品提供了大量的引用素材，点亮了他的思想，丰富了他的作品。我们将在第 10 章中仔细地审视这些影响。

　　但是，问题的关键是什么呢？是什么因素提供了经济增长的冲动，反过来，又产生了否定消费，并因此减少物质福利的经济波动呢？换句话说，是什么因素将工业经济波动和人类生死这样的大问题联系在一起的呢？罗伯特森借助沃尔特·惠特曼的作品提出了这个问题，通过这位伟大诗人的作品，他试图挑战已有的观点，即为了经济增长，"我们自愿做出牺牲"的观点，并为这种挑战寻找正当合理性，认为为了现在而活着或许是一种更加聪明的做法。也就是说，惠特曼提供了基础，在这个基础上，我们或许可以寻求修改下面的法则：

> 努力推动、推动又推动，
> 永远顺着世界的繁殖力而向前推动。

　　这个观点多年以来一直是罗伯特森关注的焦点，这一点我们可以从他所使用的引文中看出。他一共引用过三次：在《工业经济波动研究》的扉页上；在 33 年后的正文的最后一页；在 1948 年的"珍贵再版的新序言"中的最后部分。在经济学意义上，它的意思是很明确的："推动"（urge）是助推成长的力量，而在 1948 年版（p. xvii）中的"活力"（vitality）一词与"推动"一词相对应，其意思是指波动产生的原因。因此，什么是产生经济不稳定的人类驱动力或动机？这个问题的答案或许隐藏在惠特曼的作品里。

　　沃尔特·惠特曼是 19 世纪一位著名的美国诗人，他的作品流露出一个新兴国家的清新和活力，同时伴随着最直接、最明晰的关于同性恋感情的描述。他的诗作主要被收集在《草叶集》（Whitman，1855～1892）里，罗伯特森从中汲取了大量灵感。对死亡现实的认识，以及为与死亡妥协所采取的各种手段，充斥在他的作品的每个角落。首先，生命必须尽情绽放，必须通过男性专一的爱来实现，惠特曼称之为"附着力"。其次，一个人将通过

自己所留下来的作品本身得以永生。最后也是最重要的是，惠特
曼认识到了灵魂要比身体更加持久，灵魂会扩张或"膨胀"，直到
它充分包容，与整个宇宙融为一体。惠特曼在这里把自己歌颂成
一位无处不在的、有代表性的人物，他在努力探索将自己与宇宙
万物联系起来的那张关系网。

　　要在动荡不定的宇宙中实现和谐的观点——有许多作家将其称
为"沃尔特·惠特曼的赫拉克利特式困扰"①——必须有另一个观
点作为支撑，即"一条看不见的主线将整个一堆事情串了起来"②。
这两个观点勾画出了一个人的命运，将引领个人命运在"流动"
中实现从整体和谐到个体和谐。无论是在实现整体和谐的过程中，
还是在实现个体和谐的过程中，都面临着一个挣扎求索的过程，
在这个过程中，我们逃离痛苦，规避缺陷，寻求建功立业，在个
体的有机流动中实现发展。而且，这个旅程是可以测量的。它只
能一小步一小步地走，援引一句格言来说明这个旅程，那就是
"自然从不飞跃"。马歇尔曾经引用过这句格言，而罗伯特森也引
用过这句格言，来表达自己希望将工业经济从赫拉克利特式"流
动"的混乱中拯救出来的希望。③ 更重要的是，它也是自然主义者
查尔斯·达尔文的一个基本假设，在这个假设的基础上，达尔文
坚信进化行为是逐步地、缓慢地发生的。

　　惠特曼逐步认识到了达尔文工作的重要性，达尔文的很多观点
支持了他自己的逐步进化的观点——虽然他在前进的旅途中，还保
留了一个拉马克主义的目的论因素，这个目的论因素是达尔文的
理论里所没有的。然而，在建立于达尔文的自然选择理论和孟德
尔的遗传学的基础上的现代进化理论中，目的论的因素能够通过
理查德·道金斯所提出的"自私的基因"的假设得以补充。理查
德·道金斯认为人体只不过是基因的载体，能够帮助体内基因最

① Allen, 1975: p. 213; Waskow, 1966: pp. 23, 31.
② William James in Allen, 1975: p. 194.
③ Robertson, 1915: p. xx.

大限度地繁衍生息。基因理论能够被用于解释自我和利他的个体行为；解释当一个人面临死亡的时候，（他的子孙后代的）的任何抢救行为都是毫无意义的。基因理论还能够更加合理地解释经济扩张的动力，即经济扩张是为了让子孙后代的基因载体从中受益，而那些放弃了即期消费的人将根本没有机会看到这些子孙后代。然而，人类的主动性并不是毫无意义的，因为道金斯明确地承认，通过文化影响，也就是说，通过习得行为（learned behaviour），人类有可能改变由基因所决定的行为。

因此，虽然罗伯特森一直都不承认基因理论，以及"演化经济学"的新领域，但是他还是从基因理论中得到了启示，并在解释他所观察到的经济行为的时候间接地用到了基因理论的思想。这些见解能够被用于解释人们为什么要"努力推动、推动又推动"地繁殖自己的同类，解释为什么人们要牺牲当前的消费，其目的是为了促进经济增长，来为他们将从来都不会看到，当然，更不可能认识的那些人提供更大的经济福利。它们还能够被用来试图影响"那些确定的社会生活变化中的某一个"，这个变化将会产生"一个更加成熟、有序的工业经济时代"[1]——如果人们能够从"具体的原因"的表象之中看到"最终的原因"，然后如果他们必须要"牺牲"自己的话，请他们"睁开双眼，而不是总是神情恍惚"[2]。

当然，罗伯特森的困境在于个体的有机的流动性不具有作为游戏的荒谬性特征，因此，也就无法发挥其为现实生活提供避难所的作用。这解释了他曾经警告人们不要太容易接受"努力推动、推动又推动"的观点。当前的生活既提出了当前的消费，**又祭祀了"荒谬"的神圣**。

总之，《工业经济波动研究》提出，贸易周期的产生，一方面是由于人类的时间偏好（真实选择），另一方面是由于资本主义生

---

① Robertson, 1915: p. xx.

② Robertson, 1915: p. 254

产的技术特征。在两次世界大战之间，这些见解为罗伯特森从事周期管理理论工作提供了起点，也为他的希望打下了坚实的基础，他一直希望能够找到一些方法来"限制波动，而且不破坏'努力推动、推动又推动，永远顺着世界的繁殖力而向前推动'的活力"①。

---

① Robertson，1948a：p. xvii.

第 *9* 章

20 世纪 20 年代：声名鹊起

　　罗伯特森在 1919 年夏天重回三一学院，就任他五年以前就已经获得的研究员职位，从教授一年级学生开始（米迦勒学期），并最终"沿着马歇尔的足迹开启了自己的教学生涯"。当战争即将结束的时候，无论他对于自己未来的职业有着怎样的疑惑和思考，只要看看过去他所走过的路，就可以很明显地看到他必将回到那块真正属于他的地方。他曾经从自身的优缺点出发考虑他应选择的道路，考虑的结果是除此之外，他没有其他的选择。事实上，考虑到以前的那些可识别的发展趋势，一个人在未来几十年的职业发展通常是可以预测的。也就是说，他将让自己跻身于一流经济学家之列，并成为一位杰出的业余演员；他将学会如何将科学与艺术完美地结合起来，从而成为一位文采出众的经济学家；当他挣扎着寻找爱的时候，他的感情世界是混乱的；他将继续寻求逃离，无论是暂时寻求从压力中解脱，还是长久寻求解决自己内心所面临的责任和意愿之间的矛盾；最后，最重要的是，当他和凯恩斯开始进行对于两个人都有好处的合作的时候，他将继续开展与凯恩斯的合作。

　　20 世纪 20 年代是罗伯特森学术发展的黄金时期，在这期间，他发展和深化了自己的工业波动理论。尤其是，他开始强调货币因素对于经济周期的影响，我们可以从这一时期他的一些重要的出版物中看出这一点。作为一位经济学家，罗伯特森为自己赢得了国际声誉，在 20 世纪 30 年代，他被认为已经达到了他职业生涯的顶峰，在当时仅次于凯恩斯，排在第二位。其实，早在 20 世纪 20 年代，他就已经在货币经济学家的文献引用排行榜上位列第六。① 同样，在他为剑桥手册系列所编写的两本书——《货币》（1922 年）和《工业管理》（1923 年）——中，《货币》一书特别重要。在写作《货币》一书的过程中，罗伯特森深入地思考了货币在当今世界中的本质作用，从而为他最重要的作品《银行政策和价格水平》奠定了基础。后者明确地将货币因素引入到工业经济波动理论当中，在分析储蓄与投资问题时，提出了一个新颖的货币分析方法。

《银行政策和价格水平》被指责为"晦涩难懂"，除了一些最坚定的读者外，几乎很少有人看过此书。这本书的思想经由一些衍生的出版物得到广泛传播，尤其是两本书《银行政策理论》（1928b）和《货币》的 1928 年版及其以后的各个版本。

然而，货币理论和波动理论并不是他专业研究的唯一领域。他也在经济学的其他领域里作出过重要贡献，包括工业组织、企业理论、财政政策和国际经济学等领域。为此，他曾经出版过专著《工业管理》（1923 年），还在主流杂志上发表过一些文章。②

而且，尽管他天生反感委员会的工作，但是他依然通过各种官方组织、听证会和其他组织尽心尽责地参与一些经济问题的研讨。例如在 1921 年，他被邀请参加克拉彭（Clapham）调查委员会（不列颠协会），该委员会成立的目的是为了思考当前的政策问题，力图回归金本位制度。在这里，罗伯特森与其他三个来自于次级

---

① Moggridge, 1992: p. 598.

② see Goodhart, 1990: pp. 16 ~ 17; Dennison's Bibliography, in Dennison and Presley, 1992: 215 ~ 224.

委员会的会员不同，因为他对重返金本位制度持保留态度，他更倾向于维持一个稳定的价格水平。1922 年 11 月，在凯恩斯的支持下，罗伯特森被选举为星期二俱乐部的成员，这是一个私人餐会性质的俱乐部，其成员来自于学术界、银行界、政府和新闻界，他们可以在伦敦的皇家咖啡餐厅里无拘无束地谈论经济学和财政学问题。然后，在接下来的几年里，他和凯恩斯一起主持伦敦剑桥经济服务组织的工作，直到该组织解散，在此期间，他帮助建立起了《月报》。他也一直保持着和自由党的联系，参加一年一度的暑期研习班。从 1926 年起，他开始为自由党产业听证会作准备，并于 1928 年提交了报告《英国的产业前景》。他也为皇家国际事务协会（查塔姆研究所）的讨论和刊物出版作出过贡献。最后，在 1930 年，他被邀请向财政和产业委员会提供一份书面的"证据备忘录"，后来，他还因为此事而接受了口头问讯。

伴随着罗伯特森在经济学界的声名鹊起，他在大学里的教职也节节高升。他最早在三一学院谋得了一份研究员职位。1924 年，他被从助教提升为讲师（此时学院募集了更多的资金可以增加教师的编制），从 1928 年起，他获得了格德勒讲师席位（这个讲师席位是由格德勒公司提供财政支持的）。最后，1930 年他被推举为审稿人，因此他也就获得了剑桥大学政治经济学教授职位之下的最高学术职位。剑桥大学政治经济学教授职位的创始人是马歇尔，当时由庇古继任，在 1944 年的时候由罗伯特森接任。

在 20 世纪 20 年代，罗伯特森还在另外两个方面建立起了自己的声誉，一个与他的专业工作有关，另一个与其无关，但是这两个方面都表现出了他内在的艺术家气质。在第一个方面，他是一位知名的文采出众的经济学家，他的著作和论文的写作风格自成一派；在第二个方面，他在业余舞台表演方面达到了新的高度。为了全面地理解他的成就，我们需要对这两个方面都作一个考察，让我们先从他的演员生涯开始说起。

罗伯特森年轻的时候就展现出了作为一名演员的过人天赋，他曾经演出过许多著名的古典角色和轻喜剧角色，战后十年正是他舞台潜力充分绽放的十年。特别值得一提的是，他曾经出演了莎士比亚戏剧中的三个角色：潘达洛斯（《特洛伊勒斯与克蕾西达》）、夏洛（《亨利四世》第二部）及美尼涅斯（《科利奥兰纳斯》）。每一个角色都对他的生活产生了相当长时间的影响。他还通过在许多其他戏剧中的不同风格的表演展现了他的多才多艺，例如，在欧里庇得斯的《独眼巨人》中饰演西勒诺斯；在本·琼森的《福尔蓬奈》中饰演科巴西奥；在林顿·斯特来彻的《真龙天子》中饰演大太监李；在学院文化复兴活动中编排的《普通人，还是重罪犯，或者是国王和恶棍》中饰演王后学院的主人。

　　考虑到他在战前的声誉，罗伯特森的表演[1]或许并不出人意料，关于这一点，有充分的线索可以追寻。人们普遍认为他的天赋要远远超过其他业余演员。人们对他所扮演的潘达洛斯这一角色的赞美明确地说明了这一点：

　　　　他是最出色的——实际上真正是最棒的——他对潘达洛斯的扮演太成功了，因为他的表演达到了其他演员完全无法企及的高度，让其他演员的表演看起来显得更加业余了……马洛戏剧团的潘达洛斯为人们提供了一个十分精妙和格外有趣的表演。[2]

这些赞美长时间地激励着罗伯特森在更广阔的舞台上去实现更大的抱负。

　　无论他是否想要在专业领域谋求一席之地，罗伯特森所扮演的角色都有一个模式，而且他的同事们对这种模式都有着比较清晰的认识。奥斯汀·罗宾逊认为，罗伯特森"善于表演戏剧"，而罗伯特森在三一学院里的好朋友巴特勒则敏锐地注意到：

　　　　他逐步开始专门从事古代人物的表演——（虽然）他所扮演的所有古代人物，本来应该，或者不应该，都是相当有同

---

① 看看他在 1922 年到 1933 年间所取得的成绩，in F3/2，3，4，5，6，11 RPTC.

② The Outlook 18 March 1922.

情心的人。①

这些特征集中表现在他所扮演的贾斯廷斯·夏洛先生身上，这个角色被认为体现了罗伯特森本人的特征。他让这个人物表现出同情心这一点被巴特勒的评论所证实——"一个真正感人至深的表演"②。而且，在 1930 年前后，当罗伯特森完成了亨利四世的第二部分的表演之后，我们发现，他仿照戏剧中的做法，邀请一些"不同等级"（原文如此）的人到他在三一学院大广场的房间里，来"共同分享用茴香子烹饪的鱼（等）（与贾斯廷斯·夏洛的做法相似）"③。

在这些年里，罗伯特森建立起自己声誉的另一个方面就是他被公认为是一位文采出众的经济学家。因为他的文采与他的专业工作密切联系在一起，因此这一点更为大家所熟知。

经济学界对于罗伯特森拥有"文采出众的经济学家"的声誉有两种截然不同的看法。批评者认为罗伯特森缺少一位现代经济学家所应该具有的基本能力。相比之下，赞同者认为他恰恰拥有一些现代经济学家们所缺少的能力；然而，赞同者中的一些人也对于罗伯特森的一些观点表现出了不安。

对于批评者而言，他们认为罗伯特森在他的理论分析中不会恰当地使用数学方法。之所以这样说，是因为罗伯特森在极为有限的程度上使用数学方法来为他的文字阐释提供支持。坦率地讲，在这一点上，罗伯特森确实做得不够好。希克斯认为罗伯特森的代数学是"蹩脚的"④，而萨缪尔森则非常遗憾地指出（in BPPL）"他的基本数学方法使用不当"⑤。同时也有一些态度问题。希克斯注意到罗伯特森"（炫耀）自己缺乏数学知识"⑥，同样，萨缪尔

---

① Butler, 1963：p. 40.

② Butler, 1963：p. 40.

③ F3/8 RPTC.

④ Hick［ed.］，1966：p. 21.

⑤ Samuelson, 1963：p. 518.

⑥ Hick［ed.］，1966：p. 2.

森痛惜这样一个事实，即“他不能理解 e = 2.718……的含义，并且一辈子都对这一事实感到荣耀”（原文如此）[①]。当罗伯特森公然表达自己对于理论阐释工具和方法的蔑视的时候，批评家们的怀疑是有道理的。在这方面，罗伯特森既无能力，又无兴趣。他们温和的嘲笑只能是在其伤口上撒盐。

然而，评论者们也认识到，罗伯特森对于研究方法的不信任或许也有积极的一面：他实际上非常害怕他认为对数学分析方法的过分依赖将会淡化研究主题，甚至导致分析的错误。在希克斯看来，罗伯特森“反对将经济学研究简化为数学分析”[②]。奥斯汀·罗宾逊将罗伯特森的做法看做是“重创了那种将经济学研究通过数学模型自负地简化为缺少耐心和同情心的归纳总结的做法”[③]。同样，古德哈特的评价是，“丹尼斯是一位古典学者和人文主义者，他喜欢嬉笑调侃那些数学经济学家们所得出的一般性结论的矫揉造作和胡言乱语”[④]。

为了支持这个观点，不仅罗伯特森的仰慕者提出了很多支持性的证据，而且罗伯特森本人在坚持自己的观点的同时，还包含了一种自我否定的因素：

> （虽然）很明显，丹尼斯比他表现出来的要更精通数学，特别是在理解其他人的数学分析方面，但是他对数学在经济学分析中地位的日益提高持严重的保留态度。他感到有必要将复杂的事物简单化，但是便捷的数学系统通常会导致经济学家过分地关注有限的解释要素。[⑤]

他的门生和知己，斯坦利·丹尼森，也是态度鲜明：

> 他特别不信任数学方法，特别是当它们被运用于“预测”

① Samuelson, 1963：p. 519.
② Hick, 1981：p. 885.
③ Robinson, 1963.
④ Goodhart in Presley［ed.］, 1992：p. 10.
⑤ Goodhart in Presley［ed.］, 1992：p. 11.

事物未来的发展趋势的时候。他否认任何数学知识，虽然他并非像他表现得那样无知，他的怀疑态度并非出于他没有能力使用这个工具，而是他相信数学方法是理解经济现象的一种不适当的方法，因为经济现象是以人类对于变化着的形式作出的反应和行为为基础的。①

虽然，根据他的疑虑，他采取了在自己看来行之有效的方法，但是这的确是一个损失。由于没能充分利用当时经济学研究中通用的研究方法，罗伯特森无法将他全部的经济学贡献都写入经济思想史之中。事实上，正是由于这个原因，他没有能够在经济学界得到他应得的地位。当我们评论一位经济学家的贡献的时候，这就成了一件大事情。萨缪尔森一直致力于批评他的老对手，然而他也不得不承认，没有使用数学方法是罗伯特森最大的遗憾，因为他：

> 能够公正地声称自己是周期分析（例如，动态差分方程和市场"日"的定性分析）的创始人，周期分析在 20 世纪 30 年代在伦德伯格、希克斯、J. M. 克拉克及梅茨勒等人的手中成为了一个非常有用的分析工具。他还声称——至少有五个人——他们是几何学进步的发起人，他们在我们生活的黄金时代里已经变得非常有名气，他们是哈罗德和多马等。②

古德哈特提出了一个比较没有说服力的观点，他认为罗伯特森没有能力来建立自己的模型，这导致了他没有能够独立地提出一个积极的、建设性的经济学愿景，进而因此导致了他只能消极地、批评性地展开自己与凯恩斯的论战③；虽然在这里，更加可能的解释是，凯恩斯的成功对罗伯特森产生了巨大的心理打击，也让罗伯特森的创造性陷入了瘫痪状态。罗伯特森的失败也给了那些寻

---

①　Dennison, in Dennison and Presley [eds], 1992：p. 8.

②　Samuelson, 1963：p. 518.

③　Goodhart, in Presley, 1992：pp. 11～12.

求将他描述成为一个绅士经济学家和一个可怜人物的人留下了发挥空间。约翰逊将注意力放在了因"用一个敏锐的但是毫无希望的文学思维来处理严肃问题"的无能而引起的困难上。[①]

　　因此，人们通常认为罗伯特森缺乏写作现代经济学论文的能力，然而，当他在 1910 年夏天开始涉足经济学的时候，并没有明显的迹象表明，他发现自己在这方面处于劣势。他在那时读的两本"经典著作"[②] 没有一本是依赖于数学分析方法的，而且这两本著作都表明经济学思想可以通过纯粹的文字方式得以表现（虽然马歇尔使用图表，但那是为了解释概念）。而且，马歇尔实际上还对过度依赖数学的危险提出过警告，他的理由是"处理经济学假设的一个好的数学定理很有可能不是一个好的经济学原理"，他同样告诫统计学家鲍利"在英语语言表达与数学表达同样简短的情况下，尽可能地让人们不要使用数学方法"[③]。而且，庇古的《财富与福利》（1912 年）主要是用文字阐释的方式写成的，全书使用了很少的数学分析，而且仅仅将它们局限在脚注里。

　　虽然所有这些都是十分令人误解的，但是罗伯特森已经仔细考虑过这个问题——虽然没有任何理由来解释他为什么会选择经济学研究作为自己的职业——这或许是他作出的一种自卫的选择。他或许已经注意到了这样一个事实，即他的两位榜样，马歇尔和他的研究主管凯恩斯在成为经济学家之前都是极具天赋的数学家。而且，那个曾经被马歇尔提出过告诫的鲍利在上中学的时候就被看做是一位数学天才，并且在剑桥大学的最后一学年里，他还荣获了数学荣誉学位考试的第十名。甚至是有着历史学和哲学背景的庇古，也逐步认识到数学是研究经济学必不可少的工具，因为数学能够淘汰滥竽充数者。好像在数学的思维模式中有某些东西能够让读者一目了然，即使是当论点完全是通过文字方式表达出来

①　in Johnson and Johnson, 1978：p. 144.

②　两本经典著作是马歇尔的《经济学原理》和庇古的《财富与福利》。——译者注

③　以上两处引用都来自于 1906 年的一封信，in Pigou［ed.］, 1925：p. 427.

的时候。例如，埃奇沃斯将马歇尔的作品描述为"由一组他认为恰当的简介的语言表述出来的，'在文学的外表下穿着数学的盔甲'"①。这里包含着一种能力，即一方面可以在恰当的时机熟练地驾驭数学工具，另一方面在数学模型日益充斥于经济学文献的大背景下表现出难得的同情心。罗伯特森既没有能力，也不愿意那样做。

然而，考虑到他在自己上大学的时候就给凯恩斯留下的深刻印象，以及上研究生时所从事的研究工作，再加上他怀有社会改良的强烈愿望，他是能够自信地开始自己的职业生涯的。他了解自己的实力，获得研究员职位的事实更是增强了他的自信心。即使如此，直到 20 世纪 20 年代，他都感觉自己缺少必要的数学能力，并且随着时间的推移，他招致了批评，获得了一个不怎么好的名声，他被认为是一个"不严肃"的经济学家。之所以获得这样一个名声，这里必须加以说明，主要是由于他所采用的经济学研究方法与主流方法格格不入。罗伯特森对于数学模型建立者们采取嘲弄的态度，这就使他的作品具有了独特的文学性。没有事情比罗伯特森的工作更能让主流经济学家们难堪了，反过来，罗伯特森的这种做法也伤害到了他自己。

选择这种文学性的写作方法不仅仅是出于数学知识匮乏的考虑，而且还透露出一种对于乏味的经济学语言的美学反感。他没有将经济学看做是一门能够产生利益的学科，而是坚持认为他的思想和观点应该被以一种更贴近人类本质的、尽可能艺术化的语言来表达。于是，罗伯特森因为他语言运用能力出色、文笔优美、睿智幽默、知识广博及古典文学功底深厚而闻名于世。

并不是仅仅因为拥有一种"毫无希望的、精通文学的"思维能力，罗伯特森被许多人认为拥有其他经济学家都几乎很少拥有的长处。他是一位"驾驭语言的大师"②，他与众不同的文风"充

---

① in Pigou［ed.］，1925：p. 66.

② Goodhart，in Presley［ed.］.

满韵律、善用俗语、具有猫之优雅"（Lee，1963），他对经济学的贡献是"用流畅的文笔，以他特有的风格赢得了无数读者的心"①。这种难得一见的天赋可以通过《三一评论》上对他的赞美窥见一斑："在众多经济学家当中，他或许会因为他的才智而遭受到最多的嫉妒，他的经济学写作以及他对于英语的感情，让许多经济学家有各种理由来嫉妒他"。②

正如我们或许能够预料到的那样，最热情洋溢和最彻底的赞扬来自于斯坦利·丹尼森：

> 作为一个作者，他因优美的文采而知名，人们经常会说，在他的笔下，经济学文献变成了英语文学。他十分精通语言，他的写作风格清新，明快，活泼，用词贴切，令人回味，通篇闪耀着智慧的光芒。他的许多散文（特别是那些不是出于一个经济学家的角度写作，而是面向广大读者而创作的散文）很是优美，非常值得阅读。③

或许，在这一点上，我们看到了凯恩斯的告诫发挥了作用。回想当初，罗伯特森在将他的论文提交给科布登俱乐部的时候，他还没有发现"艺术形式"是最适合于他的。从目前评论者们提供的证据来看，他无疑已经学会了让"经济学创作"与"经济学写作"和谐相处。然而，他写作的目的"从来都不是为了让人们听他的"。他从来都不是一位运动推动者。

罗伯特森是通过两本书的出版迅速确立了自己文采出众的经济学家的声誉的，它们是他为剑桥手册系列所写的两本书：《货币》（1922 年）和《工业管理》（1923 年）。在这两本书之后，他的声誉通过一系列公开发表的散文和论文得到了巩固。当然，罗伯特森还有一些其他的作品与他的这个名声不符，它们通常都被忽略掉或被谅解了。然而，它们是罗伯特森完整思想的一部分，必须

---

① Hicks，1981：p. 885.

② 1957：p. 23.

③ Dennison，1963：p. 43.

被提及，因为它们构成了罗伯特森对于经济学思想最重要的贡献。由于风格问题的考虑，他的第一部主要作品——《工业经济波动研究》似乎不应该在这里被提及（然而，请看前面第 6 章）。除了精彩的结论外，这部作品既没有艺术性，也不打动人，而且特别晦涩难懂。它一开始是作为罗伯特森的研究员申请论文来写作的，其间恰恰又遇到了战争的特殊环境，因此，这可以被看做是一部未完成的作品，因此，它并不算是一次真正的试验。

第 *10* 章

罗伯特森写作风格的特征

从各个方面来看，罗伯特森的写作风格或许可以归纳为五个主要特征。

第一个特征我们已经注意到了。那就是，它并不是明显的科学，而是有意识的文学。随着大批数学模型建立者和经济计量学家的出现，罗伯特森的优雅有趣的散文显得有点过时了，甚至显得有点古怪。

同样，在他的整个职业生涯里，罗伯特森实际上在为同样聪明的、受过良好教育的精英们写作——他和他们一起分享着同样的精神财富。随着大量拥有较高教育背景的人的出现，问题也随之而来。更多的人同样精通语言和词汇，同样有能力进行无拘无束的阅读。虽然罗伯特森的两本教科书按照评分标准被划为了便利书的范畴，但是在美国，这两本书与那些大行其道的有效的学习书籍相比，彼此之间很少有共同的观点。乍一看，罗伯特森的散文是杂乱无章的和充满隐喻的，通过寓言故事引出原理。[①] 例如，在《货币》中，我们发现货币流通速度被通过鲍勃和乔的故事得以解

---

① 参见《货币》，1922：p. 130.

释。他们带着一大桶啤酒来到了德比郡（pp. 3~4），银行提出要帮助"超级塞尔弗里奇"先生（pp. 76~82），多重信用被鸡蛋先生、橙子先生、烟草先生、面包先生创造出来。这个解释被很巧妙地设计出来，但是对于那些想要找到关键词、画出重点和进行课后练习的人而言，这无异于漫天胡扯。

　　而且，当罗伯特森在驾轻就熟地用自己的语言风格进行讲课的时候，那些接受了现代经济学方法训练的学生们会发现他的讲课简直就是天马行空。一个例子是，他将银行的被列为流动资产的短期国库券描述为"对公有货币的一种成熟的索取要求——在当初发行布拉德伯里债券的时候，这种做法也曾遭遇过不少争议"（《货币》，p. 11）；同样，为了解释货币流通速度的变化，他将"流言蜚语""可以很轻易地从一个人耳朵里传递到另外一个人的耳朵里"与"一位买了火车票的老妇人"看上去已经"失去了移动的能力"（同上，p. 35）进行类比对照。最后，他把一个人当前在银行开立的账户描述为他的"支票存款，因为它既是一个增值区，同时也是一个支票的最终兑换地，正如白嘴鹤群居地对于白嘴鹤的作用是一样的"（同上，p. 50）。

　　虽然没有"数学的盔甲"作为保护，但是他的散文至少都有一个严密的逻辑结构，他那优美、睿智、受欢迎的作品很容易哄骗那些轻率的读者，使他们接受其观点，直到经过多次反复以后才发现，他们所信奉的道路是错误的。他的作品有一种难以捉摸的特征，不禁让人想起了凯恩斯对于马歇尔（从 1910 年起，马歇尔就成为罗伯特森所确立的两个榜样之一）的《经济学原理》所发出的告诫：

　　　　一个学生读《经济学原理》，会为其中所散发出的魅力着迷，会觉得自己已经理解了书中的内容。可是，事实是，一个星期以后，他就都忘得差不多了①。

---

① Kennes, 'Alfred Marshall, 1842~1924', CW X: p. 212.

　　罗伯特森写作风格的第二个特征，或许也是最令人印象深刻的特征，就是他自由地使用文学引文和典故。在他的作品中，我们都能够发现这个特征。他只用这些引文和典故来解释他的观点，来形象地阐释那些在他看来枯燥无味的主题。虽然，这些引文和典故的来源很广泛，但是很明显，在他的引用中非常偏爱的一些选择为我们理解他的生活状态和他的经济学方法的基础提供了有价值的线索。他所使用的引文和典故主要来自于《爱丽丝仙境漫游》、《圣经》、"古典文学"、"诗歌"、"莎士比亚"，还有一些别的作品。《爱丽丝仙境漫游》是其中最重要的一部作品，但是对于其他几个来源进行简短的介绍也是非常有必要的。

　　首先说说《圣经》。丝毫不令人吃惊的是，一个牧师的儿子，从小就被寄予厚望能够成为一名牧师，他对于《圣经》（1611 年的权威版本）和《圣经》（Book of common Prayer）（1662 年版）肯定是非常熟悉的。然而，罗伯特森在年轻时就失去了信仰，因此他对于《圣经》的引用率是很低的。

　　再来说说"古典文学"。古典文学的境遇与《圣经》有点像。罗伯特森学习的是古典文学，他的家人也鼓励他学习古典文学。在古典文学方面，他并没有像反抗基督教那样抵制古典文学。我们可以从他引用的方式中看出来，他只是在战前的一段时间的作品里大量引用了古典文学的内容，但是从那以后，就非常少见了。然而，正如我们看到的那样，他对古典文学的精通为他以后的经济学写作风格的形成打下了良好的基础。

　　在"诗歌"方面，我们发现他引用了一些他所熟悉的英国诗人的作品。除了沃尔特·惠特曼的诗以外，他很少引用不熟悉的外国诗人的作品。他因迈克尔·德雷顿的"十四行诗"而喜欢上了两行诗（两行构成一节的诗体）："十四行诗"在他不同的作品中共出现过三次。两行诗的艺术表现形式是这样的：

　　　假如你愿意，在一切抛弃他的瞬间，

你仍然可以使他从死里生还！[①]

　　从他所引用的文字中，可以看出他对于人类想要通过欺骗来实现永生的内在渴望。种族是永生的，但是个体生命则必须死亡。罗伯特森没有看到自己的生命会因为子孙后代的存续而得以延续。这反映了当他面对强烈的经济增长要求的时候，只会去关注短期消费行为，而反对牺牲即期消费以换取未来子孙后代繁荣的思想。

　　考虑到罗伯特森在古典舞台角色表演上的非凡成就，一个很自然的结果就是，莎士比亚应该在他的引用中占据主要的位置。对莎士比亚剧中角色的引用贯穿在他的作品中，虽然在《工业管理》（1923 年）或《银行政策与价格水平》中没有引用过这些角色。八个有名的角色经常被引用，其中引用最多的是哈姆雷特、麦克白、李尔王、安东尼及克利奥帕特拉。

　　"其他一些引用"也都是信手拈来——很难把它们归为某一类。在这里，我们能够看到鲁伯特·布鲁克、托马斯·卡莱尔、查尔斯·狄更斯、塞缪尔·约翰逊、鲁德亚德·吉卜林、约翰·米尔顿以及让·雅克·卢梭。

　　对于"爱丽丝"的引用主要来自路易斯·卡罗尔（他的本名是查尔斯·路德维希·道奇森）的两部著名作品，一部是《爱丽丝仙境漫游》（1865 年）［AAW］，另一部是《爱丽丝镜中奇遇记》（1872 年）（TLG）。之所以把这两本书归为一类，是因为同行们把引用"爱丽丝"看做是罗伯特森作品的一大特征，还因为它们是反映罗伯特森生活观和探寻他经济学研究方法的重要线索。因此，我们应该给予这两本书应有的重视，下面将列举一些罗伯特森引用这些故事的例子。

　　对于"爱丽丝"的第一次引用出现在《工业经济波动研究》的第一页，但是正是在他的广受欢迎的教科书——《货币》和《工业管理》中，引用"爱丽丝"才逐渐成为罗伯特森作品风格的

---

① Drayton, 1619, Sonnets; Idea, 1 Ⅺ.

一部分——它们已经成为罗伯特森作品的"商标"①。"爱丽丝"中的原话作为《货币》一书中的每一章的标题出现，在《货币》后来的版本中，仍有不少章节保留了这一做法。在《货币》中，对"爱丽丝"的引用也出现在书本的内容里，并且随着后续版本的出现，对"爱丽丝"的引用频率也在增加。该书 1948 年的最后一版包含了 19 处引用和引文。

　　虽然《银行政策与价格水平》一书中没有任何引文出现，但是在此书的扉页上有单独的一段引文。这是他的习惯，他将这个习惯保留在了《经济学文选》（1931 年，他与庇古共同编辑），《经济学随想》（1931 年），《货币理论论文集》（1940 年），《效用经济学》（1952 年）以及《经济学原理讲义》（1963 年）中。在这每一部作品里，引文的目的是点出主题，引出内容。希克斯在将罗伯特森的论文收录进《货币和利息论文集》（1966 年）的时候也沿袭了这一习惯。《罗伯特森货币理论论文集》真正是一本全新的、增订版的作品，希克斯在该书的扉页上就采用了引文的写作方法。在这里，仅仅这一个例子就足够了（虽然，当我们更加详细地思考《银行政策与价格水平》的时候，我们应该会有机会再来谈这个问题）。《经济学随想》是罗伯特森在一段较长的时间里所写的一些杂文的一个集合。被非常熟练地用在扉页中的引文表明了这一点，该引文取自《爱丽丝镜中奇遇记》中的一个小故事：

　　　　"我希望你在使用绳子方面是一把好手?"叮当兄（Tweedledum）（《爱丽丝镜中奇遇》中的角色）评说道，"每一件事情都必须以某种方式继续下去。"

　　　　爱丽丝后来说，在她的一生中，她从来没有看到任何一件事情被搞得这么糟糕……"事实上，到他们准备好的时候，情况看起来并不怎么样"，她自言自语道……②

①　Goodhart, in Presley〔ed.〕, 1992: p. 9.
②　《爱丽丝镜中奇遇记》, 1872: p. 242.

在所有罗伯特森引用"爱丽丝"的场合，这些引文都被运用得恰到好处，这极大地取悦了读者。在这点上，很明显，罗伯特森早就打算要在《货币》的不同版本中更换引文的内容，或者在不同的写作内容中使用同样的引文。例如，在1922年版的《货币》的第3章"货币的数量"中，一开头，他就引用了怀特·奈特为自己即将要演唱的歌曲所作的评论，"那个（过程）很漫长……但是却非常非常美丽"①。然而，在1928年的版本中，讲述金本位制度的那一部分内容却变成了独立的一章，该部分内容原来是对不同类型的货币进行介绍，现在介绍金本位制度的这一章却被更恰当地以蚊子先生关于昆虫命名的提问而开头：

> 蚊子先生说，"在我们使用我们给昆虫们起的名字跟它们打招呼时，如果它们对此毫无反应怎么办？"
>
> "那就不要用它们，"爱丽丝说，"但是人们使用他们希望的方式对昆虫们进行命名还是很有用处的。"②

新设立的一章"金本位制度"讨论了货币的价值和黄金的价值之间的因果关系和影响，他引用了爱丽丝和红桃皇后（Red Queen）关于关系问题的一段对话作为开头：

> "发光的原因，"爱丽丝果断地说，因为她感到对此很有把握，"是打雷——不，不！"然后她急忙纠正自己说："我的意思是其他方式。"
>
> "你纠正得太晚了，"红桃皇后说，"当你一旦说出了一件事情，那就成为了既定事实，你必须承担你所讲的话的相应后果。"③

还有两处引文，其引文的第一部分出现在书本的章节里面，引文的第二部分后来出现在他的论文集《经济学原理讲义》（1963

---

① TLG，p. 306.
② TLG，p. 222.
③ TLG，p. 323.

年）中。

"爱丽丝"第一次出现在罗伯特森公开发表的作品中是在《工业经济波动研究》的第一页上。在那里，罗伯特森为了阐明自己的观点，即大部分关于贸易周期的严肃研究所得出的结论都是有一定价值的，他引用了渡渡鸟（《爱丽丝梦游仙境》里的角色）的话"任何一个人获胜了，所有人都应该得到奖励"[1]。这句话也被用在了《工业管理》一书的第 11 章"统筹管理"的开头部分。

再讲一个例子。这个引用第一次出现在《工业管理》一书的第 2 章"大规模工业"的开头部分，其目的在于揭示怀特·金对于专业化和劳动分工原理的认同：

> "我的意思是我不理解"，爱丽丝说，"为什么来一个人，走一个人？"
>
> "我没有告诉你吗？"，国王耐心地重复道，"我必须有两个人来做杂务，一个人负责取，一个人负责送。"[2]

然而，这处引文在他 1928 年的论文"银行政策理论"中再次被提及，在那里，它被用来解释这样一个观点，即银行创造货币的过程需要交易双方共同努力："一个贷，一个借。"[3]

对"爱丽丝"引用的偏好，以及他使用这些引文的主要方法，表明罗伯特森相信自己与这些引文中所塑造的人物之间有着特别的联系。有十分明显的证据表明，这种联系是在 1932 年建立起来的。在那一年的 11 月份，凯恩斯向出版商递交了一份他为琼·罗宾逊的新书《垄断》（不完全竞争经济学）的手稿所写的评论：

> 我认为取自《色尔维和布鲁诺》（Sylvie and Bruno）中的引文应该被删除掉，不是因为它不合适，而是因为丹尼斯·罗伯特森真正被公认是一位在经济学写作中引入路易斯·卡罗尔

---

[1] AAW, p. 49.

[2] TLG, p. 280.

[3] in Hicks［ed.］, 1966：p. 26.

作品的极具天赋的经济学家。[1]

到 1953 年，美国经济协会的一位编辑这样介绍罗伯特森的经济学散文：

> 罗伯特森教授是研习路易斯·卡罗尔作品的权威。他的引用十分恰当，他提供了一个依靠天才建立起垄断优势的绝佳范例。[2]

还有许多其他的参考文献表明罗伯特森的工作与"爱丽丝"系列作品之间的联系。[3]

然而，使用"爱丽丝"引文是一个策略，这个策略为罗伯特森带来了实实在在的好处，正如罗伯特森关于他的标志性作品的持久影响力所作的评论：

> 非常感谢，由于醒目的章节标题，尽管这本书自从 1928 年出版以来多次再版，但是我总是得到同样的信息，即这本书依然很有市场……总之，这本书仍将保留这个特色。[4]

当然，这本书的第一版写于 1922 年，当时设定了该书最早的章节标题。必须说明的是，在那一时期，引用路易斯·卡罗尔的作品在专业写作者当中已经变得非常流行了。剑桥大学的哲学家布雷思韦特逐步与凯恩斯学派走到了一起，他注意到：

> 事实上，现在，在剑桥大学中，出于社交礼节上的需要，无论是经济学家，还是逻辑学家，都假装自己从路易斯·卡罗尔那里找到了灵感。[5]

---

[1] Keynes, CW Ⅻ, p. 867.

[2] Hansen and Clemence [eds], 1953: p. 166.

[3] 例如，Samuelson, 1963: p. 518; Hicks [ed.], 1966: p. 13; Howarth, 1978: p. 138; Blaug, 1986: p. 205; Johnson in Johnson and Johnson, 1978b: p. 136; Higgins in Harcourt [ed.], 1985: p. 140; Goodhart in Presley [ed.], 1992: p. 9; Bradfield to Flentcher, 23 January 1988.

[4] Robertson, 1948b: p. ix.

[5] Braithwaite, 1932: p. 177.

　　因此，我们可以知道，罗伯特森引用路易斯·卡罗尔的作品来支持自己的经济学写作这件事情在当时并不是一件多么非同寻常的事情，这种现象很普遍。1932 年，布雷思韦特在《数学公报》上公开发表了一篇文章，题目叫做"路易斯·卡罗尔是一位逻辑学家"，文章指出：

　　　　一些逻辑学观点的讨论涉及到红桃国王（Red King）的唯我论、其他教授的一元论，以及矮胖人（Humpty Dumpty）的唯名论。[1]

　　然而，罗伯特森的情况有所不同。罗伯特森让自己的作品与"爱丽丝"的风格如此之贴近，以至于在读"爱丽丝"系列作品时，人们很容易误认为"爱丽丝"系列作品是他写的！我们可以从布雷思韦特的言论中，看出"爱丽丝"系列作品对他的重要性。布雷斯韦特说，当时，学者们都假装自己从路易斯·卡罗尔那里获得了灵感。也就是说，我们或许可以推断，学者们认为引用"爱丽丝"作品能够为他们枯燥的学术作品增光添彩。然而，罗伯特森并不需要假装。对于他而言，他的书已被打上了深深的个人印记。他说，它们是"我的智慧的另一个最好的来源"[2]。它们既为他提供了一个避难所，又为他提供了一种人生哲学。有两个证据可以证明这个观点：一方面，罗伯特森的生活与路易斯·卡罗尔（他的原名是查尔斯·路德维希·道奇森）的生活十分贴近，另一方面，罗伯特森的作品风格与"爱丽丝"系列作品十分相近。

　　查尔斯·路德维希·道奇森是维多利亚时代的一位牧师，他是牛津大学的数学老师，他的生活环境与罗伯特森惊人地相似。他出身于一个学者和牧师家庭，他的家庭有着向教会提供服务的传统。他在教区长的管区内长大（罗伯特森则在教区牧师的家里长大）。他的父亲是一位古典文学家，同时也是英国国教的牧师。他

---

[1]　Braithwaite，1932：p. 174.

[2]　Robertson，1956：p. 154.

就读于公立学校（格拉比公学而非伊顿公学），他在学校里的成绩主要体现在课堂上，而非运动场上。他的古典文学非常好，要远远好于他的数学！大学时期，他就读于牛津大学最好的学院——基督教堂学院，该学院相当于剑桥大学的三一学院。随后，他成为牛津大学的一名研究员。他作为一名图书馆管理员从事一份固定的工作（牛津大学基督教堂学院图书馆是一个专业图书馆，对于罗伯特森而言，就相当于剑桥大学的马歇尔图书馆）。

由于经历过相似的生活和工作环境，他们两人在个性上有着非常相似的地方。他们两人在个性上都拥有高度复杂的、急需调和的冲突因素。对这种冲突的解决导致了他们性格上的压抑，并通过某些方式表现了出来。说到冲突，他们两人都被认为是害羞的人，但是他们却都对舞台表演和戏剧充满兴趣；他们两人都充满了艺术气质，但是却都被责任感和公共服务所束缚，他们每一个人都深受自己父亲的训导和榜样的影响。

然而，争论的关键点在于他们的文学声誉：他们两人都在自己所选择的研究领域里以文笔好并且学识渊博而著称。不同点在于，道奇森的作品完全是原创的，完全脱离了他的学术工作；而相比之下，罗伯特森的作品则是从前者衍生出来的。他在自己的工作领域之外并没有建立起文学声誉，通过将他的经济学用"爱丽丝"包装起来，罗伯特森正在发出一种并不完全属于他自己的声音。"爱丽丝"系列作品是道奇森试图与自己生活中的困境达成妥协的副产品。而罗伯特森通过使用这些引用，能够享受道奇森的文学天赋所带来的成果，并把它们作为实现自我救赎的一个方法。

在道奇森的书中，罗伯特森发现这是一个沉浸在儿时怀旧影像中的温暖、安全的避难所，是一种勇于面对人生——面对人类生存的残酷现实——的实践哲学。前者部分地来自于这些故事的介绍性材料，它们提供了一个在夏天阳光下或在舒适火炉边的和谐环境。这些材料为"爱丽丝"系列作品即将产生的影响提供了线索。后者隐藏在故事当中，它们讲述了一系列的英雄冒险故事，在这些故事中，爱丽丝必须面对残酷、野蛮、死亡玩笑和不符合逻辑的荒谬。只有充分考虑到它们被创造的目的，以及它们被构思的环境，我们才能更好地理解这种双重品质。

　　同罗伯特森一样，道奇森感觉到一种深深的不安全感。对此，一个可能的解释是，道奇森在学校上学的时候曾经被羞辱过，并且后来他深爱的母亲突然逝世给了他不小的打击。与罗伯特森一样，他非常怀旧，总是想要在一个孩提时代的多愁善感的、理想主义的世界里寻找安逸的感觉。同样，他无法在一个创痛的婚姻中找到真爱。虽然不是同性恋，但是他在情感发育上是不成熟的，为了弥补自己不能与一个成熟女人相爱的缺憾，他与许多（女性）"小朋友们"维持着友谊，这些小朋友们可以在她们到达青春期以后被安全地抛弃和替代。他有无穷的故事要讲给孩子们听，"爱丽丝"系列作品就是发端于他讲故事给爱丽丝·利德尔和他的妹妹们听的。她们是基督教堂学院院长亨利·利德尔的女儿。

　　1862 年 4 月的一天，卡罗尔带着爱丽丝和她的两个姐姐划船，去牛津与歌德斯托之间的泰晤士河郊游。在途中，他第一次讲述了"爱丽丝"系列故事。所有参加的人都记得那天是一个阳光刺眼的大晴天（尽管这与气象学证据相矛盾）。这样做的部分原因是，书中的故事（爱丽丝请求他将它们写下来）假定那天是温暖的，其目的是为了带给孩子们欢乐，带给保守苦恼的成年人解脱。

　　然而，其它相关的背景是，那次郊游仅仅发生在查尔斯·达尔文的《物种起源》一书出版后不久。《物种起源》一书将人类进化解释为一个随机的进程，其中的许多观点看上去破坏了基督教信仰的基础。虽然他是英国国教的执事，道奇森像其他每个人一样被触动了，"爱丽丝"的故事能够被看做是他的这种焦虑的反映。也就是说，他们虚构出一个既无神，又无意义，寒冷又缺乏关爱的世界。正如"爱丽丝"故事中所讲述的，在这个生活的寓言中，我们有必要把我们的英雄想象成一个勇于面对生存挑战，并且神智正常的人：她必须是勇敢的，面带微笑的，她能够在一片虚无之中创造出一个有秩序和有意义的体系，并且能够发现爱。[1]

同时，同我（self‑same）的故事创造出了一种温暖可靠的氛围。之所以会产生这样的效果，不仅仅因为它们被构思的环境，而且因为它们采取了"荒唐"传说的形式。"荒唐"被定义为一种在已知规则下进行的独立的游戏。事实上，表演者处在一种被简化了的生活环境中，可能的结果被限定，并且是已知的（Sewell, 1952）。这就创造了一种安全感，为充满了不确定性和焦虑的严酷的现实生活提供了避难所。这导致该书不仅仅描绘了一幅后达尔文时期的令人生畏的景象，而且同时还提供了一种从中逃离的方法。

然而，"爱丽丝"系列作品与作为经济学家的罗伯特森之间的相关性在于苏维尔（Sewell）的规定，即作为一个游戏，荒唐必须是由互不相关的要素组成的，整体从来都要小于部分之和。[2] 正是这一点，防止荒唐从颓废演变到充满梦魇的、易变的、未分化的状态——根据定义，荒唐并没有为焦虑提供避难所。现在，正如罗伯特森能够从在"爱丽丝"的荒唐世界中所产生的焦虑中发现避难所一样，他将自己的经济学新理论深深地扎根于他的古典经济学基础之上。罗伯特森时代的（古典）剑桥学派经济学致力于微观经济学研究，微观经济学是建立在原子的、无摩擦的物物交换的基础之上的。与"荒唐"一样，它是由互不相关的要素组成的，这些要素的任何整体都小于其部分之和。在这个系统中，货币的重要性很小，货币仅仅被看做是表象，货币被提出来是为了更好地解释隐藏在表象之下的现实世界。

在这里，我们有一个非常重要的线索来解释罗伯特森坚决地反对凯恩斯革命这件事情：

　　因此，古典经济学具有一个独立的游戏所具有的特征，它认为不确定的现实世界里很少有相关性。凯恩斯就是这样看待

---

[1]　see Rackin's essays in Philips［ed.］, 1972, Bloom［ed.］, 1987 and Gray［ed.］, 1992.
[2]　Sewell, 1952：pp. 53, 98.

古典经济学的。他的新经济学思想，主要表现在《通论》里，在两个基本方面与古典经济学不同。首先，在认识世界的不确定性方面，《通论》对货币因素给予了重新的重视，它认为货币能够将互不相关的要素聚在一起，结合起来，因此也就打破了古典经济学的游戏特征。其次，在他提出的两个概念——节俭悖论和乘数效应——中，凯恩斯实际上提出的是总和的概念，而不是部分之和的概念。例如，消费乘数所产生的结果并不是通过将个人要素进行加总而得出的。[1]

借助这些新工具，凯恩斯经济学颠覆了古典经济学。凯恩斯的工作动摇了罗伯特森工作的基础，也动摇了他的情感安全：怪不得罗伯特森要冷眼面对凯恩斯的成功。

罗伯特森写作风格的第三个特征是他广泛地使用新词，他发明了很多新的词汇，或者以一种全新的方式使用一些"老词"，来阐释他的经济学思想。他使用这个方法看上去是为了更好地讨好读者。他的作品睿智明快，天马行空，的确很受欢迎。凯恩斯也使用了一些新的理论术语，例如"乘数"、"消费者的成本"或"流动性偏好"等，但是凯恩斯使用这些新词的目的是为了更好地阐释自己的新理论。这种轻快的写作风格最早是在 20 世纪 20 年代时写作《货币》和《工业管理》时确立的。当然，从《货币》开始，"支票存款"一词过去被用于描述"既是一个增值区，同时也是一个支票的最终兑换地，正如白嘴鹤群居地对于白嘴鹤的作用是一样的"[2]，而在《工业管理》一书中，它的意思变成了"像章鱼一样的"工业，该工业采取一种"大规模的、拥有许多分支机构的工厂"的形式而存在。[3]

后来，在一篇论文中，他力图重申他对经济福利测量的传统观点，他使用了路易斯·卡罗尔的"混成词"的概念，之所以这样

---

[1] Fletcher, 2007: p. 17.

[2] 1922: p. 49~50.

[3] 1923: p. 114.

称呼，是因为"一个词要包含两个意义"①。他使用了一个合成词"Ecfare"，这是一个缩写，意指"人类幸福的更多的物质方面"（埃德温·坎南的语句），"部分是为了简洁，部分是希望狡猾地驱逐'经济福利'的概念，因为后者包含了太多的伦理和情感因素在里面"②。

当然，过量地使用新词实际上产生了一种私人语言。在罗伯特森写作对自己来说最重要，同时也是最难和最不典型的《银行政策与价格水平》（1962年）一书的时候，这件事情就发生了。我们后面还会提到这本书。

罗伯特森写作风格的第四个特征是简明扼要：他的作品不仅仅优美简洁，而且也很好地表达了他想要表达的经济学思想。当然，这是一个令人钦佩的品质，但是如果使用了过量的新词，就会导致作品缺乏吸引力，不容易被看懂，因此经常导致作品缺乏可读性。在这一点上，读者群体分化成了两派。对于一位热心的赞赏者，例如斯坦利·丹尼森来说，这样做是非常好的。罗伯特森不仅仅是：

> 一位语言简练的大师，（他的作品中的）每一个句子都是重要的，许多句子一句就包括了大部分经济学家需要一大段文字才能说清楚的内容。

而且，在研读罗伯特森作品的时候，

> 在一个人能够领略到罗伯特森作品掩藏在看似简洁和睿智的观点之下的博大精深，以及其分析框架的合理匀称之前，有必要对他的文章一读再读。③

然而，正如丹尼森对罗伯特森作品的评价那样，其他人也注意到了这一点。下面将要提到的是罗伯特森以前的一名学生，其也

---

① TLG，p. 271.

② Robertson，1952：pp. 29~30.

③ Dennison，1963：pp. 43~44.

是这些人中的一位代表，他这样回忆道：

> 我们中的一些人因丹尼斯·罗伯特森而感到苦恼，因为他
> 的理论阐释是如此精彩，而且是如此简洁，以至于一个人在理
> 解他要说的任何事情之前，不得不仔细地把他的每一个句子都
> 要反复研读好几遍。①

正是在这种情形下，罗伯特森写出了《银行政策与价格水平》
一书。该书的语言是如此简洁，以至于一般人很难看懂它。与罗
伯特森一起开展合作研究的凯恩斯很快注意到了这一点，他认为
这种做法将会增加人们理解一个新的复杂理论的难度，因为只有
经过一段比较长的时间间隔，这个观点才能得到大家的广泛
理解。②

数年以后，在评价这个预测的准确性的时候，丹尼森看上去很
认同罗伯特森的这种晦涩的写作方法：

> 首先，凯恩斯是正确的，正如不同的评论所表明的那样，
> 那些评论家们并不是每一个都能真正理解罗伯特森的观点……
> 其次，凯恩斯太乐观了，在过去的 60 年时间里，许多经济学
> 家都承认他们很难看懂这本书。③

在这些经济学家当中，有些是大名鼎鼎的人物。例如保罗·萨
缪尔森，当他公开宣称《银行政策与价格水平》"几乎很难被读
懂"④的时候，他实际上在为其他人进行辩护。

我们要问的是，为什么会是这样的。对此，更多的解释是，我
们要看做者想要达到什么样的目的。对于凯恩斯而言，他总是劝
说别人，让人接受自己的观点。当他评论道"在经济学中，你不

---

① Rt. Hon. Terence Higgins M. P., in Harcourt [ed.], 1985：p. 139.
② letters from Keynes to Robertson, towards the end of 1925.
③ in Dennison and Presley [eds], 1992：p. 33.
④ Samuelson, 1963：p. 518.

能够判定你的对手是错误的——你只能够使他相信你的观点"①的时候，此时，凯恩斯已经充分地认识到了强行说教的内在困难。甚至一些口才一般，但是文字功夫很好的经济学家们，例如琼·罗宾逊（罗伯特森与她自 20 世纪 30 年代以来发生过数次激烈的交锋）也曾写信解释他们的观点，声称他们的观点是正确的。因此，我们可以判定，罗伯特森之所以采取这样的写作风格，其目的是为了实现某个目标。

正如我们后面将会看到的那样，反对凯恩斯主义统治的特殊环境、对自己理论的保护，以及情感上的安全需要，所有这些原因决定了罗伯特森写作《银行政策与价格水平》时采用的风格。同时，他对于人们忽视了自己的一些原创观点而感到十分难过。然而，一个不争的事实是，当他评论经济学的新发展或者评价某人的新作时，他总是采取非此即彼的鲜明态度，这在无形之中也排挤走了许多潜在的读者。

这就引发出了罗伯特森写作风格的一个相关特征，我们称之为"学究气"（donnishness）。通过"学究气"这个词，我们想要表达的意思是，罗伯特森的作品不仅是学问精深的、特征鲜明的，而且还是超脱的、疏远的。这个特征不仅仅为他确立了一位天生的批评家和评论家的名声，而且也为他确立了一个无欲无求、刻板守旧的形象。也就是说，他的作品缺乏任何的时代紧迫感。当然，这样做的危险在于，要成为一位永远的评论者和批评者，从来都不发表正面的观点，或者参与政府部门的实际工作，这样做将会招来人们的怀疑，即这个人不能信守承诺，或者缺少目的的严肃性。

当他评论其他经济学家所采用的经济学分析方法的时候，他就会冒出一股"学究气"，其后果便是他被那些负责管理国家事务的人认为是在捣乱。第一点，他总是力图从那些采用他不喜欢的经济学分析方法的人的作品中找出愚蠢无用的地方。他调侃保罗·

---

① Keynes, CW XIII: pp. 469~470.

萨缪尔森使用一些技术方法来分析问题，"我们所有人都对于仅仅使用那么几种工具来分析经济现实感到可笑"[1]，他轻视经济预测者的努力，认为其"充其量不过是一项猜测工作"[2]。

第二点，很明显，他很清楚，由于他在批评公共政策的同时，并没有积极主动地采取一些改造它们的行动，这大大削弱了他的权威性。这一点，我们可以从他 1957 年 8 月写给财政部大臣的信中看出来。在信中，他提到，他打算谢绝一个提名他成为（科恩）价格、生产率和收入委员会的成员的邀请（事实上他后来加入了该委员会）：

> 我的内心告诉我，我必须拒绝该邀请。我知道你和州长先生都会因此而对我有意见。但是，事实上，我不情愿总是从事一些兼职工作。如果有机会的话，我愿意做一份富有责任感的工作。[3]

这件事情看上去似乎是他没有秉承自己一贯的责任感，但是实际上，这或许是他的一种自我保护。首先，在政府机构里从事委员会的一些工作，这是他非常反感的。其次，他认为相对于政府，经济学家的正确职能应该是提供专业化的建议，坚持提醒政府可能出现的各种风险，而不是去冒充"哲学国王"[4]的角色。最后，依据他的性情，他会怀疑中心计划的价值，以及为执行中心计划所需要的官僚机构配置：

> 当然，对于那些有的是闲暇时间的专业人士而言，对那些由过度操劳的公务员们起草的，由注意力分散的部长们签署的文件提出一些口头的意见或建议是很容易的——或者通常假定是这样的。但是，我认为，丝毫不令人吃惊的是，这类特定的文件的绵软无力通常会产生混乱的结果。这种混乱并不会因为

---

① Robertson, 1952: p. 40.

② Robertson, 1952: p. 60~61.

③ Quoted in Dennison and Presley [eds], 1992: p. 95.

④ see 'On Sticking to One's Last', in Robertson, 1952: pp. 64~65: below pp. 224~225.

在文件发布之后的很短的时间内，让一位拥有很高地位、举止干练的人出面进行解释而有所减轻，关于这个问题的最重要的方面在于，没有计划的人们与有详细计划的政府之间的合作被期望能够自我实现。①

正如我们看到的那样，复仇女神（Nemesis）到来了，那就是第二次世界大战。这一次，罗伯特森的年纪太大了，已经没有能力再逃离到军队中去服役，因此他被迫在财政部担任了一个职务。

如果要对罗伯特森的写作风格作最后的评论，我们应该加上一点，即他的写作风格虽然缺乏紧迫感，但是却是锐利的。也就是说，当他被攻击的时候，他会无所畏惧地亮出自己锋利的刀子。萨缪尔森曾经提到，罗伯特森能够熟练地使用"智慧的利剑"去实现他的目的。② 虽然他经常被朋友们描述为温和文雅、和蔼可亲（被敌人们描述为由于无能而感到害羞，十分可怜），但是他被认为在行为举止和写作风格上有猫的一些特质。他是一位有猫一样性格的人，正如我们所知，猫有着由柔软的毛皮覆盖的手爪，这隐藏了它锋利的爪子。当爱丽丝观察柴郡猫（Cheshire Cat）的时候："它看上去性情温和……它依然有着很长的爪子，很锋利的牙齿，因此……在与它打交道的时候，要保持尊重。"③ 这意味着他的出击将会采取一种巧妙尖锐的方式来实施，其目的就是激起其他的明确对手的暴怒。他在他公开发表的论文中写到：

> 我认为，只有罗宾逊夫人仍旧发现"可贷资金"的概念，或者说是"可供投资的资金"的概念，是如此模糊，结果导致她自取其辱，遭人唾弃。④

这段引文充分反映了罗伯特森写作风格的特点：富有文学气

---

① Robertson, 1952：p. 50.

② Samuelson, 1963：p. 518.

③ AAW, pp. 87～88.

④ Robertson, 1963a：p. 367n.

息、优美、睿智、尖锐。这是一种完全独树一帜的写作风格，值得我们更进一步地去仔细研究，因为它是联系作为一个普通人的罗伯特森和作为一位经济学家的罗伯特森之间关系的重要节点。

第 *11* 章

周期理论中的货币

在《工业经济波动研究》一书中，货币的角色绝对不仅仅是跑龙套，但其作用仍然相对较小，与决定周期的主要因素相比，货币只是一种补充性因素。正因如此，罗伯特森只是在最后一章回顾货币对工业周期的影响时提到了货币的作用。这种处理方法，完全符合罗伯特森的最新阐述："必须把货币放在适合它的位置上"[1]——应该说，这种决心不是简单地建立在有利于"挖掘事物表面下的问题"的假设之上的，而是由以下因素所推动的：

> 我想我发现了一些证据能够证明生产行为与消费行为在很多情况下是存在分歧的。贸易周期学说的基础是货币条件或者一个行业通过货币购买力的变化对其他行业的"反应"。我对此表示极度怀疑。[2]

正是因为注意到了这一点，罗伯特森才告诉读者，他不但能够不借助于特定的货币影响就可以解释贸易，而且，也许是更好的，

---

[1] 1948：p. xv.

[2] Robertson，1948a：p. xii.

他没有表达最终会被动陷入货币条件的意图：

> 显然，货币尤其是信用货币，对贸易过程有十分重要的影响。除了极少数曾对这一问题的研究作出过贡献的人以外，甚至所有人都或多或少注意到了这一问题。我们长期以来为这一问题所牵制，我们的讨论也十分复杂，也比较成熟，但还没有触及其中特有的货币现象。克莱蒙特·朱格拉和霍特里在货币对工业波动的影响方面有单一而充分的解释，但这一事实却正式驳斥了他们的观点。我们一直在货币表象下挖掘，但却容易在所有关键阶段陷入货币条件之中，我们希望我们可以从巴兰诺斯基等人的命运中跳出来。[1]

这些观点的第二部分，罗伯特森曾在 1914 年出版的书评中提到过。[2] 然而罗伯特森很快就承认，他的苛求并没有使其适当地"把当前的实际理论变动引入到货币体系中"[3]。在现代条件下，这意味着在信用货币经济中，工业将会运转，波动也会发生。他清楚地认识到，其中的关键角色是银行，因为银行能够通过提供贷款增加资本家阶级对资源的控制力。同时，这些贷款的增加将会对价格水平，进而对储蓄价值产生影响。20 世纪 20 年代，罗伯特森在其货币经济周期理论中尽力明确了货币、投资、储蓄的实质关系。之后，这些观点与随之产生的银行的政策角色理论一起得到了更加充分的发展。

罗伯特森后期研究的另一个主要特色是将货币效应引入到经济波动的研究范畴中。[4] 这一特色最初体现在《工业经济波动研究》一书中。他发现在繁荣时期，由于信心和银行信贷扩张，货币供给和价格水平将增加和上升，诱因价值将会提高，金融中介、储蓄、劳动投入的成本将会降低。这转而将刺激经营扩张，导致过

---

① Robertson, 1915: pp. 211~212.

② Robertson, 1914a: See above, p. 59.

③ 1915: p. 212, italics added.

④ 1915: pp. 211~228.

度生产。

一个阶段以后，诱因价值将会下降，低迷的工业活动将会继续萎缩，因为金融中介和储蓄成本均将增加。另外，由于银行家们适应新环境的能力减弱，银行内部的现金可能会枯竭并恶化。由于萧条的发生，这些消极影响将会因企业瘫痪而增强；由于信心崩塌，物价也进一步下跌。而调低货币工资存在的时滞现象，增加了非自愿失业的可能性。[①]

罗伯特森在写《工业经济波动研究》的这部分内容时，其灵感又一次来自于庇古的《财富与福利》[②]一书的第四部分。在该部分第 4 章，庇古研究了造成货币购买力变化的原因——这些变化影响到工人阶级的实际工资收入，进而影响到他们的福利。[③]庇古的研究方法建立在所谓的货币数量理论的现金余额说基础上。他继承了马歇尔的观点，并在一篇著名的文章（Pigou，1917）中对这一观点进行了权威阐述。庇古的现金余额方法不同于欧文·费雪的，庇古把注意力放在货币需求而不是周转速度的决定因素上。这种以个人选择作为切入点的想法，影响了牢固建立在已有价值理论基础上的货币处理方式。他认为，价格水平和货币购买力是由供给和需求共同决定的。它为后来凯恩斯的流动性偏好理论以及再后来的米尔顿·弗里德曼的数量理论提供了切入点。

相对于庇古的写作目的而言，《财富与福利》一书使用的研究方法十分基础。他在货币供给和需求、货币供给弹性和需求弹性的基础之上分析了价格水平的决定。从货币需求方面看，由于假设了货币需求弹性单一，货币需求随着国民总收入和相对于商品边际效用的货币边际效用的变化而变化。但是，考虑到罗伯特森在这一时期的主要兴趣并不在于货币分析，因而他对货币需求的任何思考肯定都是臆测。他的兴趣集中在庇古对货币供给方面的

---

① 　pp. 206～211，241.

② 　后称《福利经济学》，庇古也因该书而被西方经济学界奉为"福利经济学之父"。

③ 　Pigou，1912：pp. 423～438.

处理上,因为在这里我们发现了罗伯特森许多后期思想的起始点。总之,庇古的结论是,货币价值将会更加稳定,货币供给的变动越小,货币供给的弹性就越大。

庇古对基础货币(money proper)① 和银行票据之间的区别作了重要说明,因为前者是掌握在公众手里,并且提供货币储备,以防范银行家通过信用扩张进行的银行票据创造带来的风险。由于储备率既定,货币供给将随着基础货币的可获得性以及组成结构(不可兑换的纸币和黄金等)的变化而改变。储备率执行得越严格,货币供给弹性就越小。货币供给弹性也会随着货币存量的构成而变化,基础货币与银行票据两者之间的比率越大,货币供给弹性就越大。从福利的角度看,货币供给弹性受到资本家阶级对工人阶级的支付方式的影响,因为随着经济繁荣,工人阶级对基础货币的需求将增加,这将限制银行票据的任何扩张,并因而降低货币供给弹性。因而,交易中受到基础货币影响的比率越小,价格稳定性就越强。

罗伯特森在后来的作品中效仿了庇古的两种见解。第一,政府控制法定货币供给(由国家承诺而不是由贵金属所支持),可以用来挤出平民百姓的无息贷款(也就是挤掉实际价值)。第二,当平时出现公众对基础货币需求的短期增加时(因为当基础货币储备稀释掉了圣诞节或其他节日支出的融资时,人们增加了预付款,以确保他们将在短期内偿还),银行家允许银行票据供给自动增加的惯例,事实上提供了一个代偿机制,其运行将有助于限制价格变化。因而在庇古看来,随后的事情是不应该让这个有益的机制自发运行,而应当适时建立一个权威的、合法的代偿机制,以明确稳定价格水平。实际上,这一观点是由李嘉图提出来的,费雪将之作为一个框架详细进行了阐述。②

---

① 即中央银行货币(central bank money),是中央银行供应给商业银行的基础货币,也称始初货币。

② Fisher, 1911.

　　总的来说，在《工业经济波动研究》中，罗伯特森已经认识到了庇古关于货币的观点的潜在价值，并通过研究银行在提供融资、决定价格水平和储蓄价值方面的作用发展了这些理论。之后，在《银行政策与价格水平》（1926 年）中他将更加具体地运用储蓄挤出和补偿性融资工具，而将它们置于对货币、投资和储蓄关系的突破性分析的中心。

　　然而令人疑惑的是，为什么在他 20 世纪 20 年代的作品中货币发挥着如此重要的作用。这主要是因为他并不是一个货币经济学家，他在《工业经济波动研究》中仅仅是顺便引入了货币，并且宣称他将把货币放在适合它的位置上。我们应当想到，他对货币的密切关注以及后来在理解货币理论方面的进步，来自另外一个人（凯恩斯）的影响，这个人在许多方面都有自己明确的发展规划。我们也应当想到，豹没有变换身上的斑点[1]，他后期的分析虽然有相当明显的进步，但实质上与他人得出的货币具有相对重要性的结论是一致的。

　　我们也应当清楚，罗伯特森对货币现象的研究并不是出于对货币本身的兴趣。相反，他只是把它作为研究与人类福利相关的贸易周期的一部分。

　　一战前，他的研究揭示了贸易周期是一个真实的现象，工业波动是资本主义生产模式中本身固有的特征。因为经济增长包括资本形成，周期是经济增长过程中必不可少的一部分。经济增长由"生殖的冲动[2]"（人类急切想要惠及子孙后代）所驱动，因而将习惯性地导致牺牲"当前利益以满足将来利益"。进而，由于储蓄被吸收到投资领域，考虑到消费被抑制，无论是从长期（通过经济增长需求）来看，还是从整个回归周期（由于经济繁荣时期过度投资，衰退时期存货储备）来看，公众都将遭受不可逆转的经济福利损失。因而，《工业经济波动研究》的政策建议是，人们必

---

① 喻本性难移。
② 出自美国诗人惠特曼的《自己之歌》（Song of Myself）。——译者注

须注意他们所做选择的性质，注意周期的成因以采取措施降低波动的幅度。

现代战争的恐怖和战争所造成的死亡规模，改变了人们的认识，因而增加了人们对当前生存的渴望，这导致了对消费需求的增加，威胁到了经济增长所必需的储蓄的可得性。因此，战后首先要保证经济释放出必需的储蓄量，来完成政府所设定的经济增长率（在这里，劝告政府选择一个增长率成了他后来在这个领域的研究的一个特色。例如，见他的《经济学原理讲义》一书中《稳定与发展》部分，1956 年，p. 457），保证以尽可能低的消费损失的成本来达到增长的目的。这实际上意味着周期管理，意味着一旦现代货币组织的重要作用被考虑进去，银行将被赋予关键的管理者角色。因而，罗伯特森的战后研究的主题是在发展的货币经济中，提出了一个短期管理理论。

同时，他的渐进的或者说是逐步性的理论发展方法，意味着不能推翻古典假设，新的视野必须建立在已确立的基础之上。这个要求强有力地限制了模型的建立，对研究造成了严重的损害。然而，无论有什么样的缺陷，《银行政策与价格水平》（1926 年）一书代表了他在 20 世纪 20 年代的研究成果，是现代"宏观经济"思想发展的重要里程碑，在某些方面我们应该仔细研究一下。

这个占据了罗伯特森余下职业生涯大部分时间的雄心勃勃的研究计划，并不是由他独自承担的，而是被置于剑桥学派专注于短期调整和价格稳定问题①的大背景之下的。而且，至关重要的是，他大部分时间里都在与凯恩斯进行合作，而凯恩斯，作为他的老师、研究导师和同事，作为他个人和财务事务中的朋友和知己，对罗伯特森的生活和工作具有不可估量的影响。因此，也许毫不令人惊奇的是，当我们想知道罗伯特森是如何开始理解分析货币运用现象的意义时，我们必须要注意的是凯恩斯的影响。

凯恩斯是"剑桥经济学手册系列"的发起者和总编辑，这个

---

① for the Cambridge School, see Bridel, 1987; Bigg, 1990; Laidler, 1999.

系列的目的是：

> 向普通读者和非经济类学科的学生灌输一些经济学家目前
> 应用于经济问题的一般思想、原理和概念……（并）向以前
> 不熟悉该领域的聪明的读者解释经济方法的最重要的要素。①

该手册系列的所有作者都忙于剑桥大学的教学，分配给罗伯特
森的任务是该系列中的两本书：《货币》（1922 年）和《工业管
理》（1923 年）。其中，《工业管理》一书并非罗伯特森的兴趣所
在，因此也就很容易解释罗伯特森为什么在芭芭拉·吴顿首先提
出又放弃它之后，把它当做一项不受欢迎的、令人疲倦的工作。
然而《货币》一书，他却很感兴趣。凯恩斯作为一个货币专家，
首选的题目应该是关于货币方面的。然而，他却让罗伯特森担此
重任，声称他自己没有时间来做这项工作。根据后来所发生的事
情，我们必须认真思考一种可能性，即凯恩斯精明地估计到了潜
在的好处，为了寻找合作者，② 他故意选择罗伯特森代替他做这项
工作，作为训练他的途径之一。

当然，考虑到他们各自的地位，凯恩斯是主要人物，居于绝对
支配和开拓创新的地位，罗伯特森很可能只能心甘情愿地服从。
无论如何，如果没有这次集中精力思考货币问题的机会，罗伯特
森对凯恩斯的作用将会大打折扣，罗伯特森自己的学术生涯可能
就会是一条完全不同的路径，它打开了一条新的可能之路，罗伯
特森将在这条道路上获得相当多的荣耀。

虽然留给准备的时间很短暂（该系列是在 1920 夏开始筹划
的，序言的日期是 1921 年 3 月，see Money, pp. vii, viii），但《货
币》一书中看不出任何仓促准备的痕迹。相反，整本书的写作都
采用了一种深思熟虑的、沉着冷静的、受人欢迎的风格。但是无
论如何，这都是罗伯特森首次尝试向大众阐述如此复杂的主题，

---

① Keynes in Robertson, 1922：pp. v, vi.

② see Fletcher, 2000：p. 262.

并且成为他最为成功的著作（它在 60 年代经过多次修订和重印）。文风独特而古怪，每一章的开头都引用路易斯·卡罗尔的"爱丽丝"系列作品中的一段话，这本书得到了无论是初级还是高级读者们的喜爱。庇古写信说他发现整本书"格外地才华横溢和令人着迷"，他"从未指望一本关于货币的著作能如此地'取悦'读者"①。同样地，《佩尔美尔街报》（Pall Mall Gazette）的评论家也发现：

> 他的书之所以能引起读者的兴趣，是因为他的启迪性，并因此而使得出自某些人之手的最为枯燥的所有科普读物变得如此有趣……（而且更为重要的是）罗伯特森先生的方法很容易理解，而且用最为一般的词汇表达却丝毫不失科学性。②

换句话说，无论它的娱乐性有多么强，这本书的目的还是很严肃的。

也许不可避免地要考虑到它问世的年代，当时社会关注的焦点是如此突出。例如，罗伯特森探索了 1914～1920 年间价格急剧上涨的各种可能的解释，和作为成因的国库券——"布拉德伯里债券"③（Bradbury），其发行是为了代替退出流通领域的英国金币——的作用；价格水平上涨和随之而来的英国经济急剧下滑的影响；金本位制度的实施及英国是否应退回到货币与黄金挂钩的时代（与凯恩斯一样，罗伯特森对此持坚决反对的态度）等问题。值得注意的是，虽然这些问题彼此之间没有必然的相关性，但是罗伯特森的处理方法引起了人们对于货币本质和货币经济运行问题的探索。

然而，这些如此有趣的问题却都不构成本书的核心。相反，这里又与庇古的《财富与福利》联系起来了，罗伯特森主要关注的

---

① C1/4 RPTC.

② D7/4 RPTC.

③ 第一次世界大战期间，英国发行的第一代债券，以英国财政部大臣约翰·布拉德伯里（John Bradbury）的名字命名。——译者注

货币问题是，提供一种方法，分析决定货币价值（价格水平）的因素和货币价值变化对社会经济福利的影响。

换句话说，对货币的作用的研究，是从货币对更本质问题的影响这个角度进行的："实际经济福利的创造与分配"和"实际财富的创造与分配"①。在这里，罗伯特森认为，货币价值的变化会造成非常有害的影响，它不但导致"实际财富"主观随意的分配，而且严重阻碍"实际财富"的创造，其中对后者的影响是由于价格变化对合同价值——商业协议的根本基础——的消极影响。他还讨论了建立索引码，以作为克服衡量货币价值变化难题的方法之一。

关于该理论的成因问题，作为剑桥学派成员的罗伯特森，着重强调"货币理论是一般价值理论中的特殊形式"（p. vii）。这意味着，价格水平由影响货币供给和货币需求的因素决定并诠释了数量理论，如果进一步解释的话，即意味着价格总水平将直接随着可获得的货币数量的变化而变化，就像"单调的陈词滥调"和"过时但却有用的陈词滥调"②。

与他在《工业经济波动研究》中的研究相比，他现在更热衷于对"需求条件"（p. 28）和后来对"一切领域在特定时期内所发生的、有货币参与的商业活动总量"（p. 28）的研究，而"需求条件"部分依赖于货币运用方面的"社会品位和习惯"。反过来，这些交易总量在某种程度上又依赖于商品/服务在特定时期内转手率的变化（重要的情形是，投机进入采购和转售领域），但主要还是取决于"要处理的商品或服务的实际流动"（pp. 28~29）。

然而，这仍然是等式中的供给一面，即在"特定的需求条件下"提供利息来源的可获得的货币数量。罗伯特森不失时宜地注意到，可获得的货币数量与单位时间内的平均周转速度所体现的货币数量不同，它既是社会支付习惯又是预期未来货币供给的影

①　Robertson，1922：pp. 1，2.

②　Money，pp. 32，34.

响的函数（供给影响需求时的情形）。

至于存在的货币量，罗伯特森提供了一个全面的货币种类分类系统（分类系统是罗伯特森擅长的解释工具）以及它们之间的关系。在货币供给的各种不同构成中，他不仅强调了银行票据——作为银行信用扩张结果的货币创造——的重要作用，而且还强调了法定货币作为银行经营的储备基础的作用。因此，这里，银行的战略地位又一次吸引了我们的注意力。

在这个关键点上，我们应当注意这本书所引出的结论，即：

> 从根本上说，货币毕竟不是一个重要的话题，对于那些让我们紧张的不和谐的现象，我们认识到既不能依靠最革命性的又不能指望最"彻底的、健康的"货币政策来提供对策，因为这些现象已经深深根植于当前的工业结构当中，也许还有人类本性之中。（p. vii）

罗伯特森的主旨要义是，尽管一个受损的货币体系必须得到修复，但它无法克服人类本性的恶果和生产过程中的技术结构。因此，货币本质上扮演着被动、促成的角色：

> 对通往市场之路的修补，并不能代替对这些领域的精心培育。胡乱修补凹下去的缺陷将无法使得我们顺利创造一种新的工业体系——这个工业体系既能对那些敢于冒险和拥有充分计划的人提供充分的激励，又能给那些辛勤劳动和忍受艰苦的人带来内心的平静（p. 178）。

这无疑很有道理，但另一方面，如果货币仅仅被看成是在一条铁路（或者也许是 19 世纪的英国铁路或北美铁路）的办公室里发挥作用，那么它被引入一个地区所达到的效果将比罗伯特森所承认的更活跃、更易于变化。也许是罗伯特森反对的太多了？但他对货币作用的清晰阐述和他对货币进行分析的意义两者之间的对照，表明了他这么做的道理。

特别地，这些都包含在了被他称之为"真实储蓄和银行票据创造的两个过程"（p.79）之中。也就是说，在写作《货币》的时候，罗伯特森发展了具有潜在革命性结果的传统思想、储蓄和投资的关系以及已确立的实体因素层次和货币因素层次之间的关系。萨伊定律本身就存在令人质疑的地方。

我们还记得鲁滨逊漂流记的案例，创造资本资产以打算在未来获得收益（投资）的决定，必须先有一段没有消费品的时期（储蓄），其目的是在新资产孕育时期规定一种生存方式。如果把这个过程放大到古典阶段，鲁滨逊就代表一切经济代理机构，他们被授权独自决策（去选择）拒绝即期消费以期望获得更加辉煌的未来。

然而现在，我们发现事实是，"银行家完全能够胜任"[1]。罗伯特森阐述了这一机制，通过这个机制，部分储备银行的经营将通过从事日常商业活动轻易地颠覆这一已有的先后顺序。概括来说，他认为，通过信用扩张，银行能够支持投资发生而不用考虑储蓄的可获得性；必要的没有消费品的生活状态大部分将被随意地强加于社会。而银行将从未偿贷款中获得利息。

罗伯特森充分意识到了评论传统理论的意义。他承认：

> 这足以使学生们愤怒到极点。他们刻苦地学习，却依然对"利息是储蓄的回报"这一观点感到困惑——把真实商品堆积起来并且不管不顾；但是在这里，银行确实通过创造货币的服务得到了利息，这应该是一项非常有价值的服务，但它的确不是储蓄。（p.76）

在传统思维看来，这相当令人震惊，但本质上却是正确的。在罗伯特森所提出的案例中（pp.76~78），有四个主要角色：银行家、农场主、店主、鞋匠。银行家为农场主提供透支贷款便利，农场主拿着银行家开出的支票到店主那儿购买消费品，而店主转而

---

[1]　1948：p. xv.

为自己的银行存款增加一笔存款，可以作为采购之用（数额等于农场主的贷款额）。农场收获之后，农场主将他的粮食卖给店主，店主用他的销售收入来支付采购款。农场主偿还银行的贷款，银行现在能够增加一笔新的贷款，这次是贷给鞋匠。农场主的粮食代表以实物形式表现的储蓄。这将为鞋匠提供一笔等于新增贷款额的实际储蓄。就这样，实际储蓄和银行票据创造被联系在了一起。

在"更接近现实生活条件"的情形中，问题就出现了："新增贷款对借款者总是有用的，但必须在他的额外货物能够被销售之前创造出来……无论如何，当货物即将被生产出来时，基于这些货物而创造的货币，也在被创造的过程当中，从一个支票存款变成另一个支票存款。"（p. 89）换句话说，

> 没有必要提前积累相应的货物，例如……农场主的粮食。如果没有积累的货物，任何储蓄都是由一般公众在贷款流通的过程中产生的，似乎可以说是事先毫无准备的。在最后时刻，他们才发现手中的货币的价值减少了，而被迫放弃了本来可以享受到的消费。实际上，由于额外的购买力进入借款者手中，社会被迫与他共享实物以及他所囤积的实物的当前收入。（p. 90）

注意把维持价格水平稳定作为一个标准的含义：

> 当然，额外的贷款不久将增加实际货物的流通，从而证明自身的正当性；新货物准备和贷款偿还之前的时间越短，贷款创造的货币泛滥的余地就越小。但只要它是未偿贷款，它的本质就是强加于借款者和银行共同组成的一般社会之上的重负或强迫储蓄。如果贷款是货物的预期价值额，这批不变的货物将不会对价格下降造成很大的影响，因为基于这些货物而创造的货币已经间接地引起了价格的上涨。（pp. 90～91）

正是在这个背景下，我们必须再次考虑银行家给鞋匠的贷款，这笔贷款看起来是正当的，因为，与它所代替的贷款——给农场主

的贷款——相比，它将保持"可获得的货币与可获得的货物"（p. 92）之间的稳定关系。这是因为，根据罗伯特森的研究，这里涉及到两种关系，考虑到结论，我们可以把这两种关系看做是他后来所阐述的经济的稳定条件的基础。它们就是从货物装上火车的那一刻起到运给消费者的那段时间以及贷款未偿还的那段时间。现在，靴子比小麦生产得快，因此贷款也能够更快地偿还，但靴子转手比小麦要慢，从这个意义上说，靴子的市场表现相对不够频繁。因此，与农场主贷款的情形相比，靴子有增加或减少价格总水平的竞争压力（p. 92）。

很明显，罗伯特森表面上是将《货币》一书作为一个引导性的纲要撰写的，但事实上他对货币的思考是很深入的。当代的一些颇具洞察力的读者会发现，该书包含了一些极具启发性的思想，同时也包含了一些令人困惑的观点。尽管罗伯特森在论证货币的重要性时，很谨慎地得出了一般性结论，但我们仍然发现这些结论并非完全站得住脚，或许连罗伯特森自己也不能自圆其说。

《货币》一书出版后，罗伯特森对其学术观点进行了颇有价值的总结，这些观点在 1923 年罗伯特森在自由暑期学校①作讲座时已经为我们所熟知。"失业的周期性波动"的主题是与社会福利有关的贸易周期。"工业的不稳定性"通过失业的周期性打击和财富分配的明显不公平，直接引发了社会的不满情绪。罗伯特森相信，能否成功解决这一问题，事关资本主义制度的成败。在寻找出路时，罗伯特森指出，尽管常识告诉我们经济繁荣比经济衰退好，但是要得出需要延长经济繁荣的结论，则是一个"危险的错误"。

他根据自己提出的一组组相互冲突的动机，得出了上面的结论。当人们参与工业活动时，这些动机对人类是有影响的。其中

---

① 自由暑期学校（Liberal Summer School）成立于 1921 年，是一个每年为期一周的寄宿制学校，它旨在研究创新性的自由主义政策。2004 年，自由暑期学校更名为凯恩斯论坛。——译者注

的一组冲突是对享乐和节俭的选择。这引出了他在《工业经济波动研究》结尾部分所强调的伦理困境，因为它涉及到人类有必要使自己甘心接受这样的观点：虽然负有责任，但仅仅是作为人类的临时成员：

> 人作为一种短暂的存在，生命会像蜉蝣一样终结在夏末的某一天；人又作为未来崎岖而不明朗的人生之路上的唯一依靠，在这个永恒的族群中，他所拥有的只有生命的利益；这两种利益之间无时无刻不存在着冲突。①

现在回忆一下《工业经济波动研究》中所说的关于"在经济繁荣时期……所作出的牺牲"。②，在整个经济周期中，繁荣的特征是节俭与享乐并存：

> 未来的节日夜晚，是这样一个时刻：工业领袖们在高瞻远瞩，工业资本设备每天都在增加，建造的房屋将屹立数百年之久，定制的轮船将承担整整一代人的全球贸易，商人们的货架上储藏满了货物。③

过度投资及对其不可逃避的惩罚——经济衰退，这是繁荣的结果——对于工人阶级来说意味着，早先被迫卖命工作以最大限度地把工厂和机器变成价值，不料如今竟会被解雇，因为需求下降，他们不得不享受被迫的娱乐。

对付工业波动及其伴随的种种后果，只能依赖于稳定的政策：

> 我们得到的教训就是，如果我们想要熨平贸易周期，我们就必须认清利益和冲动的真实冲突，在这种冲突中，人类为自己的商业行为所束缚，试图阻止自己过度放纵、违背经济的一系列特性——它把自己的烦躁不安和进步带进了西方文明中。由此得出结论，我们挽救性的思想和努力，不仅要针对经济萧

---

① Robertson, 1923b: pp. 5~6.
② Robertson, 1915: p. 254.
③ Robertson, 1923b: p. 7.

条采取刺激措施，还要对经济繁荣采取抑制措施。总结来说只有一个词……稳定。①

除了一系列"实际"措施，包括国家所采取的作为稳定工业经济波动途径之一的措施，罗伯特森最后还提到了"货币稳定"问题。在这里，他肯定货币是"第一重要的"，但与实体因素的影响力相比，它在实质上又是第二重要的；货币通过"极度"加剧"工业所遭受的内在张力和反复无常"而影响工业波动；造成加剧的近似动因是价格水平的不稳定，因为：

> 我们所承认的价值标准是……非常不稳定的……不仅价格总水平持续波动，而且没有人清楚它波动的中心水平在哪里。②

然而我们注意到，根据《工业经济波动研究》中的理论，"熨平贸易周期"可能会熨平经济增长，因为周期是增长中不可或缺的一部分。因此，当代对经济增长的需求似乎不可避免地要造成波动。这是一个困境，也是在罗伯特森的职业生涯中，困扰着他的研究的一个问题。这个矛盾，在他于 1956 年在国际经济协会的会议上进行的题为"稳定与增长"的演讲中有所反映。下面几点是非常有意思的：③

1. "似乎没有理由怀疑传统观点所认为的资本存量与产出比率的增加……不仅仅是一个征兆，而且还是扩大人类兴趣和减轻人类劳动的主要工具"（p. 461）；

2. 国家应该对增长率有一定的概念，这样他们将会期望国民收入以什么样的速度增长以及当前收入中多大比例将用于储蓄和投资以获得想要的结果，这完全是值得的（see p. 457）；

3. 国民未必会自发地提供所需要的储蓄，即除了政府和工业

---

① Robertson, 1923b：p. 8.

② Robertson, 1923b：p. 18.

③ page reference to LEP［1963］.

提供的储蓄外，所需要的那一部分储蓄（see pp. 463，464）；

4. 在考虑这些问题的原因时，罗伯特森又退回到《工业经济波动研究》中的结论和他的享乐与节俭的问题上，他认为必须注意由经济理论所假想出来的机器设备的固定总量与真实人类的繁衍生息之间的不对称：

> 拉姆齐方程式（Ramsey，1928）是建立在这样的假设条件之上的，即企业的效用函数与它的收入与消费的持续增加相关。但普通人都清楚地知道，一退休他的个人收入就会开始减少，但直到死他的个人消费才会停止。看来他的储蓄决策不但是不可避免的而且是合情合理的，因为他的储蓄决策，虽然也会受到继承人的观念的影响，但应该在某种程度上会受到上述观念的影响。（pp. 458~459）

这些形成于40年前的主要思想，仍然在指导着他的思想与主张。然而现在，即期消费不再主要被看做是从"努力推动、推动又推动"中获得自由的手段，而是成为对经济增长的约束。罗伯特森清楚地看到，与1914年相比，人类人生观的改变已经影响到了人们的储蓄行为。如果要完成设定的经济增长率，则必须实施积极的政策措施。

这是罗伯特森对进一步发展"稳定"理论和政策的论证——短期管理。这是一个令人钦佩的转变。任何成功的政策都必须确保提供充足的储蓄，以满足设定的经济增长率的需要；以牺牲消费的最小代价来满足当前生产的需要；把注意力主要集中在价格水平的管制上面；承认这本质上是货币政策的任务，在现代条件下，银行将发挥主要作用；根据他对银行给工业提供融资的研究发现，及储蓄—投资先后顺序和萨伊定律的潜在研究意义，我们有必要把储蓄以及个人储蓄者的自由决策作为首先要考虑的问题。

罗伯特森试图为短期管理提供适当的理论和政策，这就是他下一步和最具创新性的研究主题——《银行政策与价格水平》。这本书问世于1926年，这意味着他在1925年完成了研究。当然，由于有前期研究的基础，很多相关的分析已经是现成的了，但他想要在这本书中继续发展这些分析以符合必要的标准以及列出一个充分综合、条理清晰的大纲，这个任务将是一种智力上和情感上双重磨难的经历。

第 *12* 章

《银行政策与价格水平》：一本古怪的小书

在罗伯特森思想的全部发展过程中，《银行政策与价格水平》一书拓展了他关于成长中的货币经济的波动思想。与《工业经济波动研究》相比，《银行政策与价格水平》的关注面比较窄，因此可以假定罗伯特森在更广阔的哲学背景下，并在前人工作的基础上，重申了他关于贸易周期真正起因的结论。较窄的关注面，连同在写作《货币》的过程中所获得的对现代银行业的深刻见解，使得他不必把精力集中在"讨论储蓄、信用创造和资本增长的关系"[1]上，而是以这种分析方法为基础，对银行政策中的一切重大问题和物价水平控制提出建议，并把它作为经济管理的一个工具。换句话说，即经济增长过程中的储蓄供应量问题，是经济和伦理共同关注的问题之一，而《银行政策与价格水平》为解决该问题提供了逻辑依据，即以货币量变动来进行协调。

在后来的回顾中，罗伯特森形容《银行政策与价格水平》是"一本古怪的小书"[2]。他对这一观点不进行任何评判，这么做只是

---

[1]　Robertson，1949b：p. vii.

[2]　见给 Kelley 写的序言，1949 年重印版：Robertson，1949b：p vii.

因为更加有趣，因为在某种程度上《银行政策与价格水平》带有很强的罗伯特森主义的色彩。

比如说他厌恶重复参考"没有生命力的材料"，他从不会由于考虑到同行的批评和最新的经济思想而去重写他的著作（即使是他那本颇受欢迎的教材《货币》，也只是为适应变化了的经济环境而增加了新的章节并删掉了冗余的部分）。相反，他习惯于以他的每一部理论著作中的精华为基础开展实质性的新的研究。《银行政策与价格水平》的诞生就符合这种模式，他重申了《工业经济波动研究》中的真实周期理论并以此为核心建立了货币、投资和储蓄理论。

《银行政策与价格水平》同样也符合建立理论时罗伯特森的所谓革命性的方法，凭借这种方法，罗伯特森在受人尊敬的前辈（尤其是马歇尔）的研究的基础上，发展了与他们保持一致但是新的见解。罗伯特森理论研究的这种结合方法可以在这本书的架构中明显地看到。

最后，虽然《银行政策与价格水平》掩藏了一些潜在的革命性观点，但整体上这部著作与萨伊定律以及（剑桥方程式的）货币数量论的基本原理保持一致，也谨慎地保持了实体因素和货币因素的规范层次，其中实体因素起了支配作用。

然而，这部著作有两个无疑可以被称之为"古怪"的主要特点需要加以解释，这就是这本书的写作风格及其主题，因为这部著作完全是在关注货币在周期理论和经济增长中的作用的。

至于写作风格，《银行政策与价格水平》称得上是罗伯特森著作中古怪的一部，因为这本书几乎很明显地破坏了作者作为一个极具文采的经济学家的声誉。该书过分简洁，令人望而生畏，缺乏独特魅力，充满了古怪念头，并且在多数重要的章节中大量使用新术语，几乎达到了完全在用个人语言写作的地步，以至于有些人批评该书"几乎不可读"[1]。

---

[1] 见 Samuelson, 1963: p. 518.

由于第一手资料缺乏，这本书主要使用的是更易于找到的二手或二手以上的资料——尤其是《货币》1928 年及以后的版本，以及 1928 年的演讲稿"银行政策理论"[1]。这本书本身就是一个奇物。如何解释这一现象？考虑到罗伯特森对于如何写出令人易于接受的作品非常了解，这本书的写作风格不可能是一个偶然的失误。答案就在于该书的主题特征和写作背景。

这本书的主题本身就有一定的难度，罗伯特森也面临同样的困难。这个难度在于展开论述储蓄供给量理论的复杂性、投资分析以及罗伯特森试图精确阐述自己的深刻见解之一，即个人单独进行储蓄决策的结果与集体进行储蓄决策的结果之间的差异。这些差异可能出现的一系列结果要求有必要提出一个新术语。在这种情况下，拥有聪明才智和分类倾向的罗伯特森就相应地创造出了合适的新术语，其结果是对于大多数没有毅力的读者来说，这本著作论述透彻、学术性强、新颖独特但令人望而生畏。

这本著作也可以看做是罗伯特森对他原先所接受的论文写作思维方式的颠覆。庇古曾经批评未经作者充分理解的作品，并向作者推荐马歇尔的写作忠告：要先"炖"材料，直到在头脑中形成观点的"骨架"。为追求这种理想境界，罗伯特森在《工业经济波动研究》（论文的最终版本）中采取了折中的办法，但是在《银行政策与价格水平》中却看不到折中的影子：

> 该书也许……使人反感……因为它高度的抽象化和理论化，我偶尔但不经常试图通过具体的例证来解释分析论证的相关性。该书的目的不是成为一本综合性的专著，而是一个"理论构架"，但我希望这几根光秃秃的骨头能坚实有力地挺立着。[2]

除了主题的技术特征和方法论问题，我们还必须考虑这本书的

---

[1] Robertson, 1928a, b.

[2] Robertson, 1926: p. 5. Emphasis added.

构思背景和凯恩斯在其中所起的作用。作为同事和合作伙伴，罗伯特森和凯恩斯曾经在 20 世纪 20 年代一起工作，相互建议并讨论各种思想，相互评阅对方的作品。在这个过程中，罗伯特森充当了维护凯恩斯的良知的角色。[1] 逐渐他发现那成了一种令人压抑和厌烦的责任，写作《银行政策与价格水平》的过程使这种感觉达到了极致。

尽管两人是合作关系，《银行政策与价格水平》却不应当被认为是两人的合著。它是罗伯特森的作品（他提到"第一手稿"和他未保存的"原始手稿"，见罗伯特森，1949a：pp. x，xi），但凯恩斯对其作出了无法具体衡量的巨大贡献，特别是关键的第 5 章和第 6 章，罗伯特森对此坦率地表达了自己的感激之情：

> 在第 5 章和第 6 章中，我和 J. M. 凯恩斯就主题进行了多次讨论，根据他的建议进行了大幅度的改写，我想我们自己也不清楚其中所包含的想法哪些是他的，哪些是我的。[2]

即便如此，在罗伯特森后来的评论中有进一步的证据可以证明凯恩斯只是对该书有重要贡献而不是该书的合著者，"那时凯恩斯一定理解并默许了我的渐进式的研究方法，但很明显，可以说，他从未从骨子里真正接受它"[3]。

对于罗伯特森来说，接受凯恩斯的贡献是一个痛苦的经历。罗伯特森在自己的新观点即货币、储蓄和投资三者之间关系的问题上反复斟酌推敲，而凯恩斯当时也在进行相同领域的研究——他当时已经提出因素分析法（引致性匮乏观点）——并在该书所涉及的范围内形成了自己的观点。

我们可以从当时凯恩斯写给妻子的信中洞悉二人合作关系的一些特征，这些信件清楚地显示了凯恩斯对罗伯特森这本著作的反

---

[1] 见 Robertson in Keynes，［ed.］，1975：p. 13；Patinkin and Leith［eds］，1977：p. 32；Harcourt，［ed.］，1985：p. 132.

[2] Robertson，1926：p. 5.

[3] Robertson，1949a：p. xi.

应的变化过程以及因此给罗伯特森所造成的压力。在信中，凯恩斯沐浴在晚春怡人的气候里，坐在花园里专心致志地阅读，却发觉手中的内容索然无味。接下来的日子证实了他最初的感觉。罗伯特森的分析是错误的，他必须认真考虑是否继续进行发表的工作。凯恩斯不得不多次去三一学院拜访罗伯特森，同时通过高效率的大学邮政系统投递信函进行沟通，这无疑使得罗伯特森被凯恩斯的观点所包围。①

他该何去何从？是向他良师益友般的杰出智慧低头屈服，还是排除不和意见，忐忑不安地坚持自己的判断？在该书构思的最后阶段里，这明显成了两难的选择。

令罗伯特森自己感到骄傲的是，他毅然决然地选择了后者。他意识到，无论表述多么的不完善，与凯恩斯当时的思考方法多么的不一致，为了自己的研究和这一主题的发展，他把握住了这些重要思想。虽然他在试探性地表述自己的观点时受到了质疑，但他展现了更强大的人格魅力，他甚至指出凯恩斯的思维近乎刚性，以至于限制了他认识自己新思想的潜在重要性。他在 5 月 25 日给凯恩斯的信中写道：

> 我想向您解释，至少是在向我自己解释，为什么我仍然继续坚持发表，（尽管事实上）……我担心会被说服而改变主意，从而为了避免失望和损失而去发表，但我也担心自己总是倾向于认为您总是对的，因而受此影响而不去发表。有时当我克服了这个弱点时，事实证明我是对的！我想很可能您已经对手中的资料有了一个清楚的结论，并且有一套自己固有的处理资料的语言和思维方法，以至于您觉得很难像其他不忠于自己思想的人那样认同我的观点，对您来说错误仅仅是强调的重点和方法的不同。但无论如何，我感觉事实还不明朗和不确定，发表尚未接近最终事实真相的文章不是罪过。②

---

① Hill and Keynes〔eds〕, 1989：pp. 325, 327.

② Keynes, CW XIII：PP. 30, 33.

他的执著在 5 月底得到了承认，凯恩斯开始看到闪光点——他相信罗伯特森确实提出了新颖而重要的观点，尽管表述不够确切。① 这是一个突破性的进展。6 月 1 日，凯恩斯宣布他最终和罗伯特森在其取得的成就上达成了一致意见。②

罗伯特森根据凯恩斯的批评意见对他的著作进行了修改，其风格的明显且突然的转变使他的合作伙伴大为震惊：

> 我喜欢这本书的最新版本，虽然上帝知道，它是如此简洁……我总的印象是，你头脑中的观点对于净化我们的思想非常重要和必要，但如果你能更直接地得出结论，整个框架会更加简单明了。③

这里我们应该注意凯恩斯措辞的重要意义。正是由于《银行政策与价格水平》对凯恩斯思想的冲击，后来，他在提到这件事（《银行政策与价格水平》出版前进行的讨论）时说，这件事导致了他自身的思想革命。新思想的核心是货币、投资和储蓄之间的关系，这正是罗伯特森《银行政策与价格水平》中的内容，所以凯恩斯看到这本书时特别注意到了这一部分内容：

> 我认为你修改后的第 5 章"储蓄的种类"非常出色，新颖而且重要。我认为它完全正确，没有实质性的批评意见。这是该书的核心和关键所在。④

这是由于，虽然《通论》把货币、投资和储蓄这三个变量以一种完全不同的方式联系了起来，但罗伯特森的思想孕育着革命性，当凯恩斯把这个潜力挖掘出来后，罗伯特森就可以试着在既定的框架内来把握三者之间的关系了。

对于这三个变量的冲击效应而言，凯恩斯的意见也起了重要作

---

① Hill and Keynes〔eds〕，1989：p. 332.

② Hill and Keynes〔eds〕，1989：p. 333.

③ Keynes，CW XIII：pp. 39～40.

④ Keynes，CW XIII：P. 40.

用。修改后的版本由于其晦涩难懂、令人望而生畏的写作风格，
与罗伯特森的其他作品割裂开来。由于异常简约和大量使用新术
语，《银行政策与价格水平》一方面是对凯恩斯经济学统治地位的
挑战行为，另一方面又是对自我独立的肯定，这种独立为他从未
达到的理论地位建立了坚不可摧的据点。也就是说，这本书为他
的经济思想及赖以慰藉的情感安全奠定了牢固的基础。

当然，这种理论地位与对货币作用的把握相关。因而，它不但
否认了所谓的传统关系式的危险性，而且否认了——罗伯特森在扉
页上援引了《爱丽丝镜中奇遇记》中的片断以警告潜在挑战者
——这一做法对凯恩斯的帮助作用：

> "她心里是这么说的，"白皇后说，"她要抵赖，只是她不
> 知道抵赖什么！"
> "一种卑鄙的缺德的品质"，红皇后评论说。①

事实上，合作仍在继续，但《银行政策与价格水平》的出版，
标志着罗伯特森的学术生涯在达到第一阶段的顶峰之后，开始进
入日趋衰落的第二阶段。因此，这个分水岭也是由于对货币作用
的不同理解造成的。我们应该把《银行政策与价格水平》之所以
古怪的第二个原因，归因于罗伯特森试图把握货币作用的理论尝
试：对主题的选择。也就是说，罗伯特森选择在他的第二本主要
专著里，开始潜心研究代表了传统观点的经济学，而且其中所涉
及到的因素表面上看起来也不是那么重要。

在这本书里，罗伯特森试图明确论证自己的结论，即尽管货币
在经济中具有重要作用，但它没有起到任何实质性的作用，事实
上即使货币不存在，经济依然运转良好，即货币的作用是中性
的。② 换句话说，他重新肯定了古典的实体因素和货币因素的分层
结构理论，强调自愿储蓄对投资的重要性以及萨伊定律的有效性。

---

① Through the Looking Glass, p. 319.
② 见 Danes, 1979：pp. 44~47；Fletcher, 2007：p. 98，第 3、4 点。

出于同样的原因，他坚持古典主义的个人积极性和自主意愿的必要性，认为个人应该有选择即期消费还是未来消费的权利的自由。同时他也回答了一直困扰着人们的、关于剑桥经济学的作用问题，因为剑桥经济学完全是建立在实行自由的物物交换的假设之上的。

另外，虽然在当时表现得不是那么明显，但货币的作用问题已成了争论利率决定问题时的中心问题，20世纪30年代罗伯特森和凯恩斯在关于利率决定问题上开始产生分歧。罗伯特森的观点是，对实际产出能够产生影响的纯货币利率理论，到了凯恩斯主义框架下却被赋予了主导地位。后来，"罗伯特森主义者"指出，如果先发展罗伯特森的货币利率（流动性偏好）理论，凯恩斯有可能重新考虑实体因素以达到国家干预经济的目的。[①]

然而当时，罗伯特森已经使凯恩斯信服，更重要的是，这一理论被认为是二人合作的结果。后来凯恩斯在这一理论的基础上提出了新的理论，而罗伯特森却没有在这一理论上继续发展。由于其积极的态度和革命性倾向，凯恩斯很容易发现罗伯特森在1926年提出的新思想的发展潜力，但是却没有认识到它们更深层次的目的：他仅仅把它们看做是一个学术难题的答案。结果，当争论上升到一定的高度时，面对罗伯特森的顽固坚持，凯恩斯指责罗伯特森"虔诚"到拒不抛弃旧思维的地步，而在凯恩斯看来，抛弃旧思维的理由是很明显的。

因而，从何种程度上可以说《银行政策与价格水平》达到了罗伯特森的目的呢？当时它是安全的，但《银行政策与价格水平》的具有创新性的巨大贡献掩盖了它本身固有的缺点。这些缺点随着我们忽视它的"继承性"并开始仔细研究书中的观点而逐渐变得明显。

---

① 见 Presley，1978：p. 182；Goodhart，1989：p. 107.

第 *13* 章

经济周期中的银行政策

作为对短期干预的指导，罗伯特森对产出的"实际变动"和"合理变动"作了重要区分，前者将导致新的"实际"产出规模或产出率，而后者则造成新的"最优"产出规模或产出率。后者按照标准化的非合作的、非货币化的经济环境来界定，在这种条件下，生产者对产量的调整不仅按照常规原则（由于新发明而成本降低或长期萧条之后的效率提高；对其他生产者的产品需求增加从而引起自己产品的产量增加；获得其他产品的成本下降及需求的努力弹性大于单位弹性），而且还要考虑雇主开明的利己主义，一方面是因为他们对技术进步力量的控制，另一方面是由于雇主和雇员之间的最终利益方面的分歧可能没有他们之间的直接分歧那么大。[①]

标准环境的理性简约（rational simplicity）是一个很复杂的过程，因为它需要考虑广泛使用的笨重而昂贵的固定生产设备，这些设备的不可分性造成产量变化的幅度要大于根据效用和成本调整产量的幅度[②]。然而，与当前目标密切相关的是"实际"波动将

① Robertson，1926：pp. 8~23.

② 1926：pp. 35~37. 本句原文是：The rational simplicity of the standard case is complicated by the need to take account of the widespread use of lumpy and expensive duarable instruments of production，which are imperfectly divisible and so give rise to larger changes in output than utility and cost would indicate. 其中，Rational Simplicity. 在台湾和香港被译作"理性简约"，是经济危机中的一种生活方式。——译者注

"大大"超过"合理"或"适当"波动的原因。罗伯特森认为，主要原因是"由于竞争压力，需要随时根据需求变化来调整产量"①。然而需要引起注意的"其他原因"被证明是源于传统贸易周期观点也即源于心理——心理学上的商业相互依赖即扎堆本能——和货币的现时原因（pp. 38 ~ 89）。

虽然其他原因相对于主要原因来说居于次要地位，但罗伯特森明确地认为它们是"非常重要的"（p. 38），并且对作为其中之一的货币，倾注了比对主要原因还多的注意力。当然货币是《银行政策与价格水平》②关注的主要内容，这也在题目的选择上得以反映。

作为其他原因，货币的作用始于货币需求量增加（或减少）而引起生产者产量变动的引致性观点和达到一定程度的货币"幻觉"（p. 39）观点的提出。也就是说，产生了错误的判断（因为价格水平的变动不仅影响收益，也影响成本），因此产出的"实际"变动将超过"合理"变动。结果，产出波动的原因在货币流通的环境下将导致"价格水平的首先变动"（p. 34）。

另外，货币刺激政策将引起产出的"合理"变动，出于同样的原因，货币刺激政策也将导致产出的"不合理"变动。因此，货币政策无法满足被"当时流行于盎格鲁—撒克逊国家的开明的传统观点"所统治的简单规则，即通过寻求物价水平稳定来实现工业产出水平的稳定。相反，由于"会发生理性的和合理的产出波动"（p. 34），我们的目标应该是承认价格水平变动的必要性以实现产出的合理变动，以及寻求防止产出不合理变动的条件（p. 39），而引起产出不合理变动的原因可能是实体因素和货币因素。

由于"生产需要时间（是间接地利用资本），同时还需要借助于储蓄，并且生产过程以一定的方式与我们的货币体系相互作用，

---

① 1926：pp. 34，37 ~ 38.

② 它的"主题"，Robertson, 1949b：p . viii.

货币政策因为影响价格水平变动的差异而变得更加重要",正是由于这一点,加之对涉及到的复杂关系的分析,《银行政策与价格水平》的思想达到了顶峰。我们应该注意到,也正是在这一点上,主题的古怪和风格的古怪重合在了一起。罗伯特森后来总结道:《银行政策与价格水平》的这一部分"吸引了我主要的注意力"。即

> 在第 5 章和第 6 章中,我试图——通过逐步分析法,使用一些与众不同的术语及借助于简单的代数知识——阐明信用创造、资本构成及"禁欲"或我更喜欢称之为"匮乏"之间的相互关系。①

在这一思想的关键部分中,罗伯特森用十分明确的观点阐述了货币的重要性,虽然我们看到,罗伯特森在《货币》的序言中所表达的自信而不妥协的观点,无法完全反映文中所阐述的货币的重要性,特别是银行融资支出的影响。

无论如何,罗伯特森在《银行政策与价格水平》中讨论引入货币对实体分析的影响时,肯定了货币相对重要性的传统地位:

> (工业产出规模)的变动结果通过假设直接的物物交换而得以准确地表达出来,而货币经济中发挥作用的一系列动机是不同的,在某种程度上结果可以通过不同的路径来达到。②

这一原理可以通过一个案例研究来阐述,罗伯特森还试图通过这一案例研究来证明他的观点,即稳定价格的政策是无效的。③ 随着分析对象扩展至储蓄及其与投资的关系,这一结论的重要意义开始变得更加明显。目前我们只需要关注商品与货币之间关系的作用机理,根据实际数量理论的观点,我们假设货币当局向商品流通中注入了一定的货币(就像从水龙头放水),从而价格受到影

---

① 1949b:p. ix.
② Robertson, 1926:p. 23.
③ 1926:pp. 24 ~ 34.

响，接着（如果有的话）是产出的相应变化。

《银行政策与价格水平》第 5 章和第 6 章中对实体力量和货币力量的性质进行的讨论，只是初步对货币、投资和储蓄的关系进行讨论。罗伯特森强调了货币力量颠覆实体力量首要地位的重要意义，以及试图控制和抵消实体力量的意义。这里令人感兴趣的地方，在于罗伯特森得出这些结论的方式。

在罗伯特森的框架中，现代工业生产需要使用两种不同种类的资本：固定资本和周转资本，其中前者包括"固定的、耐用的生产设备，如工厂、铁路、机器等"（pp. 41 ~ 42）。严格来说，固定资本和周转资本属于不同生产阶段的产品，包括从原材料到产成品以及燃料的耗费，但根据鲁滨逊经济体中的实际储蓄概念，罗伯特森在论证这一观点的过程中犯了像以前一样把固定资本和周转资本归为消费品的错误。

实际储蓄是一种"资本供给行为"（p. 40），它涉及传统的放弃即期消费的观点，但在当时没有得到充分论述。罗伯特森喜欢用"没有也行"这个中性短语来回避传统的储蓄概念，代之以他自己的概念"匮乏"（lacking）这个描述精确、概括性强的术语来描述货币：

> 在既定时期内，如果个人的消费少于他当前经济产出的价值，则称之为匮乏。……这与既定时期内即期消费少于合法收入的情形不完全相同。（p. 41）

匮乏的对立面是非匮乏（dislacking）。

这里罗伯特森试图从一个非常重要的视角来考虑。也就是说，在一个不止一个人组成的经济体中，任何个人造成的匮乏数量不仅取决于他本人的行为，而且还取决于他人的行为。确切地说，他人试图"匮乏"或"不匮乏"以及银行操作引起的价格水平变动，将会对个人试图"匮乏"或"不匮乏"起到促进或阻碍作用。我们注意到，在凯恩斯的《通论》（凯恩斯，1936 年）中也有类似的思想，但在《通论》中，以上几种因素相互作用的结果更多是受到收入水平变动而不是价格水平变动的影响。

匮乏可以分为两类：自愿匮乏和被迫匮乏（pp. 47，49）。自愿匮乏"与平常所说的储蓄的含义一致，不需要进一步的定义"（p. 47）。如果收益被用于生产目的，则匮乏是"适当的"（无论是"直接"购买生产设备还是用于生产目的"间接"贷款），但若收益被贮藏起来，则匮乏即是"失败的"。注意到在"适当的"匮乏的情形下，假设条件是只要资本创造准备就绪、筹集费用没有任何成本，这样传统的优先储蓄作为刺激投资的方式就会被保留下来。

被迫匮乏应该是"自动的"或"引致的"。由于价格水平上升破坏了实际均衡，引致性匮乏要求把降低费用作为重建实际均衡的方法之一。这是凯恩斯的理论概念，也是帕廷金"实际均衡效应"的雏形。该思想被其他经济评论家（特别见莱德勒，1995 年，1999 年）给以高度评价。由于同样的原理，产生了被迫自动匮乏（p. 49）。

自动匮乏发生在那些减少贮藏或利用银行信贷的人增加费用而造成与一批商品相对应的货币数量增加的情况下。由于抬高了价格水平，这些人就剥夺了他人的部分消费：如果消费水平的下降低于预期，则属于"自动节省"（automatic stinting）；如果消费水平的下降低于他们的当前产出，则也属于自动匮乏。在相反的情况下，费用降低及价格水平下降，相应的情形属于"自动挥霍"和"自动非匮乏"。

匮乏的另一种划分方法是根据与工业资本相联系的资本类型。固定资本由"长期匮乏"提供，周转资本由"短期匮乏"提供。对当前目的来说，二者的主要区别在于长期匮乏的大部分资本由个人和企业（自愿）提供，而短期匮乏的大部分资本通过银行来获得（p. 50）。

这是罗伯特森理论的重要组成部分，他进而认为[①]银行习惯于提供周转资本所需要的大量匮乏。正是通过这种机制，货币才被

---

① 有争议，参见霍特里，1926：pp. 432 ~ 433.

引入到分析的范畴。由于提供金融和货币服务，银行构成了数量理论起作用的制度基础，也构成了利用价格水平进行调整的调整模式的制度基础。因为货币同样也加剧了工业波动的幅度，所以货币（银行）政策要承担双重责任：提供充足的短期匮乏以满足资本创造的需要，使实际波动保持在合理的水平上；也就是说，货币的作用是中性的。

在罗伯特森的框架中，银行通过两种方式提供短期匮乏。首先是作为服务商，通过把新的自愿储蓄转化为适当的匮乏以控制价格水平。通过这种方式，价格水平保持稳定，个人在即期消费还是未来消费之间自主选择。其次是作为掠夺者，抬高价格水平，迫使消费者减少消费以满足政府的长期社会利益。

在第一种（"转型"）中，其结果依赖于银行体系的发展程度。简单的"寄存式"银行将储蓄货币贷给资本家，因此银行事实上充当了储蓄者的代理人的角色。但现代的"储蓄—创造"银行可以通过信用扩张来增加货币存量：

> 通过信用扩张，资本家不愿意通过直接匮乏提供的那部分贷款，可以通过周转资本的扩张部分来获得。(p. 51)

随着信用扩张的发展，甚至在罗伯特森的框架中，所有的变量都发生了变化。投资不再是储蓄者驱动或受储蓄者约束，因为在某种程度上银行出于商业目的可以在实际资源配置方面直接对企业进行干预。也就是说，银行能够重新安排传统的储蓄—投资先后顺序及收入分配。由于银行的作用，货币开始发挥实际作用。然而，在罗伯特森的思想里，银行的两种操作模式被保留了下来。显然，罗伯特森注意到了在传统的储蓄—投资先后顺序下"混合"数量论（随现代货币发展而变化）的风险，于是他想到了一个天才般的解决方法：

> 由于新创造的货币的支出把自动节省强加给其余的公众……假设在现代条件下，在任何既定时期内所创造的新周转资本的大部分，不是从容等待的结果而是对公众强制征税的结

果。这个假设乍一看还是很有吸力的。(p.51)

无论如何，他认为，也许并没有实质性的变化：

　　另一方面，由于额外的贷款（先是在借款人手里然后又在采购商手里）产生了额外的储蓄，这几乎可以认为新产生的周转资本是新产生的货币贮藏的产物。(pp.50~51)

抛开销售商考虑增加货币贮藏因而投资得以顺利进行、产生被迫储蓄不谈，我们这里需要讨论的是反应原理的适用性即后来凯恩斯的"乘数"理论。也就是说，对于那些被创造出来的货币储蓄增量（凯恩斯的收入增量）——作为人们未意识到的更长流程中的一部分——来说，每个人都是自主决策。

然而，按照罗伯特森的理论，由于受制于数量理论的假设条件，如果要进行货币数量的调整，必须通过价格水平的相应变动。正是通过这种机制，他试图保持自愿原则和传统的储蓄投资先后顺序。他成功了多少？实践的检验依赖于他所研究的三种情形，在每一种情形中，罗伯特森都假设银行利用最有利的条件来实现其作用，通过稳定（恢复）价格水平来保证短期匮乏的供给。

首先，我们以前讨论过的简单的贮藏增加，是最明显的。一些人或所有的人增加货币贮藏量，市场上货币流通量的减少造成价格水平下降；（剩下的）一些人或所有的人喜欢增加预期外的消费。结果，虽然一些人或所有的人在储蓄，但总的来说没有匮乏。这是一个提示，即（现代）银行应该提供适当数量的贷款以稳定价格水平，使储蓄者达到他们的目标：

　　银行的行为（他假设只有一个银行巨头）产生了自动节省：考虑到新增加的货币贮藏量，银行行为及时制止了自动挥霍，否则自动挥霍也有可能成为货币贮藏增加的副产品。因此，虽然银行行为产生的是自动节省而不是自动匮乏，但实际上它已经把自愿增加的货币贮藏转换成了适当的匮乏，就像"寄存式"银行吸收公众存款然后再贷给企业的方式一样。①

---

① pp.53~54.

也就是说，虽然在金融投资中现代银行有能力解除自愿储蓄者的传统角色，因而遵循传统的储蓄—投资先后顺序，但银行在这里仅充当了代理人的角色——就像寄存式银行一样——因此保持了传统的储蓄—投资先后顺序。

或者是这样吗？如果我们仔细观察就会发现，即使是在罗伯特森最得意的模型中，他也会用精密的工具和灵巧的双手告诉我们，一切都没有发生实质性的改变。这包含两个方面。一方面是银行在稳定的价格水平的掩护下从信任他们的公众身上掠夺实际价值。在罗伯特森数量理论的架构中，产出水平既定，所有的调整都是通过价格水平进行的，这样呈现在公众面前的就是取之不尽的价值。通过增加记名货币贮藏和降低价格水平，公众发现不但他们的消费水平在以前的价格水平上得以保持，而且他们贮藏的货币实现了增值。或者，这只是表面现象，事实上，也就是另一方面，银行已经通过它们最喜欢的途径——贷款给企业——抵消了这一部分增值。

这一问题的显而易见的答案是，银行就是这样操作的：吸收存款然后再贷出去，继而抬高价格水平，然后迫使一些人放弃即期消费。但这一辩护仅仅是肯定货币影响实际变动的作用，银行通过把资源从一个集团转到另一个集团，从一种用途转换成另一种用途来重新配置资源。罗伯特森对此的解释是一方面人们无可否认地会选择延时消费，另一方面这仅仅是把钱借给银行的等价物。也就是说，金融投资具有两面性：两个相对完美的概念至少在投资和储蓄的后传统理论（不考虑储蓄和货币作为金融投资方式的混同问题）上前进了一步。

对罗伯特森这一结论的深层次的异议是他根本没有遵循传统的储蓄—投资先后顺序。当鲁滨逊决定造一艘小船或建一个码头以增大捕到鱼的几率时，他必然要选择减少消费以积累足够的食物储藏来满足投资阶段的需求。也就是说，他选择了放弃消费以获得资本品的必要开支。相反，在罗伯特森的理论里，不幸的公众会选择减少消费以获得货币贮藏积累——而不是为了投资。因此罗伯特森的答案是：在非合作情况下，雇主和雇员之间的利益最终会比他们认为的更接近。要充分调动企业主开明的利己主义，以定义一个标准情形来检测波动的适宜性。

这已经得到了证明，但在传统的对货币存在的认识问题上还没有得出结论。也就是说，公众可能会选择持有货币作为参与投资的替代选择。是那些企业主连同他们的联盟及银行代理，操纵着投资的进程并以公众的长期利益为借口掠夺公众的价值。然而，个人选择和以储蓄主导的投资的先后顺序被放弃了。

剩下的两种情形更难以令人信服。首先，有利的经济环境甚至没有允许选择的出现。在这里，银行利用个人劳动生产率的普遍提高掠夺本应属于劳动生产率提高（采用新技术等）带来的实际福利增加。通过控制价格水平，银行可以获得公众的匮乏总量——一部分是自动匮乏，一部分是引致性匮乏——该总量相当于公众货币贮藏的实际价值的自动增加。

在第三种情形中，维持名义价格水平的稳定甚至几乎是不可能的。这里，产出的增加导致劳动供给的增加，而产出的增加只有在生产后期才能表现出来。同时，周转资本必须得以融通，匮乏的周转资本必须发生。如果新工人在生产期间花掉全部工资而没有任何货币贮藏，然后由于产出增加不发挥作用因而价格水平将会上升，匮乏得以产生。如果工人贮藏货币，那么产出增加将会导致价格水平下降，匮乏将会减少。在这种情形下，罗伯特森希望银行自愿通过再次提高价格水平尽快恢复匮乏供给。（p. 56）

在每一种情形中，我们都看到银行利用偶然的有利条件通过稳定价格水平来满足短期匮乏的需要。但"个人劳动生产率没有提高，货币贮藏的吸引力也没有任何改变"是什么意思呢？在那种情形之下"利率没有引起价格水平紊乱，周转资本的创造可以通过银行获得"是什么意思？在转而去看罗伯特森的答案之前，我们也许应该先停下来仔细想想罗伯特森强调维持价格水平的重要性。在《工业经济波动研究》中，他反对传统的教学方法，即把价格稳定作为稳定经济的方法，主张在经济周期中改变配置稀缺资源的方式以达到经济效率提高和长期均衡的目的。反对价格稳定也是罗伯特森写《银行政策与价格水平》（p. viii）的前提。后来，在《银行政策理论》（1928b）中，价格稳定被作为常量引入，于是在既定的背景下提出了新的思想（见下）。

然而在《银行政策与价格水平》中，价格稳定不但掩盖了银行政策的破坏作用，而且还维持了正常的表象——真实的关系得以保持。在对所有的特殊情形（这些情形都允许匮乏的获得不引人注意）都进行了分析之后，罗伯特森提出了一个均衡条件，这个均衡条件后来被罗伯特森归纳为备受关注的"四个关键的部分"。不久，他宣布该公式是多马均衡增长等式的先导，这进而造成了有人把罗伯特森当做了凯恩斯主义的增长理论家。[①]

相反，如果银行能获得短期匮乏供给但不扰乱价格水平，从而经济从表面上看像以前一样运行，那么对于这种情形能持续多久，罗伯特森给出了自己的判断标准。设 K = n D，周转资本可以以一个统一的速率扩张，同时维持价格水平稳定（这里 K 指货币周转时期，即公众实际货币贮藏为年货币收入的一部分，或收入周转率；D 指生产时期；n 指一个生产期内周转资本转化为年产出的部分）。如果 K < n D，表明失败的匮乏比例很高，则需要约束周转资本的增长，或提供更多的匮乏，或抬高价格水平。

由于 K 和 D 需要分别独立确定，所以价格稳定是一个运气问题。罗伯特森估计了大约半年的收入价值的货币贮藏（K = 6 个月），生产时期 D 不会少于 12 个月，n 不会少于生产时期的 3/4（p. 58 n. 3），英国也不例外。其政策含义是：经济增长可能要求价格水平连续增长，但其增长幅度要受到个人劳动生产率增长和储蓄习惯改变的制约，例如更多的融资负担可以由直接自发增加的短期匮乏来承担。另一方面，在经济周期条件下，随着短期内经济扩张和收缩的交替变化，银行政策在维持价格稳定和供给充足的短期匮乏这两个相互冲突的目标上，任务变得更加艰巨（p. 59）。

---

① Costabile, 1997.

正是在这些条件下，银行才有正当的理由通过对短期匮乏征税发挥作用。有一个正当理由是必要的，因为被迫匮乏违背了传统意义上支持价格稳定的假设条件、支持未来投资而自愿放弃即期消费的道德约束（起源于《工业经济波动研究》）以及鲁滨逊经济体中的储蓄—投资先后顺序。正是在这一点上，经济的必要条件促使我们拒绝发生实际变动的任何借口。

　　贸易周期中上行部分的显著特征是短期匮乏的大量需求以及需求增长的不连续性，这是产出扩大（被证明是正确的）的重要开端。(p. 21)

在这种情况下，只有银行才能快速行动，满足需求。因此，

　　希望银行体系既保证周转资本数量的合理增加又保持价格水平的绝对稳定似乎是不合理的。(p. 72)

银行通过提供信贷和抬高价格水平，使得资本扩张得以顺利进行，但代价是剥夺了个人在即期消费和将来消费之间的选择权，颠覆了传统的储蓄—投资的先后顺序，否认了个人的积极性和主动性。我们也注意到，即使产出变动是"合理的"，在没有现代银行参与的情况下，产出变动也会受到短期匮乏的有效性的制约："因此，决策者更倾向于长期增长带来的社会收益，而不是交易者的个人选择，那么波动就成为经济增长中必不可少的部分。这就解决了整个系统引入这一连接机制所产生的两难困境。"[1]换句话说，当银行的托辞——一切都没有实质性的改变——无法再继续下去时，他们只能求助于决策者，通过决策者说出这是必要的，而且无论如何确实是最好的话。

然而，这是一个冒险的过程，因为有一系列的理由（pp. 71～76）认为，正当的价格水平上升可以刺激进一步的增长。这些增长，连同扰乱价格水平的真实原因，可以产生"不合理的"波

---

[1]　见例 pp. 78～79. Fletcher, 2000：p. 275.

动。结果，银行不但要参与进来以促进产出的合理增长，而且要采取措施（利用传统的银行政策）防止或抑制"这些贸易扩张的间接现象"（pp. 76～79）。另外，他们还必须在相反的环境中，防止工业产出任何不合理的减少及非经济因素造成的价格水平下降！

对银行来说，这既是关键的政策角色，又是一个艰巨的任务；而且这似乎与罗伯特森对货币的描述——不重要或仅次重要——相矛盾。这一政策角色在罗伯特森的理论框架中非常重要，而且不仅仅是从最重要的实际经济运行中消除货币泡沫；这一角色的作用，从他们供给匮乏以满足经济周期上行阶段的大量需求中所发挥的作用以及罗伯特森的忠告——如果银行不能控制"间接现象"，那么由于不能再从公众那里剥夺任何匮乏，将产生周转资本的大量短缺——两个方面已经表现得很明显。在这种情况下，唯一的解决办法是采取不受欢迎且有损经济的行动以彻底降低需求（pp. 79～80）。

在考虑长期匮乏问题时，银行在处理短期问题时的所有角色都显露了出来。以下两个方面的重要区别需要考虑。首先，虽然生产期间需要短期匮乏并释放短期匮乏以给下一批周转资本重新补充设备，但在一个不确定的时期内（甚至是在最终销售之后），固定资本也需要长期匮乏，并且需求增长的速度相当于产出增加的速度。第二，虽然银行是提供短期匮乏的主要来源，但长期匮乏被认为是自愿决策的首要结果。然而，这种二分法不是很清楚，因为自愿长期匮乏未必足以满足需求。结果导致银行必须再一次介入，通过把被迫匮乏强加给公众以弥补差额；至于短期匮乏，银行可以在大量短缺的危机形势下采取措施以减少需求（pp. 88～91）。

因此，货币和银行系统似乎必须要再次发挥作用，并且这么做似乎颠覆了已确立的关系。事实上，罗伯特森引入了一个转折，把这一概念纳入到了考虑的范围之内。这主要是因为，"长期匮乏的扩张……依赖于投资者的积极性和主动性"（p. 91）。而且，由于罗伯特森认为长期和短期匮乏互为补充，所以长期匮乏的扩张将增加短期匮乏的需求。结果，"投资者"将规定短期匮乏供给的利率："投资者增加长期匮乏的提供并决定投资的速度。"（p. 92）换句话说，由于引入了这一机制，罗伯特森可以判断传统的投资——储蓄先后顺序最终得以保持，银行也可以从对自愿储蓄者的个人决策的政策实施中抽身。

然而，甚至在罗伯特森的条件假设中，银行在经济管理中的角色也是非常复杂的，因为他们需要在短期匮乏和长期匮乏之间维持一个适当的平衡。这种关系很复杂，因为资本品不同于消费品，无论是在建设阶段还是在接下来的运行阶段，它都需要短期匮乏的配合，因此银行必须既要考虑经济周期的运行阶段，又要考虑他们试图管理特定交易的必要性。

就他们所提供的商品，也就是周转资本和固定资本而言，当短期匮乏和长期匮乏的关系被重新界定之后，我们得到了一个更为清晰的结构。这是罗伯特森的见解之一，他认为生产中消费品和资本品是互补关系。因此，银行在最化大福利水平方面的任务，是调节消费品和资本品的相对产出率，调整经济周期和经济趋势。

总之，如何评价罗伯特森事业的成功呢？首先也是最重要的，他写了一本引人注目的书，其核心内容是对储蓄、投资和货币三者之间的重要关系进行分析，该书所表达的思想具有深远的影响和贡献。在这里，我们可以发现与凯恩斯新经济学中的革命性思想相类似的思想"萌芽"，虽然该思想始终限于传统理论的范围，如在萨伊定律和（剑桥学派）货币数量论中所描述的思想。在《货币》（1922 年）中，罗伯特森已经意识到货币引起实际变动的作用，但在《银行政策与价格水平》中他却试图掩盖这一事实，结果反而增强了人们对这一事实的印象。虽然罗伯特森在其作品中反复强调货币不重要或次重要，在《银行政策与价格水平》中货币只是充当了引起超出合理波动幅度的超常波动的次要角色，但货币在《银行政策与价格水平》中始终是被关注的焦点。

通过现代银行代理，货币不仅提供匮乏供给和重新分配购买力，而且在货币、投资和储蓄的关系方面提供（价格水平）调节机制。作为其中的一部分，罗伯特森关于个人单独进行储蓄决定的效应与公众集体进行储蓄决定的效应之间的差异的见解，是他的理论中的重要一环，虽然这一相互依存的匮乏概念的核心只在价格水平波动时才明显。留给凯恩斯的是他认识到了货币的全部潜力——作为他的收入决定论背后的合成谬误的描述。由于存在大量谬误，《银行政策与价格水平》公开接受批评：也就是说，通过价格水平变动进行调节的可能性依赖于固定产出的假设[1]。罗伯特森打算接受这一理论，因为这在纯理论中有可能是正确的，他的全部工作是研究产出的变动。[2]

在银行系统控制中的货币，也是管理经济的基本工具。通过控制资本品和消费品的相对产出率，银行可以设法把经济周期的实际波动幅度控制在合理的范围内，因而在达到国家增长目标（既定消费损失的最低可能成本）的过程中发挥作用。虽然罗伯特森谨慎地认为货币政策只是广泛的稳定政策的一个方面（1926：p.4），但留给货币管理的空间和对主题详细透彻的分析，使得货币的相对重要性毫无保留地显现了出来。

对罗伯特森试图把握货币的作用（为了保持继承理论的基本原则的完整性）的最严厉的批评有以下几个方面。第一，罗伯特森引入货币分析，颠覆了传统理论的假设，传统理论支持个人的积极性和主动性以及萨伊定律中储蓄先于投资的先后顺序。第二，在关于即期消费和后代福利之间的选择上，货币分析也违背了罗伯特森自己的道德约束。第三，在剑桥微观经济学的基础上，把货币引入理论分析也具有严重的不兼容性，因为剑桥微观经济学假设无摩擦的物物交换。正如我们所看到的，罗伯特森在《银行政策与价格水平》中主张继续使用该假设条件是没有问题的，货

[1] Hawtrey's charge：Hawtrey，1926；Hawtrey – Robertson，1933：pp. 699 – 712：Hawtrey – Robertson correspondence in HPCC.

[2] Robertson，1949b：pp. xii – xiii.

币仅仅是从不同角度来达到相同的目标。[1] 然而考虑到货币的影响范围，这种主张是站不住脚的，而且，最后，我们也注意到了罗伯特森后来也承认把分析的这两个方面糅合在一起是个失败。在罗伯特森写给玛乔丽·塔潘（Marjory Tappan）（后来的玛乔丽·霍兰德）的草稿信中，他承认他曾经假设"无摩擦的物物交换的均衡"，但他没能在"本书的前半部分（这部分内容我以'物物交换均衡'作为理想的模型）"和后半部分（这里我承认银行政策不至于立即产生物物交换均衡）之间建立更大的统一框架。[2]

　　总的来说，《银行政策与价格水平》前后的分歧应该是这样的：罗伯特森已经完全意识到货币、投资和储蓄之间的关系的实质，并且预见到了传统理论中（如萨伊定律、剑桥经济学微观基础和个人储蓄行为中的自由选择权）的关系的政策含义。然而，这意味着这一主题未来发展的很多可能性被他的想要巩固学术和情感基础的需要制止了。在罗伯特森看来，除了在传统理论的条件下作一些细微的改良和重申外，整个经济理论已经不需要再往前发展了。

---

[1]　Robertson，1926：p. 23.

[2]　C/3/1/2 RPTC.

第 14 章

一个理想的银行政策

本章将要讨论的内容是，在 1926 年以后的发展中，对罗伯特森理论分析的政策含义的细微改良。至于其他的理论，如罗伯特森观点的先后顺序、对利率条件的改良及 20 世纪 20 年代罗伯特森的观点与 30 年代凯恩斯革命的观点之间值得注意的相似性的意义，将在后面章节中进行讨论。

1928 年 2 月，罗伯特森在伦敦经济学院作了一次讲座，题目为"银行政策理论"，该文于当年 6 月在《经济学》杂志上发表。文中，罗伯特森支持这样的观点，即他在《银行政策与价格水平》中确实是无条件重申了其理论观点。然而，他的确利用机会对他的理论分析和政策建议进行了详细说明。

首先，他详细介绍了原始公式 $K = n D$（该公式保证货币和实际比率相等时的价格水平稳定）的均衡条件，充分肯定了银行的作用。新的公式是：

$$aK = 1/2\, bD$$

这里 a 表示银行用于提供周转资本的资产（责任）比例，而 b 代表通过银行信贷而不是自愿匮乏获得的现有周转资本的比例。假设有英国和美国两个国家，生产时期均为一年（D＝1），则作为一年生产期中的比例，有 a＝b＝K＝1/2。然后，设 KR 是银行存款总额的实际价值，DR 是生产期间的实际收入或产出，C 是周转资本量，则银行和工业系统的均衡条件是：

$$aKR = bC$$

及

$$C = 1/2\,DR$$

代入并在等式两端消除 R 得到：

$$aK = 1/2\,bD$$

也就是说，银行以相同的比例扩张信用并创造存款，因为银行贷款需要用来弥补周转资本融资中自愿匮乏的缺口。罗伯特森的结论就像建造"一个相当复杂的高台"过程中的"顶峰"，如下：

> 假如比值的相对数 a 和 b 不变，或比值 K 和 D 不变，则人口和产出的增长率是一致的，而且是可持续的，并不会破坏均衡。但为达到此目标，银行系统有必要以相同的比率增加货币供给。因此，在这个进展的一般正态过程中，当一般公众货币储蓄的意愿增加时，银行创造额外的货币，不但是无可非议的，而且是积极的职责。①

其次，这些细微改动意味着该等式可以作为经济实际变动时的银行政策的依据。例如，长期增长率，或在经济周期中经济从大萧条走向复苏的第一阶段的短期工业变动是一个加速的过程，在这种情况下，各种因素都会"失调"（p.32）。作为对罗伯特森工作的评价，其原因非常有意思。

关键的一点是产出增加必须先于周转资本的增长。这有两重含义。第一，根据均衡等式 C = 1/2 DR，周转资本与年产出的比值

_____

① TBP in Hicks［ed.］，1966：pp. 31～32.

将会增加；第二，或许是更重要的一点，正如罗伯特森现在明确认识到的那样，周转资本必须"在以货币形式表示的实际储蓄之前（新的生产设施已准备妥当）"提供（p.32）。然后，通过考察严格来说并非是罗伯特森的假设条件的因果关系，我们可以把前后联系起来。

因此，所谓的自愿储蓄与收入增加的比例，只有在投资发生之后才可能实现，因而并不会为投资增加货币供给。然后，不考虑能够增加自愿储蓄量的任何措施（引导公众参与经济过程的"各种应急措施"），以及因而避免考虑是否有必要通过增加优先储蓄而增加投资（一种古典的可能性）的问题，罗伯特森把满足周转资本需求增加的所有责任都归为银行的货币创造能力。这就造成货币供给增加，进而价格水平上升，这样就通过（为了更加易于理解）他现在称之为"强迫储蓄"的方式榨取必要的消费，这些消费是为了实现未来发展而被迫放弃的。

需要记住的一点是，如果不考虑近来的"数量理论"引起价格水平上升和对被迫储蓄征税的效应，我们有可能得到一个完全不同的理论，该理论也有可能成为凯恩斯新经济学的一部分。也就是说，投资通过货币余额融资，投资增加引起产出/实际收入增加，并因此导致储蓄率上升。罗伯特森需要提及剑桥数量论以支持其学术和感情根基——他一直坚持被他称之为"古老礼仪"的剑桥数量论——但是他还是有可能得出非常革命性的、凯恩斯主义一样的见解。

总而言之，《银行政策理论》关系到与价格水平有关的银行政策，以及用于投资的储蓄供给。正是对于已经确定的惯例和偏好，罗伯特森呼吁合理地对待他对银行角色的判断。在《银行政策与价格水平》中，假设工业尤其需要借助银行获得贷款以进行融资扩张（这是货币进入银行体系以后，通过价格水平变动对数量理论的调节机制发挥作用的途径）。

尽管罗伯特森的理论工作十分重要，但是这一假设要以实践经验为依据；而且正如我们所看到的，有人批评其理论在一些假设

基础上得出的结论是无用的。① 无论如何，在《银行政策理论》中
罗伯特森进一步强调，随着时间的推移，工业对银行的依赖会逐
渐增强，因而 b C 会明显大于 a K R。正是这种不均衡，造成了价
格水平上升和公众被迫储蓄的发生。

罗伯特森也把写作《银行政策理论》作为回顾银行政策各种
标准（金本位制的实施、生产信用的基本原则及价格稳定）的机
会。这些标准很有趣，因为它们可以被看做是体现了产生于《工
业经济波动研究》并为了适应战后货币经济形势而在《银行政策
与价格水平》中得以修改的罗伯特森主义学派中的经济和道德方
面。为检验这些标准，罗伯特森对每一个标准都提出了三个问题：

首先，诱导公众被迫储蓄是道德的吗？其次，改变公众提供给
工业资本的所有实际储蓄有效率吗？第三，在特定情况下，对工业
对特定储蓄供给的真正需求作出迅速反应是有可能的吗？（p. 34）

根据以往的经验，现在要问的问题是：可否完全依赖所说的银
行政策的实施来影响公众储蓄的目的？与此同时，为了长期整体的
社会福利，在必须牺牲社会短期储蓄计划时，银行政策是否足够灵
活，以及时反应以满足经济增长过程（包括整个经济周期）中的总
需求？

罗伯特森的结论是，他认为完全满足这些标准的"理想的银行
政策"，毫无疑问来自于对《银行政策与价格水平》和《银行政策
理论》的分析。这些结论，并不像他本人声称的那样在政策上具有
彻底性，但至少是一个实用主义者想要从他在很大程度上赞同的传
统理论的角度提出的必要的建议（关于价格稳定政策方面，他声称
自己是一个异端，其有效性在很大程度上是一些大工业集团追捧的
结果）。因而，罗伯特森的"理想的银行政策"

应该是建立在作为标准的价格稳定的基本原则之上的，但
可以看到它得益于低价而引起的长期和普遍的个人劳动生产率

---

① Hawtrey, 1926.

的提高，而且勉强同意这一观点，即合理的价格上涨有利于不规律的工业技术跨越式升级。①

最后，在罗伯特森看来，政策措施具有长远意义，经济问题与人类本质紧密相连，因此解决办法也应该从人类自身的改变开始：

> 货币政策只有在与多数货币改革者——甚至，我认为，某些十足的社会主义者——已经看到的、更加综合的、控制和稳定社会欲望及活动的措施相结合时，它才会发挥作用。货币政策并不是万能的，它没有能力医治不确定性这个魔鬼。(p. 42)

---

① in Hicks [ed.], 1966：p. 42.

第 *15* 章

选择逃离 2：旅行家和专业演员

作为一位杰出且具有独特写作风格的职业经济学家和天才的业余演员，罗伯特森在 20 世纪 20 年代所获得的声誉，使他成为了公众人物。但这并不是他生活的全部。他还有其他的爱好和活动，这些爱好和活动一起在寻求陪伴和理解责任方面为他的学术乐趣增添了惬意的因素。

第一个爱好来自于一个迟来的召唤。1926 年前后，他加入了剑桥精选论文俱乐部，也就是赫赫有名的剑桥使徒社。这是一个与布鲁姆斯伯里团体相联系的严格的秘密组织，剑桥使徒们从乔治·爱德华·摩尔的作品中找寻灵感，追求人生哲学，重视爱和美。同性恋爱已非常普遍。他们定期聚会，讨论会员的论文。点心有沙丁鱼罐头（他们称之为"鲨鱼"）。新成员的选拔，通常是在本科一年级的学生中进行的，那些最聪明、最有趣的才智之士才有希望入选。

1908 年，罗伯特森并没有被当时负责资格审查的凯恩斯邀请加入，凯恩斯"认为他在很大程度上是优秀的，但也许还有点傻"①。但罗伯特森一定是得到了上帝的吗哪（manna）②，才会在他36岁高龄时与一群年轻人相伴。如果罗伯特森1926年加入使徒社的时间是正确的，那么他的选择正好与《银行政策与价格水平》的出版时间，也与凯恩斯亲密合作时期的后期不谋而合。有没有可能，是凯恩斯影响了罗伯特森思想的创造性？他也有可能受到了乔治·瑞兰德的游说——他是使徒社成员之一，当时同罗伯特森的关系非常密切（见下）。

第二个兴趣活动是1925年至1931年间作为马歇尔经济学图书馆的第一任管理员。这个专业的图书馆是为剑桥大学全体师生服务的，由马歇尔的遗孀玛丽·佩利·马歇尔于1925年建立，里面的图书"大部分是马歇尔的藏书"③。罗伯特森的工作，看起来似乎具有兼职的、正式的和管理的性质，因为玛丽·马歇尔亲自管理图书馆的日常工作：在她漫长的生命阶段的后期，她始终不遗余力地参与这项工作。很明显，他们两人相处得很愉快，马歇尔夫人非常欣赏他及时、友好和令人安心的帮助。

总之，在20年代，罗伯特森向他个人的两难窘境妥协的策略看起来是非常成功的。他在经济学和舞台上获得成功的大量事实，使得他的公众层面的自我在职责需要和愿望之间达到了平衡。然而，也许是对罗伯特森的期望太高，事情并不像表面看上去的那样：在他表面上气定神闲的背后，罗伯特森（始终）被纠缠不休的驱使达到满意的私人层面的自我所折磨。这些源于组成他复杂性格的各个方面的相互冲突，必定无法解决。然而，经济学似乎为矛盾的折中提供了理想的条件，使得他可以逃离并找到一个新的自我，同时还能满足"做一个有用的人"的责任感需求。从表面上看，他取得了很大的成功，尤其是受到他与充满自信、热情

---

① 引自 Moggridge, 1992：p. 183.

② 吗哪（manna）：根据《圣经》所述，吗哪是一种古以色列人所得的天赐食物，意指精神食粮、天赐及甘露等。——译者注

③ Dennison, in Dennison and Presley［eds］, 1922：p. 6.

奔放的凯恩斯之间的关系的鼓舞。

然而，这是一个有缺陷的策略。经济学不断变化的特点与他的审美观格格不入，最具有讽刺意味的是，他与凯恩斯在 1926 年取得的理论进步不可避免地导致了凯恩斯革命。他们之间的合作关系面临着越来越大的压力，这削弱了罗伯特森从中所得到的支持。因而，由于采取了折中策略，他在解释经济学无力解决且无法解决的问题时变得很容易。也就是说，如果他转而坚持下去并顺其自然，他可能已经在实现其艺术追求中找到了平静。结果，对自己的命运持续不满，必将导致他的逃离思想越来越强烈。

"爱丽丝"式的向生活妥协包括对爱的追求。罗伯特森由于其同性恋倾向，已经不可能通过常规方式来寻求爱。虽然一战后罗伯特森从战场回来不久有过一段异性恋情，但他最终还是对年轻的男性情有独钟。罗伯特森是那些受到谴责的"在他们追求浪漫爱情时展示自己"[1]的人中的一员。其中最有名的是罗伯特森和乔治"呆子"瑞兰德的恋情，他们曾有过长达九年的亲密关系。幸福和沮丧轮流交替期间，它带给罗伯特森的不仅有浪漫和身体上的放松，还有心痛和感情上的创伤。这段恋情早期的浮光掠影被记在了本森的日记里，罗伯特森的信件和瑞兰德的回忆则讲述了后来的发展。从几方面来看，瑞兰德事件是很重要的。

第一，瑞兰德这个填补了罗伯特森欲望自我的角色空白的人物本身，具有鲜明的形象。瑞兰德是伊顿公学国王奖学金的获得者之一，他以学者的身份去了国王学院而不是三一学院，攻读英语而不是古典文学。他曾在伦纳德·伍尔夫和维吉尼亚·伍尔夫夫妇开办的霍加斯出版社短暂帮忙，期间他完成了他的研究员申请论文，之后他以英国文学研究员和讲师的身份回到国王学院。作为一个本科生和研究员，瑞兰德成了"宇宙中最伟大、最耀眼的城市"的市民，一位对罗伯特森来说是"失落之地"的有特权的居民和罗伯特森的理想的幻影。还有一个值得关注的事实是，瑞

---

[1] Newsome，1980：p. 367.

兰德是一位天赋极高的演员和导演，是马洛戏剧团和 ADC 剧院多年的顶梁柱。

然而在 1921 年，当瑞兰德在剑桥大学亮相时，他的惊人的英俊外表使得许多人为之心跳加速，罗伯特森有很多竞争对手。瑞兰德在伦敦期间，他们二人一起徒步旅行，同吃同住；1927 年，罗伯特森在他的亚洲之行返回时途经埃及，二人在那里度假，一起重温了罗伯特森的沙漠战争传奇故事。他们的恋情由于他们性取向的本质而变得飘忽不定，而且还有一个无法忽略的事实是，瑞兰德更善于交际，朋友圈甚广，但罗伯特森却希望瑞兰德只属于自己。他的占有欲和忌妒心以及无法单独拥有瑞兰德，最终导致了二人的关系在 1930 年破裂。之后罗伯特森还有一段类似的感情经历。在经历了他与凯恩斯多年的合作关系与中肯的批评关系之后，他开始对凯恩斯日益接近琼·罗宾逊和理查德·卡恩心生忌妒，从而退出了讨论圈。

第二，瑞兰德与罗伯特森多年的亲密关系，使得他能够从一个独特的视角来看待罗伯特森的问题的本质。他认为罗伯特森有自卑情结：尽管他是一位杰出的经济学家和演员，但他认为自己很失败。这种自尊心的缺乏在某种程度上源于他的性取向，在当时的环境下，他不能"做回自己"。另外，他逐渐意识到他不懂数学。这使得他与凯恩斯的（继续）合作及其潜在意义开始变得不重要，当他们的关系开始变得紧张时他越来越感觉自己无能为力。

我们应该注意到，失败感一直充斥着罗伯特森的生活，这是他的私人层面自我的表现。我们回忆一下罗伯特森早期的恋情，他在剑桥的第一年时，本森曾拜访过他，后来他在日记中写道，尽管他承认罗伯特森很聪明，也有能力获奖，但他似乎很绝望，没有任何追求（见第 3 章）。当然，那个时候罗伯特森至少还年轻，但到了 20 年代他青春已逝，所以瑞兰德还觉察出罗伯特森对自己不满还有两个原因：罗伯特森认为自己又老又没有吸引力。

在年龄问题上，罗伯特森看起来要比他的同龄人老得多。事实上也难怪，罗伯特森有四年的大学本科、两年的研究生及五年的服兵役经历。到 1923 年，他开始具有公众影响力，那时他已经 33 岁了，而且更为重要的是，他本来就老相，以至于他的外貌经常成为别人评论的对象。他的朋友和仰慕者罗宾斯（爵士）曾写道：

> 我不记得我们初次相识是在什么时候——我想可能是 20 年代在休·道尔顿的公司。那时候他就外貌特别，举止羞怯，耸起的双肩中间露出像极了天生的乌龟的头，几乎全秃的头顶下面是一张思想者的脸……①

1927 年 4 月份，罗伯特森刚从亚洲旅行回来，凯恩斯在写给妻子的信中也提到了罗伯特森的秃头和老态：

> 只有谦逊——更老了，头也更秃了，他的脑门似乎在讲述鲜为人知的故事……非常中国化。②

30 年后，克林·雷德格雷夫在他父亲迈克尔·雷德格雷夫（先生）（著名演员，与罗伯特森是多年的朋友并相互通信）的传记中提到了罗伯特森的同样的特征，而且随着时间的推移，这一特征更加明显了。他几乎用与罗宾斯相同的语言（乌龟）来描述罗伯特森的形象。

克林把他父亲的交际圈比做柏拉图的哲学著作《会饮篇》，即以宴会为号召，席间客人轮流表达不同的观点以向爱情表示敬意。通常是苏格拉底把讨论从物质层面上升到学术层面。在一群美男子中间，只有极其丑陋却又绝顶聪明的苏格拉底最引人注目。那个时候，罗伯特森恰是科恩委员会关于价格、生产和收入问题的"三位智慧之士"之一，因此他被明确地认为是他们那个交际圈中的"苏格拉底"③。

确实，这些评价使得他看来没有什么吸引力。另外，他之所以缺乏吸引力，也许不仅仅是因为他的外表。他当时的照片中令人

---

① Robbins, 1971: p. 221.

② 1927. 4. 27, quoted in Skidelsky, 1992: p. 283.

③ Redgrave, 1995: p. 111.

生畏的耿耿于怀和忧虑的表情也许也唤起了他对生活状况的意识：这些照片是他不幸的私人层面自我的外在标志。

虽然他认为自己又老又没有吸引力，但他的日常举止却表明了他对感情的渴望。这种渴望可以从他塑造的著名的舞台形象上洞悉一二。回想"在剑桥时他已非常擅长扮演老人"，"无论有无报酬，他塑造的老人形象，都十分传神"[1]。很多人对此的解释是他在演他自己，他不喜欢的那一面的自己，并且他在试图通过舞台使观众发现他的魅力。

因而，随着 20 年代的时光流逝，罗伯特森对矛盾的自我所采取的折中办法的缺点日益明显。经济学的特点，加上他不懂数学以及感情生活的波折，必定成为他获得专业认知能力的障碍。对于罗伯特森来说，在他认为的自己被生活所抛弃这一感觉的映衬下，随之而来的自然是忽视自己的优点。而且，他与凯恩斯的关系，也由以前的亲密无间变得日益紧张，尤其是推心置腹的合作关系，在写作《银行政策与价格水平》（见 12 章）时已破裂。正是这一系列的事件，逐渐唤起了他潜意识里的试图最终逃离的想法，他选择了从已习惯和熟悉的环境中消失一段时间，作为尝试。

初次尝试消失是那次亚洲之行，罗伯特森争取到了 1926 年 8 月到 1927 年 4 月长达八个月的休假。他首先到达俄国，在莫斯科参观了列宁的"苍白而瘦小的遗体"（由于采用药物防腐并经过长时期的萎缩）。然后乘坐西伯利亚铁路快车到达中国东北，在位于沈阳的英国俱乐部里，他见到了英国驻中代表，这使他大为震惊。在日本逗留的 12 天里他还参观了古都京都（日本古都）和奈良（他对那里的大学经济学系印象尤为深刻），之后去了中国。在中国他游览了长城、明十三陵和北京风光（他发现"极其引人入胜"），还参观了南京、上海和广州。在穿越印支半岛时，他参观了吴哥（柬埔寨的古都）遗迹并访问了曼谷，然后又马不停蹄地途经马来亚（Malaya，盛产锡和橡胶）和锡兰（Ceylon，印度南面

---

① Butler, 1963：p. 40.

的一岛国，现已更名为斯里兰卡，盛产茶叶）到达印度南部，这
是此次旅途的重镇。在督察官员的陪同下，他们游览了拉克代夫
群岛，在船上听摇船歌、放烟花和唱歌。这一"赏心悦目的小奥
德赛"给罗伯特森留下了不可磨灭的印象，几年以后的 1931 年，
他甚至在一个广播谈话节目中与广大听众分享了他的这一回忆，
后来被收录在《听者》[1]（The Listener）和 1940 年出版的经济学文
集《货币理论文集》中。

　　直到今天，很多人还把长途旅行看做是生命的旅程，但在 20
世纪 20 年代长途旅行却是被当做一项伟大的事业来进行的。当然，
罗伯特森退役后已经习惯了国外的旅居生活，而且很明显他在某
种程度上是一个享有特权的旅行家，因为他可以介入外交圈，享
受最便利的条件。而且，这些国外旅行广为人知，实际上还成了
时尚。阿尔伯特·卡恩旅行奖学金因时设立，但并非自动授予，
罗伯特森的旅行奖学金申请也没有成功。更为重要的是，在罗伯
特森离开剑桥的那段时间里，希克斯拐弯抹角地评论罗伯特森在
《银行政策与价格水平》完成后离开的原因是"就此封笔"。

　　毫无疑问，在人生的关键时刻，出去散散心是很受欢迎的。
1919 年从战场回来后，罗伯特森就开始埋头工作，在写作《银行
政策与价格水平》时几乎是呕心沥血。这一方面是因为该书本身
固有的难度，另一方面，是由于书中的观点是在凯恩斯的众所周
知的大力协助下反复讨论得出的。对《银行政策与价格水平》所
作出的努力实际上是 20 世纪 20 年代罗伯特森与凯恩斯的合作生涯
中的一个最新插曲，由于已知的原因，罗伯特森发现与凯恩斯的
合作变得日益紧张（见上，p. 126）。

　　凯恩斯的合作伙伴之一奥斯汀·罗宾逊，曾经告诫大家不要与
凯恩斯走得太近，必须离开凯恩斯一段时间，以思考和建立自己
独立的思想，这样才能摆脱凯恩斯对自己的强大影响力：

---

[1]　"The Listener"，英国 BBC 广播公司主办，每周一期，1991 年停刊。——译者注

像其他人一样，我在剑桥有幸成为了他（凯恩斯）的同事。在合作达到成熟阶段时，至少我们中的一些人发现，有必要避开，逃离自我强迫的妥协，尽量更客观地看待他……并选择离开一段时间以避开他的影响。更为重要的是，我们中的大多数人，恢复了自己的创造性后重新回来，获得了更加独立、更少从属的同事关系……当我看到我的朋友和同事时，我总是情不自禁地把他们分类：一类是不加批判地一味崇拜，一类是为了自己的独立性在苦苦挣扎，还有一类是已经成功地摆脱了凯恩斯的影响。①

罗伯特森根据自己的意愿，在印度瓜里尔给一个王公当了两年的家庭教师，从而使自己摆脱了凯恩斯对他来说既令人愉快又让人沉闷的巨大影响。正如我们所看到的，罗伯特森自己的反应是，要以自己无与伦比的风格来写这本重要著作，像罗宾逊夫人一样，他选择了出国。虽然他和凯恩斯仍旧保持着友好的私人关系，而且罗伯特森在遇到困惑时还会本能地求助于凯恩斯，征求他的意见，但《银行政策与价格水平》是罗伯特森思想的一个更为重要的分水岭，标志着他开始进入追求更为独立的思想的阶段。

然而一旦回到剑桥，他便立即投入到熟悉的学术生活的轨道上来，一切照旧，生活方式没有任何改变：

在1927年米迦勒节（秋季）学期（Michaelmas）里，他仍然讲剑桥荣誉学位考试（Tripos）第一部分的基本原理，完成大学规定的教学任务，像往常一样写文章，写书评，在讨论会上发表观点，并继续其他的爱好追求比如表演。②

无论如何，积极的和消极的两个因素，共同确保了罗伯特森的亚洲之行事实上仅仅是逃离的重要开端。首先，他失去了与凯恩斯全心全意合作中的感情与事业的支持；其次，公众对他作为一

---

① in M. Keynes [ed.], 1975: p. 11.

② Dennison, in Dennison and Presley [eds], 1992: p. 24.

个演员的演技充分肯定，这足以使得他抛弃旧的不确定的自我，寻求他一直追求的自我。1928 年他在莎士比亚的《科利奥兰纳斯》中扮演美尼涅斯，引起了巨大反响，3 月 9 日的《剑桥评论》甚至把他的成功与 14 年前萨托在本·琼森的《炼金士》中的表演相提并论。这次成功对罗伯特森来说似乎是一次很大的鼓舞，虽然罗伯特森没有明确表态，但大家的感觉是他可能会离开剑桥和他的学术生涯，从而把专职演出当做自己的事业。根据如下：

乔治·瑞兰德认为（1994 年 2 月 17 日的采访）罗伯特森去斯特拉福特（Stratford）的目的就是重新规划自己的职业生涯：

> 我想他在斯特拉福特接受了格伦·拜厄姆·肖（前不久刚去世）的面试——可能是在 1922 年扮演潘达洛斯和 1928 年扮演美尼涅斯成功之后。①

这里的问题是，当时拜厄姆·肖的事业可能未必发展到足以提供权威性评价的地步（他于 1923 年首次登台，直到 1946 年才第一次独立执导演出）。然而，1953 年他被提名与位于斯特拉福特的莎士比亚纪念剧院的安东尼·奎尔合作执导，1956 年开始独立执导。根据罗伯特森自己的回忆，1959 年他在斯特拉福特被拜厄姆·肖"拒绝"了（见附页 A7/109 RPTC），很可能是瑞兰德把两件不相干的事混淆了。

首先，在写于 1929 年的一封信中，罗伯特森提到了他当时所处的境况，他当时在伦敦正为与李尔王有关的问题而踌躇不决，最终他忍受了"失望"之情，因怀疑当初自己决策的正确性而苦恼不已。无论当时的真实情况是怎样的，结果是他不得不以羡慕的眼光来看待其他人②。因此，即使他没有被明确拒绝争取机会以开始新的人生，至少他已经看到了自己的选择所遭遇的失败，他仍然生活在过去的阴影中。

---

① 1994 年 4 月 7 日，弗莱彻对瑞兰德的采访。

② letter from his sister Gerda, 22 January 1929, A1/11 RPTC.

其次，很明显，即使没有 1929 年发生的事情，罗伯特森也从来没有放弃过他的舞台梦。比如，1949 年他曾与安东尼·奎尔（他们曾于 1932 年在剑桥共同参与《特洛伊勒斯与克蕾西达》的演出）通信，商讨关于他以特约艺术家的身份前往斯特拉福特演出的事情。然而结果，噩运再次降临。就像 1957 年（具有讽刺意味的是，考虑到他在这一角色上曾经获得的成功）他在瑞兰德的广播剧《科利奥兰纳斯》中扮演的角色一样以失败而告终。然而他始终没有放弃希望，两年后，1959 年——甚至在他 69 岁高龄时——他还跟拜厄姆·肖申请机会，结果得到的答复却是"糟糕透了"的拒绝和"又一次失败的暗示"①。

然而无论如何，只有极小的可能性认为，瑞兰德提到的早期事件有一定的重要性。拜厄姆·肖手下的演员迈克尔·丹尼森曾经回忆道，拜厄姆·肖毕业后，曾经打算在托基的一场演出中当职业演员，显然他没有经过培训。现在，没有受过培训的但显然拥有天赋的职业演员无疑是罗伯特森追求的目标。而且，早在 1925 年，拜厄姆·肖在伦敦的首次亮相，是与约翰·吉尔古德合作演出契诃夫的《樱桃园》，这次演出又在此后四年中带给他出演契诃夫另外三个剧本的机会。如果拜厄姆·肖可以如此轻而易举地成为著名演员，为什么罗伯特森不可以呢？正因如此，拜厄姆·肖的看法就具有举足轻重的作用。

然而，众所周知，罗伯特森美中不足的是外貌。丹尼森注意到，拜厄姆·肖曾经多年参加日场演出，被公认为是一个美男子。而且，他的一个表兄弟与女演员埃伦·泰莉是好朋友，她可以为他涉足演出圈提供帮助。② 然而可怜的罗伯特森就没有这么好的运气了，他既没有英俊的外表，也没有来自圈内人士的支持，瑞兰德甚至认为罗伯特森对剧中背景没有理解透彻，把人物形象演

---

① Rylands, interview 17 February 1994：see also, Bromley to Hicks, 19 August 1963, in G11 RPTC

② Denison, in Harrison［ed.］2004：Vol. 50, pp. 98~100.

老了。

在这些事情上花点时间是值得的，因为这些事情对罗伯特森的感情和他深深的挫败感具有举足轻重的影响。当然，如果有人拥有像他那样的生活智慧，但却轻视自己所擅长的事情，就此而论，这似乎超出了他的情商控制的范围，这看起来是很荒谬的，最终只能导致失望和失败。当然失败是不可避免的，因为在长期的责任与愿望的斗争中，责任总是能占上风。无论如何，事实上，虽然他是一位杰出的业余演员，但人们还是认为这不足以使他在他的"失落之地"摆脱旧有的生活环境以追求自己的理想生活。

因此，20 世纪 20 年代后期，他的两条生命线的失落、选择逃离的梦想以及他从与凯恩斯全心全意的合作中所获得的支持，使得他更加依赖经济学，因而他对未来经济学领域的变化非常敏感。这就为他迎接 20 世纪 30 年代的经济动荡和凯恩斯革命所带来的危机打下了基础。

第 16 章

20 世纪 30 年代：凯恩斯十年中罗伯特森的理论和政策

对于罗伯特森来说，20 世纪 30 年代是另一个紧张忙碌而又意义非凡的十年。在这十年当中，英国政府成立了金融和产业委员会，以寻求可能缓解英国工业大萧条状况的金融政策，这打开了罗伯特森作为一名专家听证人的新的一页。罗伯特森发表了两篇文章，分别完善了他的储蓄行为观点，在利率条件下他重新改进了自己的波动理论。他又一次旅居国外，虽然这次是因公出行。当凯恩斯于 1936 年发表《就业、利息和货币通论》时，他遭受了最大的专业和个人的挑战。同样也是在 1936 年，罗伯特森事实上被称为世界经济学领军人物之一。国内和国际官方机构采纳了他的政策建议。因与处于狂热中的凯恩斯革命决裂，导致他身陷冲突，从而离开剑桥，到英国其他地方寻找更好的机会。他与凯恩斯不可避免的争论为这十年间的学术之争增色不少，这在很大程度上是由于凯恩斯的长期影响力，而这种影响力最终为罗伯特森所追随的思想蒙上了浓重的阴影。然而，这还不是整个十年的全部，正如上面所提到的，还有更有意义、更重要的事情。

罗伯特森向调查委员会之一——金融和产业委员会（又称麦克米兰委员会）提出了自己的建议。麦克米兰委员会成立于1929年11月，当月召开第一次会议，1931年6月形成报告（Cmnd 28897），该委员会被提名成立时，英国所面临的情况是经济形势持续恶化：作为经济指标的失业率，在20年代连续六年是平均10%多一点，但在该委员会成立时已骤然上升至21%。而且，价格连续十年持续下滑，有发生持续恶化的通货紧缩的危险。这次经济萧条发生的原因，有两种可能的解释：一是英国特殊的工业经济形势，二是世界经济大萧条。然而，政府对此次经济萧条关注的焦点，主要集中在了银行、金融和信用的作用以及它们运行的约束条件上，无论国内还是国际，以及能够促进经济发展的途径上。

对这些问题罗伯特森可能最有发言权。他的储蓄、投资和周期理论（《银行政策与价格水平》）比他的政策早四年与公众见面，而且他还在《银行政策理论》中以更加易于接受的形式把要点简化。凯恩斯则相反，作为更知名的公众人物和决策者，他主持委员会工作，并把委员会作为发表他最新思考而形成的观点的论坛，而且他还要继续完成他已承诺过的出书任务。如此一来，罗伯特森"自己的信用理论"作为一个货币理论专题于1926年发表，"出版得很快"[1]，并没有像凯恩斯那样，到30年代后期他的理论才得以发表。

对于罗伯特森来说，作为经济学领域公认的先驱者和著名的专家，这是一个把他的理论应用于实践的机会。1930年4月份，他提交了一份十分重要的证据陈述，但委员会发现它太深奥了，不得不又请他在5月份用连续两天的时间来口头解释他的论述。罗伯特森承认不但自己的思想是超前的、勇于创新的，而且他的政策建议也是激进的。这对他的观点是一个重要的考验，因为委员会主席麦克米兰（后被封为勋爵）多次要求他解释清楚他的理论中

---

① Robertson，1926：p. 5.

所蕴含的实际方法。① 除此之外,熟悉罗伯特森作品的人,对其理论中所出现的特有的新术语和钟爱的文学典故一点儿也不会感到奇怪。在发展中的货币经济中,关于整个周期理论框架及决定价格水平的货币供给和货币需求（剑桥现金余额方程式）,罗伯特森的观点如下所述:

公众储蓄引起投资的产生。公众通过变动他们在银行的储蓄总额,能够影响银行存款的周转速度并因此影响价格水平。在其他条件相同的情况下,储蓄意愿的增加将降低银行存款周转速度并引起价格水平下降。银行的作用是制定有效的储蓄计划,抵消价格水平的下降以防止原本节俭的人们因价格水平下降而大幅增加消费。如果银行不能制定有效的储蓄计划,则对公众而言就不会为未来必不可少的投资而放弃即期消费。银行总是试图通过贷款和投资等信用扩张方式抵消价格水平下降的影响。这里最重要的一点是"他们应该想方设法创造这样的贷款,因为这些贷款将使创造出来的货币快速、便捷地与商品发生联系,无论是通过消费方式还是其他有效的方式"。②

银行所面临的问题是,信用扩张在不利的经济环境中如何实践的问题。也就是说,除了遵守国际金本位制（顺便提一句,金本位制被英国政府作为开脱对本国经济问题责任的主要根据）的约束条件或限制性的储备要求,银行"贷款可能会受限于购买消费品和有特殊利率的资本品的融资需求的缺乏"。这是罗伯特森在《银行政策理论》中主要关注的内容。1927 年,考虑到工业发展已经大大缩短了生产时间,并因而减少了资本家们对周转资本的需求和对银行贷款的依赖性,他开始把注意力转向美国联邦储备设法提高价格水平的难易程度上。

随着商业贷款需求的减少,银行对公众购买消费品的贷款陡然增加。如果这是经济繁荣时期所需要的,那么经济萧条时期政府

---

① see, for example, Qs 4723 and 4732, Minutes of Evidence, 1931.

② Macmillan Evidence, Q. 4731 and para. 8 of the Statement.

应该采取什么样的措施："如果对枝繁叶茂的大树还做这么多事情，那么我们该对枯枝败叶的大树做些什么呢？"① 美国 "即使总是能够大量建造汽车和 50 层的大楼" 又能怎么样呢？在这种情况下，货币政策本身的力量是不够的，需要更多激进的经济刺激措施，例如公共工程建设："我们的思考空间在于，政府及其他部门对建设工程大量需求的时代到来了。"② 这种观点是有先见之明的，因为在第二年，华尔街股票市场就崩溃了，这预示了世界大萧条的开始。

我们注意到对银行信贷需求的减少，源于对商品和服务需求的减少，而不是其他方面的原因。这取决于市场——至少是暂时的——的饱和度。市场的吸收能力有一定的限度，人类的需求——至少是暂时的——也有一定的限度。为描述这种情形，罗伯特森遵循自己一贯的风格，举了一个他偏好新术语的例子，而不是使自己取悦所有人：

> ［主席：］我想，您创造了一个我在英语字典里见过的最不雅的词——很荣幸地说，这对我来说是很新鲜的——"过剩"。我猜您指的是人类需求已经到了饱和的极限？
>
> ［听证人：］——是的。③

作为工业萧条的原因之一——过剩，罗伯特森对这一概念给予了高度重视。对于消费品来说，可能会出现因产量大量增加而暂时大于市场吸收能力的过剩情况。但对于在他的周期与发展理论中起着重要作用的资本品来说，问题就变得复杂了，因为投资 "供给的不连续性——无论是在萧条时期还是在复苏时期"（para. 11）。银行的任务，首先是刺激新的需求模式出现，其次是抛弃它们一贯的对流动性和储备的关注，勇于尝试信贷政策，找出 "为固定投资融资的方式"（para. 7）。正如我们前面注意到的，

---

① Robertson, 1928b: p. 41: Macmillan Evidence, Q. 4807.

② see Robertson, 1928b: pp. 41~2.

③ Macmillan Evidence, Q. 4701.

这对银行来说是一项艰巨的任务，在收益减少和风险增大的情况下，为了追求高的就业率，银行的负担会大大加重，这里唯一的理论根据就是罗伯特森的储蓄理论。在罗伯特森看来，储蓄是不可持续的。除非储蓄被创造出来就立马被利用掉，否则只能被消费浪费掉。因此，当储蓄和投资需求发生时，银行必须积极承担这一任务。

至于其他可能的应急刺激措施，罗伯特森受凯恩斯的影响，认同低利率将促进投资的观点。但罗伯特森的结论是不应过分重视利率，因为在萧条时期对借款方的长期低利率，必定与贷款方的相对长期高利率相联系，这样就无法达到均衡。① 至于工资及其无效率问题，他不像其他人那样重视货币工资刚性效应，他更重视的是工会不断施加的压力。另外，高工资率在理论上满足了工人的产品需求，但它同时又减少了市场对劳动力的需求，因此工资水平和总的消费能力可能会更低。

这里，凯恩斯对罗伯特森脱颖而出的论证表示了饶有兴趣的关注。这是罗伯特森具有潜在深远意义的见解，如果由委员会全体人员共同决策，其结论未必正确。

> **凯恩斯**：罗伯特森先生所说的内容的极端重要性是无可争议的，虽然他与其他听证人所说的刚好相反……也许那些认为我们应该大量增加出口（由于工资成本降低）的听证人是站在单个厂商的角度来思考问题的。(Q. 5009)

正是这一见解，给了他在《银行政策与价格水平》中关于匮乏概念的灵感。这里他又把该见解用于解释工资和支出的关系。当然，有趣的是，这一见解从未上升至对节俭悖论的认识程度。

总之，罗伯特森也许不赞成把工资作为刺激措施，但可能会同意减薪，比如10%（这个幅度据说是英镑在国际上被高估的幅度），前提是这个幅度是由工会自愿提出的。② 最终，当国家遇到

---

① Macmillan Evidence, Qs 4831~4841 and footnote to Q. 4831：Q. 4933.

② Macmillan Evidence, paras. 16~20：Qs 5000~5009.

在封闭经济条件下也可能遇到的问题时，他不像其他人那样重视国际因素在英国不利的经济环境中的作用。

因此，考虑到传统的经济措施具有局限性，罗伯特森在《失业的周期性波动》和《银行政策理论》中试图寻求更为激进的措施。当资本资产的商业需求水平由于过剩而处于低谷时，就只能依赖于公共工程（para. 13）：

> 假如你愿，在一切抛弃他的瞬间，
> 你仍然可以使他死里逃生。①②

过剩说反过来证明了公共工程的正确性，因为它否认了财政部的观点，即公共工程仅仅是吸收了那部分可能会被私人部门利用的资源，从而造成资源运用无效率（para. 13）。这样的公共工程是否可行不应根据其获利能力而应根据它是否有利于创造就业和提高资本资产的正常公共供给水平来判断。而且，公共工程也不应被看做是治病的良药，而应该被看做是久病复原期间的一日三餐（Q. 4983）。虽然在很多情况下公共工程只是暂时发挥作用——直到私人部门开始投资——但考虑社会利益，其发挥作用的时间可以更长，有的甚至可以长期存在。

> 我不同意公共工程仅仅是应急措施的观点，在现代条件下至少有些公共工程是需要由政府来承担的。关于这个问题，我的观点主要是站在社会的角度而不是某些群体的角度。例如，对于政府的住房建设政策，我无法预见不远的将来它会发挥应有的作用。③

关于他打算提倡的公共工程的范围，他很清楚他"必须非常

---

① 出自英国诗人和剧作家迈克尔·德雷顿（Michael Drayton, 1563~1631）的《爱的告别》（Loves Farewell），李霁野译。——译者注

② Michael Drayton, Sonnets: Idea, lxi, in Macmillan Evidence, para. 13. See also above, p. 97 and Fletcher, 2000: p. 132.

③ Q. 4916, italics added.

谨慎"(Q. 4897),并且他承认"在某种程度上",委员会主席对他的观点"政府花钱比我们自己花钱好?"(Q. 4932)持理解态度。这实际上就是他在《银行政策理论》中所建议的激进措施。[①]

当然,麦克米兰委员会的成立是为了解决当时社会普遍存在的问题。罗伯特森曾六次受邀,在一个名为"为什么我们仍然贫穷"的系列广播对话节目中,力图解释广大听众所关心的问题,这个节目的内容后来在 1931 年 11 月和 12 月的《听者》杂志上发表。[②]

对于罗伯特森作品的理论方面,由于他在利率条件下重新安排了对《银行政策与价格水平》的分析,他的理论在凯恩斯十年的前期得到了重大发展。如此一来,他就和当时的研究趋势不谋而合了,即根据自然利率和市场利率来分析经济波动,是"凯恩斯《货币论》(1930 年)和哈耶克的《价格与生产》(1931 年)中的一般(维克塞尔)理论"。[③] 这对于罗伯特森来说是个新领域,他通过两篇文章谨慎地完成了向这个领域的跨越。他在"储蓄与贮藏"(1933 年)的基础上,在"工业波动与自然利率"(1934 年)一文中对他的分析重新进行了安排。这两篇文章风格不同,但都很重要。

"储蓄与贮藏"一文涉及重申与改良问题。他重申了对《银行政策与价格水平》第 5 章的分析(关于"储蓄的种类"),重新启用了写作《银行政策理论》时已经抛弃的"特有的古怪而不规范的语言",用传统分析方法来精确表达他的思想。[④] "储蓄与贮藏"的发表,展示了他在政策优势方面的信心,奠定了他在目前正广为讨论的概念的发展上的优先地位。而且,通过匮乏与非匮乏、节俭与挥霍的概念设置个人理论的界限,该文为罗伯特森的思想发展奠定了坚实的基础。

"储蓄与贮藏"一文的主题是储蓄的概念,他对储蓄概念的准

① in Hicks[ed.],1966:p.42.
② Robertson,1931.
③ Hicks[ed.],1966:p.64 n.2.
④ in Hicks[ed.],1966:p.24.

确界定，对处理整个经济理论问题具有决定性的意义。他对自己理论的细微修正，为他的分类倾向的实践提供了广阔的空间，这涉及到在罗伯特森主义"日"的基础上对储蓄的动态分析的理解。"日"是度量时间的理论间隔长度的工具，既控制对劳动收入的管理（根据罗伯特森的时间间隔理论，劳动收入在一天的时间间隔里被分配完毕），又控制货币的周转速度。

另外，与以前的阐述相比，他现在更注重货币贮藏的作用。因而，任何一天价格水平的下降，必定被看做是一些集团或个人在同一天进行货币贮藏的结果。这也可以被定义成当天储蓄大于当天投资的那部分货币，而期间投资为零。[1] 我们也许也注意到了，"节俭"是关于消费水平下降且低于本来应该消费的水平，现在这一定义由于借助于"如果其他人不改变他们的支出，消费行为……将少于本来应该发生的消费行为"[2] 而变得更加清晰。

这一思想对凯恩斯和哈耶克都具有一定的参考价值，他们二人的作品中都把这一思想当做了背景。其中两点尤其有趣。第一，由于不同意凯恩斯—卡恩的"简单思维"的储蓄定义，以及认为储蓄和投资"必定相等"会产生"令人担忧的结果"，罗伯特森重申了他自己的观点，即：

> 储蓄和投资并不必然是相等的，而且正是由于储蓄和投资之间的区别才导致了价格水平的波动（而不是像凯恩斯理论中所阐述的，价格水平的波动是正常现象）。[3]

第二，他批评凯恩斯理论没有区分公众所承担的、由信贷刺激引起的两种通胀负担：一是由于新雇用工人（创造额外的人力资本）的劳动收入支出所造成的通胀；二是由于前期价格水平上升，劳动合同被扭曲，实际工资低于名义工资从而消费水平降低，这使得"企业主签订合意的合同以增加储蓄和投资的正常行为被扭

---

① Robertson, 1933: p. 51, 55.

② Robertson, 1933, in Hicks [ed.], 1966: p. 48.

③ Robertson, 1933, in Hicks [ed.], 1966: p. 61.

曲了"。①

关于哈耶克，罗伯特森推崇哈耶克使用历史研究方法来研究强迫储蓄概念，并认为以前的一些作者对强制性负担的真正内涵并不清楚，"必须弄明白'强制储蓄'的真正含义，否则我不会放弃我自己那些不太雅的术语!"②

罗伯特森为自身立场极力辩护的原因，在我们考虑到第二篇文章时就清楚了，这篇文章就是"工业波动与自然利率"，以及他在文章标题下引用《爱丽丝镜中奇遇记》中的话：

> "这一定是那个让人丢失名字的树林了，"她对自己说，"我在想，当我走进去以后，我的名字会丢到哪里去呢？我可不愿意丢掉自己的名字呀，因为那样人们会另外给我取一个名字的。那准是个怪难听的名字。但是随后的乐趣是，我应该去找那个捡到我名字的人!"③

我们从上面这段引文中得到的启示是，当世界上的事物和它们的名字之间并没有联系时，除了那些赋予它们名字的人之外，给物体赋予名字是这个世界从"无"到"有"这一过程的一部分。因此，创造一个各种事物都有自己的名字、对人类来说都有具体含义的世界，是人类建立认同感并寻求安全感的基础。那么，如果进入别人命名的世界，那么就有失去自己的认同感和安全感的风险。因此必要的辩护是为了保住自己的名字以及这些名字的含义。

罗伯特森对于自己立场的一致性充满信心，因而他继续使用利率概念重申了他的理论。在第7章分析"工业波动和自然利率"时，我们研究了周期的过程，在研究《银行政策与价格水平》时也做了跟踪研究，但是现在我们却要使用全新的术语进行研究。在1933年的文章中，他还重申并提炼了他的归类和定义，但很显然在1934年的文章中这些词汇都不见了。这些词汇包括匮乏与非

---

① Robertson, 1933, in Hicks [ed.], 1966: p. 62.

② Robertson, 1933, in Hicks [ed.], 1966: p. 63.

③ TLG, p. 225.

匮乏、节俭与挥霍、贮藏与减少贮藏。我们猜测，这是因为罗伯特森觉得这两种表达模式是等价的，是并行不悖的两种方法。他没有试图将二者结合在一起，尽管我们已经意识到无论我们选择什么，理论本身都会在既有的选择框架中自动运行。

罗伯特森十分欣赏自己的方法，因为这种方法能够使我们认识更多不断发展中的货币经济的基础知识，比如储蓄、投资以及最重要的价格水平波动。我们可以从罗伯特森在《银行政策与价格水平》一书中的观点中看出端倪。此书之所以出名，是因为书中可贷资金的利率决定理论与凯恩斯稍后提出的流动性偏好理论针锋相对。

不过，他的执著是建立在古典数量论和剑桥现金—余额方法上的，罗伯特森认为这种方法更具有启迪意义。1933 年 4 月，当罗伯特森就《货币论》与凯恩斯争论时，就对凯恩斯没有采用他认为的高级方法而感到遗憾：

> 我知道我已经不可能转变你的观念让你采用传统的 K 和 V 方法了，但是我还是要说明这种方法作为公共研究的初步条件是多么合适……名义货币曾经被有效地引入到货币循环中（因而影响价格或就业），并以一个接近于真实货币的周转率运动，除非或者直到税收和通货紧缩等因素将其从循环中提出来。[1]

罗伯特森对波动的新"维克赛尔式"的分析体现在两个利率的相对变化上：一个是代表性的真实利率，其变动受银行活动的控制，另一个是均衡的自然利率。这就是古典数量论的所谓"间接机制"使用的理论工具。在这里，货币数量的变化通过影响利率来影响价格。维克赛尔的贡献在于，在其他条件不变的情况下，他解释了经济中的扩张（签约）依赖于真实利率（或市场利率）与自然利率的比较以及物价水平的稳定性。通过这种方法，罗伯特森才能在吉布森悖论的基础上，应对外界的批评，因为我们能

---

[1] Robertson to Keynes, 1 April 1933, in Keynes, CW XXIX：p. 17.

够观察到，利率在物价上涨时是上升的。[1]

可以借助图形分解来说明问题。图 16.1 中的两条曲线分别代表生产率和节俭：D 是一条向右下方倾斜的利率函数（在每个时间点上，工业都能在各种利率水平上借到贷款）；S 是一条向右上方倾斜的函数（在各种利率水平上，每一个时间点所能提供的新储蓄）。在利率均衡点（r_0）上，工业将新的可用储蓄吸收干净。

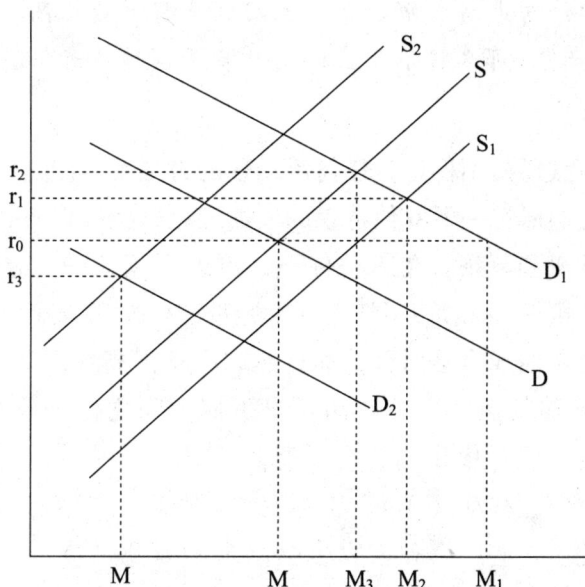

图 16.1 利率条件下的工业波动

如果发生外部"冲击"，比如发明柴油发动机、发现南美洲或其他，需求曲线都会整体向右移动（D_1）。那么在 r_0 水平上的资金需求增加。这部分资金可以通过多种方式得到。如果银行介入的话，那么信贷总额将超过储蓄，货币供给将增加。相反，如果允许利率自由活动，那么需求增加将拉动利率水平上升，这将使储蓄自身产生流动性，新增的流动资金将对银行信贷产生替代作用。这样，必然将贮藏货币释放出来进入流通领域。然而罗伯特森也

---

[1] Wicksell, 1935：Chapter 6, pp. 205~207.

指出，如果货币供给可以自由变动，那么收入将增加，同时资本家的储蓄将重新进行分配（这是因为"冲击"会引导资本家进行扩大再生产）。这反过来将会使储蓄曲线向右移动（S_1）。

下面就是罗伯特森的特殊兴趣之一。他发现两条"真实利率"曲线出现了交叉，他将交叉点称之为"准自然"利率（r_1）：

> 在这一点上，工业的资金需求得到了满足，同时新条件下产生的储蓄也将发挥价值，真实利率将可能提高；如果达到"准均衡"，那么将不会出现新的货币创造或者已有储蓄的流动化。[1]

准均衡点还是不稳定，任何流动性的力量都会使其发生变化。

现在我们回忆一下罗伯特森的周期理论，经济膨胀必将导致过度投资、危机和萧条。在新条件下，可以看到两种力量将会产生如下效应。第一，工资将上升，利润将减少，（资本家的）储蓄也将减少。储蓄曲线将会回移，准自然利率将提高（至 r_2），并拉动真实利率紧随其后。工具产品需求下降，随之信贷收缩。第二，工具产品的大幅过度供给将会显著降低其边际产品，投资需求曲线将会大幅向左移动（D_2）。这将使收入降低并产生有利于非储蓄者的再分配。一些厂商和家庭也会出现"紧急借贷"的情况。储蓄曲线向左移动了。准自然利率已经降至一个低的水平（r_3），只要真实利率保持高于这一水平，那么必将产生超额供给的储蓄。结果是，银行信贷必将紧缩，银行账户中的储蓄必将增加（也就是贮藏）。

如果真实利率降至准自然利率的水平，那么就会形成一个新的准均衡。新的准均衡比原来的准均衡可能会更持久，原因有两个：一个是资本的长寿命（边际生产率将维持在低水平），另一个是挣工资者对收入进一步降低的忍耐程度（储蓄倾向将显著降低）。

如此，罗伯特森在原来条件的基础上建立了一个可持续的周期

---

① Robertson，1934，in Hicks［ed.］，1966：p. 67.

理论,并在新条件下进行了修改。罗伯特森看起来已经为所有的批评准备好了。不过,由于凯恩斯对整个经济分析的相关变量的革命性秩序重建,经济学理论已经出现了更多基础性的发展动向。

这一发展过程随着凯恩斯于 1936 年发表《就业、利息和货币通论》而达到高潮,《通论》的发表直接挑战了罗伯特森经济学的适用性,以及他的情感安全赖以存在的基础。具有讽刺意味的是,当罗伯特森的研究,尤其是在他重新安排的利率条件下的研究逐渐为人所熟知时,凯恩斯的新书中却没有出现自然利率的踪迹。令哈耶克大为惊愕的是,凯恩斯放弃了从《货币论》到《通论》转变过程中的所有概念。

然而,在罗伯特森的两篇论文发表的间歇,他得到了一次旅居印度三个月的暂时离开的机会。印度政府邀请他参与一个 "在对印度的经济条件产生影响的现有组织、统计信息及其他信息范围内"[①] 的学术调查。其特别要求是建立一个中央统计部门,以进行生产调查的可行性研究,建立国民收入和财富的测度方法,规定合适的工资指数和价格指数等。

这无疑是一项令人畏惧的工作,罗伯特森起初不情愿答应也在意料之中。然而,除了他持久不变的责任感在某种程度上起到了一点作用之外,促使他改变主意的信心来自他的合作者对该项工作的了解。他就是亚瑟·里昂·鲍利,一位水平一流的经济统计学家,他对经济学的主要贡献在于他对经济学统计数据的整理和汇编工作,他正好曾经做过这项调查所涉及的领域中的前期工作。

　　对印度财政部提供的大量资料整理完毕之后,他们于1933 年 12 月动身前往印度,当月 22 日到达目的地。他们花了三个月的时间进行询问工作,又花了几乎一半的时间到相关各个部门进行调查。虽然他们得到了许多来自印度的经济学家和行政官员的大力支持,但他们独立发挥的作用同样不容忽

---

① Dennison, in Dennison and Presley [eds], 1992: p. 25.

视，他们在 1934 年 3 月 20 日完成的报告中所取得的成就是极其引人注目的。[1]

或者，如果考虑到这两位搭档的真实水平的话，也许未必那么引人注目。但无论如何，他们的报告为该领域以后的工作奠定了基础。

---

[1]　Dennison, in Dennison and Presley [eds], 1992: p. 25.

第 *17* 章

罗伯特森和凯恩斯的异同

罗伯特森和凯恩斯的争论是 20 世纪 30 年代后期两人关系的主旋律，其起因是这两位经济大师在《银行政策与价格水平》上取得一致的意见之后，走向了不同的理论发展方向。正如我们已经看到的，罗伯特森的思路，在于细微改良和重申他的理论工具，并阐述其政策含义以满足当时经济发展的需要。虽然他的理论本身是创新的、有学术成就的，政策建议也符合特殊时期的经济形势，但其理论相对来说是温和的，始终在他的经济视野范围之内。

也就是说，考虑到经济增长过程中的需求，他的理论始终局限于把短期管理作为最大化当期目标的途径，即使在经济周期衰退阶段的非常时期也是如此。罗伯特森的经济视野相对于凯恩斯来说比较温和，而凯恩斯则不同，他的思想总的来说具有更加不安分和乌托邦式的复杂性，远远超出了满足经济社会改革需要的经济管理范围。这种经济视野的不同，在于凯恩斯和罗伯特森两人不同的见解和性格。

从表面上看，二人具有很多共同之处。和罗伯特森一样，凯恩斯来自维多利亚时代一个殷实的中产阶级家庭，家里有充足的能力供其求学，他是一位优秀的伊顿公学国王奖学金和剑桥大学公开奖学金的获得者，后来又成为剑桥大学的研究员和杰出的经济学家。但是，在这些相似之处背后，两人的差异却更加突出。罗伯特森的家庭是一个英国国教①家庭，而凯恩斯的家庭具有不信奉国教和激进主义的传统。在伊顿公学，凯恩斯是数学和古典学方面的佼佼者，并在剑桥获得了这两门学科的奖学金，他选择数学专业并毕业于第十一届剑桥大学数学学位甲等班（第十一届最好的优秀班级）；而且他选择的学院是罗伯特森梦寐以求的国王学院，那里自由的学术和艺术氛围使得他获得了充分而及时的知识给养并茁壮地成长了起来。

另外，除了相对短暂的离开，罗伯特森基本上都待在剑桥，而凯恩斯却把他的时间一分为二，一边是国王学院的研究员，另一边又和外面的世界密切接触，他在政府部门、伦敦金融城和运动新闻业②中担任职务，同时他又是布鲁姆斯伯里团体成员。这个团体是由学者、作家和画家组成的先锋组织，起初是由剑桥大学的学生和差不多同时代的人组成，集会地点最初是在伦敦的戈登广场，后来逐渐转移到苏塞克斯郡（英国一郡）的一座农舍查尔斯顿。其成员都是一些知名人士：邓肯·格兰特、克莱夫·贝尔、凡妮莎·贝尔、里顿·斯特拉奇、伦纳德·伍尔夫、维吉尼亚·伍尔夫、罗杰·弗莱、爱德华·摩根·福斯特等。虽然当时的时事评论员对这个团体的成员既鄙视又羡慕，但团体中的这些人却对凯恩斯产生了重大影响，他对那些不落俗套的艺术表达——无论是观点、信念还是行为方式——非常熟悉，以至于当那些与他一起共事的政治、金融和商业人物与凯恩斯在一起就显得那么呆板。

从个人的角度看，虽然罗伯特森和凯恩斯都放弃了基督教信仰，都是同性恋者（罗伯特森的同性恋倾向更严重一些），但总的

---

① established church：英国国教、圣公会，即经国家法律认可并获得经济支持的官方教会。——译者注
② 运动新闻业（campaigning journalism）是在英国历史上曾经出现过的以新闻报道发起社会运动的一种新闻活动，其代表人物有 W. T 斯塔德。——译者注

来说凯恩斯的命运似乎更好一些。他在 42 岁时与一位俄罗斯芭蕾舞女演员结婚，找到了婚姻的永久幸福；不像罗伯特森，由于对性取向倾注了大量的热情和无可抑制的乐观主义，他需要面对坚韧而又充满遗憾的人生。这正是二人的根本不同之处。这一切都取决于他们在一个没有上帝、无人关爱的环境中对人生的态度。死亡是完结、圆满和生命旅程的结束，还是否定、最终导致人类的努力的和一生的成就枉然的事件？凯恩斯的人生观是前者，[1] 而罗伯特森的观念是"人类宿命的残酷无情"[2]，正如我们所看到的，他的人生观是后者。

相应地，他们各自的人生态度也分别决定了他们的人生哲学。对于罗伯特森来说，他的人生哲学可以从"爱丽丝"系列作品中略见一斑。而凯恩斯则相反，他积极进取地追求当前的人生乐趣，而不管过去是否是黄金时代或将来死后能否得到幸福。从职业的角度看，虽然凯恩斯和罗伯特森同是剑桥（马歇尔）学派思想的接受者，但凯恩斯是一个相当自信的自由主义思想家，他乐于挑战传统，为保存"古迹"[3] 不会受自身任何（情感或其它）需要的束缚。但无论如何，他却十分珍视罗伯特森一丝不苟、严谨认真地对他的理论思想的推敲。

在公共理论方面，由于他在《货币改革论》中的经典论述"长期而言，我们都会死去"[4]，从而使得凯恩斯的名字同短期经济学紧密联系在了一起。但《货币改革论》主要涉及的是货币管理问题，而不是人类动机或命运问题。然而早期在《和平的经济后果》[5] 一书中，他已经提到过与罗伯特森相似的论述，即在传统行为的影响下，人们会牺牲消费以积累资本。这里，刺激经济增长

---

① 见 Bonadei in Marzola and Silva（eds），1994：pp. 42～43，54～55；Skidelsky，1992：p. 517.

② Butler，1963：pp. 41～42.

③ 见 Keynes，CW XIV：p. 259.

④ Keynes，1923，in CW IV：p. 65.

⑤ The Economic Consequences of the Peace，Keynes，1919.

应被视为是依赖于社会的集体潜意识，即为了（由于不明确的原因）将当代劳动成果惠及子孙后代，赋予那些从短缺和休闲中解脱出来的人以"培养高尚才能的机会"[①]。正是这一"未来千年充裕、是艺术而不是工业的黄金时代"的理想被纳入到了他后来的著作中，在《通论》的"思想构架"中达到了巅峰。[②]

在 1926 年霍加斯出版社出版的一本小书《自由放任的终结》中，凯恩斯承认资本主义制度是现存的经济制度中最成功的，是最有希望实现理想的境界。唯一美中不足的是，他认为资本主义制度是既定的合理的社会制度，它依赖于"对个人货币制造和货币偏爱本能的一种强烈吸引力"的达尔文主义生存竞争，[③] 这在文明社会里是被从道德上排斥的。而且（也许是更重要的？），自由放任经济学理论是有缺陷的，因为它建立在不合理的假设基础上。也就是说，它建立在理想化的制度假设上，而不是建立在现实世界的实际条件上；它没有认识到经济关系是有机联系的；实际上它的假设是完全信息、没有摩擦的物物交换。[④] 其潜台词是，它存在集中管理和引入新理论方面的限制。

无论如何，当我们"为我们的子孙后代"实现了"经济的可能性"时，我们也发现了一个乐观的预言：经济运行会自行解决运行中出现的问题。这是因为，大萧条的蔓延可以被看做是技术进步从一个阶段向另一个阶段跨越时的痛苦但却必要的过程，是经济发展进程中的一个环节，也是现代经济史的标志。根据既定的有利假设，下一个世纪的资本积累率将会很高，资本主义社会/达尔文主义将会使物品极大丰富，货币动机也会减弱，因为大多数人口将进入一个新的经济丰裕时代，他们有无限的闲暇来培养更多的消遣方式。

---

① Keynes, 1919：p. 18.

② see Fletcher, 2007：pp. 141 ff.

③ Keynes, 1926, in CW IX：p. 293.

④ Keynes, 1926, in CW IX：p. 284.

　　这是一个多么奇特非凡而又引人注目的想法！人类的进化受制于解决经济问题的需要，依赖于把货币动机作为被迫参与生存竞争的途径。然而，一旦达到物品极大丰富的阶段，为了"人生艺术本身"①的培养，习得行为将会驱逐贪婪和高利剥削。而且，人们将完全活在当下，没有一点迹象表明，人们也许希望利用丰裕的经济成果使后来人过得更好。在物品极大丰富的条件下，进化将停止，子孙后代将被抛诸脑后或不复存在（对那些没有子女的而言），改善一代又一代人命运的资本积累进程也将停止。

　　然而，经济形势和理论发展的激励决定了丰硕的经济成果不是为了解决"经济发展问题"。反之，凯恩斯通过缜密的思考和与人激烈的讨论，对经济问题进行了新的分析，提出了同他的经济视野一样激进的政策建议。在《就业、利息和货币通论》中，凯恩斯通过一定的假设条件，提出了自由放任经济的短期理论。这一理论的含义是，为了解决目前的失业问题，实现潜在产出水平，我们必须考虑个人行为之外的公共工程。问题的根源完全在于人为的资本匮乏，这个问题可以通过"某些综合性的投资社会化"、"在一两代人的努力下"得以解决。作为回馈，资本匮乏的解决也可以消除凯恩斯审美境界的另一个缺陷，即那些消极的借贷资本家、"无职能的投资者"或"食利者"②。

　　然而除此之外，凯恩斯在"国家社会主义"制度方面没有继续深入发展的意思。当他发现很多人认为他的建议"是对个人主义的严重侵犯"时，凯恩斯很乐意辩解这是保护个人自由和自由的经济制度的唯一方法，而不是把独裁主义作为解决经济问题的途径。③另外，我们可以把这看做是凯恩斯主义的极端的实现方式，与罗伯特森的思想相比较，马歇尔拒绝再向前多迈一步来解决社会问题。最后，虽然不是社会主义，但凯恩斯的思想似乎确

① Keynes, 1930, in CW IX：p. 328.
② Keynes, 1936, in CW VII：pp. 374~378.
③ Keynes, 1936, in CW VII：pp. 378, 380.

实有利于强行发展并最终使乌托邦观念得到推广。

凯恩斯新经济学从历史的角度而不是从均衡的角度出发，因而需要考虑现实因素的不确定性及其伴随现象——货币的真实形式。因此这一理论就是对人类历史进程的表达。凯恩斯，这个"爱丽丝"式的人物，总是乐观和积极进取的，他试图通过消除不确定性和愚昧无知，从而把秩序强加于混乱状态之上。在达尔文主义即基因学说条件下，他的理论是完全的习得行为经济学，拒绝服从盲目力量，总是试图掌握自己的（还有其他人的）命运。

理论本身的形成取决于凯恩斯的哲学观，即强烈的有机主义论（organicist）。他的学习榜样是哲学家乔治·爱德华·摩尔。摩尔是剑桥使徒社和布鲁姆斯伯里的成员，其学说主要体现在其著作《伦理学原理》（1903 年）中，该书论述了自觉并彻底地活在当下的合理性。美好人生的标准是充满激情地追求真善美（这里我们所谓的善和美是苏维林式的无聊游戏的两个主要敌人）。摩尔强调事件整体性的重要性，指出自己的主要组织原则是有机统一性，其学说认为，整体大于全体部分之和。结果，因为世界是有机统一的整体，如果试图用建立在离散要素基础上的理论来解释之，则附加要素将会导致"最严重的错误"[1]。正是这一理论深刻地影响了凯恩斯的新思想。

凯恩斯革命对罗伯特森的重要影响可以从以下几点来考虑。第一，凯恩斯革命被认为是成功的，凯恩斯因而也被认为是成功的，罗伯特森当然就得被认为是失败的。由于相同的原因，凯恩斯的成功标志着罗伯特森主义经济学在责任与愿望之间折中的失败。从职业的角度看，凯恩斯革命暴露出了罗伯特森理论中的缺陷。最后且更重要的是，它颠覆了古典经济学的理论依据和罗伯特森的情感安全基础，因为他们分别是建立在剑桥微观经济理论（微观的无摩擦物物交换理论）和"爱丽丝"眼中的无聊游戏上。如果我们仔细考虑两点：更多的哲学差异和理论差异，我们就可以

---

[1] Moore, 1903: p. 36.

更好地理解凯恩斯主义对罗伯特森的威胁的本质了。

首先要注意作为统一要素的善（就"爱丽丝"而言）与货币（就经济学而言）之间的均衡。其次还要注意"大"（就沃尔特·惠特曼而言）与有机统一学说（就摩尔而言）及它们的经济表现之间的均衡。这些均衡对罗伯特森—凯恩斯的争论的影响作用可以从以下几个方面进行分析。

第一，在一个无摩擦的物物交换和完全信息的古典本源理论体系中，货币是不存在的，或充其量只是一种价值标准。

第二，认识货币的重要性意味着认识货币经济的本质，即货币经济的特征是不确定性、愚昧无知和混乱（换句话说，是真实的世界）。货币既是交换的工具，又是创造宏观经济变量值的基础[1]。这里，货币作为统一的、连接的媒介物是善的等价物。

第三，理解宏观经济的概念就是要认识到经济联系在本质上是有机统一的。对这个认识的表现就是积极的和消极的（a）乘数形式——它决定了投资、收入及储蓄的先后顺序；和（b）节俭悖论形式——它保证了储蓄无法决定投资，承认合成谬误的相关性。这里需要特别注意的一点是，这两种形式产生的结果都与古典理论的预期及其理论代言——原子状的物物交换产生了分歧。

第四是方法问题，即理论究竟是怎样形成的。这里，根据他以萤火虫—灯塔作比喻，罗伯特森通过他与凯恩斯之间的分歧展示了他独特的视野。罗伯特森认为自己属于前者，为所有相关的因素都均匀洒上一丝微弱的光芒，并因而试图合理安排他理论中的核心变量，就像护航队的船只一样。而凯恩斯则属于后者，他用自己强有力但扭曲的灯塔之光打乱了变量之间的关系，并重新安排它们的位置和它们之间的关系[2]。

在整个经济理论中，关键要素的组织安排问题和变量间的合理关系问题，是所有争论的核心。这是由于分歧的思想之间存在理

---

[1] Carabelli, 1992; see also Carabelli, 1994.

[2] Robertson, in Keynes CW XXIX: p. 166.

论上的相似性，提出的概念对双方具有共同性。从某种程度上讲，理解罗伯特森的理论就像"从朦胧的镜子中"看凯恩斯。一切都依赖于这些变量关联的方式。我们将逐次分析这些相同点及其它们的联系方式。

关于相同点，我们认为应该是由罗伯特森独自或由罗伯特森与凯恩斯共同孕育的，后来又与凯恩斯经济学紧密联系在一起的那些思想。这可以概括为七个方面。一是关于个人单独决策所产生的行为是正确的，但大家集体决策的相同行为未必就是正确的。二是投资能够决定储蓄，储蓄率等于投资变动率。三是为投资融资的是货币而非储蓄。四是对投资的短期融资决定于既定的资金，它在连续的投资项目之间无限循环周转。五是投资增加引起产出（或实际收入）增加，消费及储蓄是收入的滞后函数。六是罗伯特森认可了对乘数理论具有深远影响的基本原理。七是生产中的投资品和消费品是互补关系而不是相互替代关系①。

作为补充，我们需要提及罗伯特森和凯恩斯都提倡公共工程的思想。对于凯恩斯来说，这是他观点的政策含义之一，他认为当期失业是由于有效需求不足造成的，更为合算的是，通过广泛的公共工程建设，可以更快地实现经济极大丰裕的理想境界。对于罗伯特森来说，当企业主和消费者由于他们的需求无法和产出保持同步而拒绝接受进一步注入的银行信贷时，公共工程可以作为经济中增加需求的一种手段，目的是为了提高价格水平。

考虑到罗伯特森和凯恩斯在这些理论发展过程中的合作关系，这些理应存在的相同点本身并不引人注意。真正引人注意的是他们二人在《银行政策与价格水平》中达成一致意见之后又顺理成章地出现了分歧，这是因为罗伯特森坚持自己的原则而凯恩斯却选择了一个完全相反的方向。

关于包含两人相同观点的模型结构，罗伯特森和凯恩斯各自的发展和创新产生了完全不同的结果。罗伯特森用加成的方法，试

---

① dealt with at greater length in Fletcher, 2000: pp. 291 ~ 294.

图把他的新观点和传统理论观点糅合在一起。这样就成了供给创造需求，储蓄创造投资，实体经济创造货币经济；另外，价格水平一定是货币现象。这就解释了《银行政策与价格水平》（1926年）中理论构建所需要的思想及在《工业波动与自然利率》（1934年）中，重申的理论结构中罗伯特森思想的交织和融合。而凯恩斯则相反，他开创了新的理论范式，以一个新的相关哲学原理为基础，提出了需求创造供给、投资决定储蓄，并赋予货币新的重要性从而使得货币成为与实体因素相当的因素。

　　每一个理论中变量的相对重要性，都是由以下五个问题的答案来决定的：储蓄的实质，储蓄与投资的关系，投资融资，利息的本质以及决定利率的因素。这些问题是整体经济理论发展过程中所固有的，但在评价凯恩斯的思想时尤其有用，因为他在《货币论》的基础上继续发展自己的理论并逐渐与罗伯特森分道扬镳。

第 18 章

凯恩斯革命与罗伯特森异议

凯恩斯凭借《通论》这本著作让世人记住了他，但这本书并不是他的代表作，他的最初代表作是《货币论》。作为一本专著，该书从理论和应用的角度全面论述了关于货币经济的权威性观点，凯恩斯也认为该书会为自己赢得声誉。这本书共两卷，花了他"断断续续共七年"的时间，终于在 1930 年 10 月底出版（Keynes，1930）。

有趣的是，从某种程度上，可以说罗伯特森分两步建立了货币经济的波动理论：首先是利用货币、储蓄、投资和价格水平，而后是利用利率；而凯恩斯的货币理论却是一步到位。也就是说，《货币论》肯定了价格稳定——进而经济稳定的贡献——无论是从储蓄与投资的角度，还是从利率的角度。储蓄和投资之间或（维克塞尔式的）自然利率和市场利率之间的差别一方面表明消费品和投资品的产出与这些产出的收入之间的差额，另一方面表明在消费和储蓄之间分配那些收入的矛盾。这些差异与矛盾又反过来影响消费品生产商的收入与成本，因而可能造成"意外"横财或损失进而影响产出和雇佣决策。

作为价格总水平的一部分，投资品价格水平由"看跌函数"

决定，进而储蓄积累面临着金融资产和银行存款之间的投资组合选择。这一概念的重要作用在于它是《通论》中流动性偏好理论的前身。

在他的著作中，凯恩斯总是很谨慎地承认其他经济学家对他的帮助和启发，包括他认为具有先锋作用的罗伯特森。但首先，关于储蓄和投资的区别，他认为：

> 但对于我来说——我认为在讲英语的国家里对于其他经济学家也是这样——引领我的思想走向正确方向的线索是罗伯特森先生于 1926 年发表的《银行政策与价格水平》，对此我很感激。[1]

其次，关于储蓄、投资和货币之间的关系，凯恩斯急切地希望把罗伯特森的贡献与其他著名经济学家的贡献区别开来：

> 但这些经济学家中没有一个能真正理解储蓄、投资与银行系统的作用对价格失衡的直接影响，这方面的先驱贡献应归功于罗伯特森先生的《银行政策与价格水平》。[2]

最后，他两次对罗伯特森的观点——与经济周期上行阶段相联系的价格上涨应比通货紧缩更有利于经济的繁荣和发展——表示支持，但他不认为经济周期是经济发展的前提条件，他认为普遍的通货膨胀可能更为有效。但最终，他提出的政策建议与罗伯特森阐述的政策主张非常接近，尽管他自己似乎并没有意识到这一点：

> 因而我断定，罗伯特森先生的结论虽然值得引起人们的重视，但不足以推翻原则上为了稳定购买力而不是熨平信用周期波动的初始假设。[3]

《货币论》的发表，在剑桥学派内部及其他学派中间引起了强

---

① Keynes CWV：p. 154n.

② Keynes CWVI：p. 90.

③ Keynes CW V：P. 266；also p. 246，263.

烈反响，而罗伯特森是众多经济学家——庇古、卡恩、卡尔多、肖夫、霍布森、霍特里及哈耶克——中唯一一位与凯恩斯进行过讨论的经济学家。在这方面具有实际效果并具有重大影响力的，是"剑桥学术圈"里凯恩斯的一群年轻同事们：奥斯汀·罗宾逊、琼·罗宾逊、理查德·卡恩、皮埃罗·斯拉法以及不久即回到牛津大学的詹姆斯·米德。这个学术圈的聚会由凯恩斯的门徒理查德·卡恩主持并将讨论内容转达给凯恩斯。在凯恩斯的《通论》的写作过程中，就是这位理查德·卡恩代替罗伯特森成为了他中肯的批评者。积极而热爱生活的态度，使得他成为凯恩斯的适宜而有益的合作者。

　　剑桥学术圈对凯恩斯的最富有成效的批评是关于假设条件和定义方面的批评。凯恩斯理论的核心是"基本方程式"，虽然这些方程式纯粹是为了理论需要，但它们在实践中却具有实际的可操作性。由于它们涵盖了价格决定机制，因而成为了批评的焦点。霍特里指出了它们重复的本质：如果按照凯恩斯的古怪的定义方法，投资的定义应包括价格超出成本部分的利润，那么促使价格上涨的原因就不能归因于投资大于储蓄，因为储蓄的定义中不包括利润。

　　对凯恩斯的"源源不断的谬误"批评最多的是"剑桥学术圈"的成员：奥斯汀·罗宾逊指出基本方程式的假设条件是产出不变——通过价格水平变动进行的调整是必要条件，而其夫人琼·罗宾逊则为这个方程式命了名。反过来，如果经济波动引起存货变动而不是引起价格变动，凯恩斯的价格决定机制就没有实际意义。这与当时对《银行政策与价格水平》的批评非常相似，但罗伯特森选择了逃避批评，而凯恩斯却抓住了这次批评的机会，从而使得自己的理论得以继续发展。

　　凯恩斯对价格决定机制的定义是，利润中被用于消费的部分越多，利润就会越大（寡妇之坛利润原理）。当利润减少时，越节俭利润就会更少（达那伊得之罐理论）。罗伯特森认为，虽然卡恩在这方面具有理论优势，但由于凯恩斯对储蓄和投资的定义，当经济萧条造成利润损失时，储蓄必须总是大于投资，这种不均衡结果将会持续。因而，萧条不能归因于储蓄过度。相反，如果分别把利润或损失加到收入中或从收入中减去，则投资和储蓄之间的不均衡就会随着"正常"收入水平概念的提出而消失！但这会导致必须把收入/产出水平作为变量来决定。

最后，哈耶克发现了其他评论家所强调的缺点，并进一步宣称凯恩斯不懂（澳大利亚）资本理论所以没有自然利率理论。[①]

起初凯恩斯试图捍卫自己的观点，但他自己也发现书中有很多不尽如人意的地方，因而他又在极短的时间里寻找到了一种新的表达方式来表述他的直观想法。结果在这一系列工作完成后的第五个年头即 1935 年年底，《通论》问世了（Keynes，1936）。凯恩斯早期著作的连贯性是显而易见的，但后期的转变却是剧烈的。特别是，凯恩斯现在主张的收入决定论摒弃了正常（古典经济学完全就业）收入水平，代之以任何收入水平的均衡可能性。为了推出这个结论，新旧变量和概念之间的关系开始变得不清晰。《通论》（相对）主要的特点有以下几点：

就业（近似地）成为实际收入和产出的函数，而不是实际工资的函数。收入由总需求水平决定，在自由放任的经济条件下，收入等于消费加投资。投资是更活跃的组成部分，与支出和收入之间的乘数关系的变动结果相关，乘数是一个"令人震撼"的概念，收入经过乘数作用能够持续创造更多的收入，而支出经过每一次乘数作用都减少一部分储蓄直至达到一个新的更高的均衡收入水平。乘数大小及收入变动的幅度由边际储蓄倾向（mps）决定；也就是说，每一次乘数作用中收入增加的部分都是一个固定的数值。例如，边际储蓄倾向为 0.25，乘数值 k = 1/mps = 4。设自主投资变动量是 100 万英镑，则收入变动量是 400 万英镑。

有效需求理论取代了萨伊定律，根据有效需求理论，企业主基

---

① accounts of and references for the criticisms are given in Moggridge，1992：pp. 532 ~ 533：1993：pp. 87 ~ 88：Skidelsky，2003：pp. 481 ~ 483：Laidler，1999：pp. 133 ~ 140.

于自己对利润最大化产出的预计（或预期）来雇用劳动力和增加其他要素投入。这里的产出是一个转瞬即逝的目标，预期的难度导致了经济波动和失业。

利率不再由古典的生产率与节俭来决定，也不再作为平衡资本市场上投资流量和储蓄流量的工具。相反，投资和储蓄通过收入变动来达到均衡，投资和储蓄相等成为收入均衡的条件。由于投资和储蓄不相等时无法达到均衡收入水平，因而自然利率的概念被弃之不用。相反，利率由货币市场决定，并几乎成为一种使货币供给和需求达到均衡的货币现象。货币需求或"流动性偏好"反过来又由持有货币的动机（交易动机、预防动机、投机动机和融资动机）来决定。

凯恩斯对货币的探讨，源于他坚持认为，货币经济的运行不能被理解为是在物物交换经济条件下运用适合的理论。货币不再是一层"面纱"，而是一个强劲而又有潜力的工具并具有资产需求。货币经济是现实世界中的不确定性经济。不确定性通过影响投资计划和货币资产需求而影响经济活动。

利息与货币在凯恩斯的持有货币的投机动机中被联系在了一起，进而作为影响未来利率变化过程的因素，不确定性引起投机者在持有货币和金融资产之间来回变换，并决定市场利率的实际变化过程。

还有一个特殊的例子可以解释西方国家的经济萧条状况。由于资本的稀缺性决定了资本价值，拥有丰富资本的传统经济将面临资本报酬率递减的问题。而主要由保险费用和借贷资本家的预期所构成的长期利率，将会阻止资本报酬率持续递减。因为财富积累的驱使是永无止境的，这样一来储蓄就会持续下去。由于资本形成率为零，持续的储蓄将会降低收入水平，进而经济萧条也会继续保持。这就是"萧条论"。

从罗伯特森的观点来看，萧条远没有上述情况糟糕。凯恩斯的理论颠覆了已确立的传统因果关系，对萨伊定律的挑战不是根据事实而是根据基本原理，而且完全颠倒了传统理论中的先后次序

——在所有的关键变量中，按其作用大小排序，作用小而温和的变量的作用被夸大了——罗伯特森不得不开始注意这一无法摆脱的困扰。但从当代评论家的评论中我们可以明显看出，从这些评论家的角度看这些变化是很不明显的。但早在 1938 年，庇古就曾经写信给凯恩斯：

> 丹尼斯·罗伯特森数年来一丝不苟地检验并批评您的各种各样的理论，而忽略了他自己在理论方面的建树，我认为他要是自己发展的话会比现在好得多。[1]

回顾希克斯在 1942 年写的一封信中对罗伯特森的描述，他解释说：

> 我确实为他写过评论，劝他从我认为不会有结果的争论中退出，在我认为他已经达到的基础上，转向更为有建设性的工作。[2]

后来，1953 年威尔逊回应该观点时说：

> 凯恩斯利率理论的缺陷，使得罗伯特森教授倾注了多年的注意力——太多了，也许是因为他试图忽略自己的重要理论，即经济发展与贸易周期的关系。[3]

然而，对于罗伯特森来说，实际原因是很明显的。从全心全意的合作者到成为凯恩斯的最固执、最坚持不懈的专业批评者，先是在与凯恩斯的私人通信中与期刊杂志上，然后在与凯恩斯的门徒之间痛苦的沟通与交流上，然后在他的文章及《货币论》的改版上，最后是他给大学本科生作的讲座上，罗伯特森都对凯恩斯主义方法的已知缺陷和对它的误解倾注了大量的精力。他从未动摇过对凯恩斯的看法，他认为在经过多年的合作之后凯恩斯选择

---

① Keynes, CW XXIX: p. 177.

② Hicks, 1982: p. 127.

③ Wilson, 1953: p. 556.

了错误的方向：

> 在 20 世纪前 10 年早期及 20 年代，我确实做了很多努力想接近（经济思想）领域，以便能与（凯恩斯）这样的天才人物紧密地联系在一起。有时，我大胆地想，我甚至比他还要超前一些；但最终他超过了我，正是我的信念——我知道它是不受欢迎的，但我还是忍不住——使得他从错误的轨道上略微回转，把旗帜插到了注定不平静的地方。①

罗伯特森认为，他这样做释放了不利于经济理论发展的力量。然而从个人的角度看，他这样做却造成了直接威胁自己情感安全的变化。

威尔逊明确认为利率是争论的主题，这一观点被一些非正式的评论家所赞同。② 原因——冒着由于重复而使读者感到厌烦的风险——在于货币的本质是作为破坏一个又一个的原子状物物交换的统一要素，而这又是剑桥微观经济学存在的基础。当罗伯特森在利率条件下重新安排他的理论——可贷资金法——时，他很谨慎地再现了早期著作中的基础性（实体）因素和附属性（货币）因素之间的层级关系。结果在新的条件下，投资等于储蓄时的自然利率，由实际生产率与节俭来决定；而围绕自然利率上下波动的市场利率，则由货币因素来决定。

罗伯特森对凯恩斯所从事的工作的态度及他对此的反应，可以从他 1936 年至 20 世纪 50 年代初期的文章中明显地看出来。第一，关于利率的战略地位，他认可凯恩斯的理论中所阐述的内容以及他自己对此所持的怀疑态度，他用"蛇"和"虫"作比喻来解释 20 世纪 30 年代的大量失业。前者代表我们所熟知的贸易周期阶段，虽然它明显地被夸大了并被结构调整阶段扩大了；后者代表大概是资本主义经济所固有的深层次发展趋势。《通论》出版后没

---

① In an address of 1947, quoted by Presley, in Presley [ed.], 1992: p. 86.

② contributions reviewed in Fletcher, 2007: pp. 155 ~ 163.

几个月，罗伯特森就发现萧条论引领全书，这一点只能被看做是他对新经济学的直接质疑。

> 那些仍然认为周期波动是管制资本主义有待减弱的最大敌人的人，与那些认为他们发现了一个隐忧更深的敌人潜伏在盘绕的贸易周期之蛇下面的人，他们之间的观点是非常矛盾的。这个所谓的敌人长期而缓慢地导致地方性企业缺少活力、节俭漏出（leakage of thrift）及整个系统的运行不畅——一种寄生在我们社会的制度与心理基础的心脏部位的虫，随着财富的增加而逐渐肥胖但却无法预防。它是一条真正的虫，还是一个受历史上大萧条悲剧所折磨的、利用丰富的想像力虚构出来的虫？①

这个暗示很明显，它属于后一种。

在罗伯特森看来，利率的作用还远远没有发挥出来，而且利率应被坚决地放在适得其所的位置上，下面的话很清楚地阐述了该观点：

> 如果让我表达对这些问题的异端思想，那就是近年来同样在学术、金融和政治圈里，我们听到了太多的关于实际（利率）与贸易复苏和衰退过程联系在一起的声音。②

这些问题可以通过举例乐观主义者、悲观主义者和平衡主义者（经过著名高空钢丝艺术家的平衡后）的观点来简单地加以阐述：

> 因而平衡主义者不像乐观主义者那样，对货币当局决定目标利率的力量保持乐观，也不像悲观主义者那样，本能地贮藏货币，惴惴不安地抵制利率长期下降，因为节俭和生产率的力量可能会决定利率。这是最接近我本意的表达。③

---

① Robertson, 1936 in Hicks [ed.], 1966: p. 92.
② Robertson, 1937 in Hicks [ed.], 1966: p. 118.
③ Robertson, 1937 in Hicks [ed.], 1966: p. 123.

这引出了更多关于利率决定因素及其相对重要性的根本问题。也就是说，当我们用货币供给的变化效应与人们的货币需求的（以备不时之需）变化，来修改仅仅建立在生产率与节俭之上的结论时，理论是否更接近现实。至于为预防动机而持有的货币，即使以牺牲收益为代价，罗伯特森还是明确表示，他更倾向于流动性偏好理论。[①] 他的答案当然是强调实体经济而不是货币经济的重要性，这可以清楚地从以下引言中看出：

第一，1939 年在伦敦经济学院的一次讲座上，他急忙向支持他的观众重申他与凯恩斯的交流没有产生修正主义观点：

> 在我们的一次小小的争执中，凯恩斯认为我成了一个不愿意接受利率"在某种程度上是一种货币现象"的观点的人。恐怕这是个误解。[②]

十多年以后，1951 年，罗伯特森对实体因素和货币因素的相对重要性仍然十分清楚。在《〈利息理论〉笔记》中，他肯定地说自己会一如既往地支持"古典"方法：

> 从实用主义的角度来看，"古典"这个词不是指某一特定时期的作品而是代表了一种分析方法，这种方法假设货币体系运行是理性的，它诠释了而不是扭曲了实体因素的影响。[③]

赞同完全建立在实体基础上的理论，意味着要怀疑不是完全建立在实体基础上的理论。从这个角度来说，罗伯特森对凯恩斯的批评不仅仅是由于凯恩斯夸大了货币的作用，还因为他把实体因素的作用排除在了理论之外。由此可见，流动性偏好——预期在其中发挥了关键作用——必定被看做是既模糊又不恰当地充当了具有如此重要作用的货币变量的理论基础。我们注意到，在罗伯特森看来，流动性偏好理论的重要性源于他对货币的解释：作为一个

---

① Robertson，1937 in Hicks［ed.］，1966：pp. 119, 120.

② Robertson，1939 in Hicks［ed.］，1966：p. 150.

③ Robertson，1951 in Hicks［ed.］，1966：p. 203.

纯货币利息理论，货币对消除实体因素的决定作用具有重大影响。他可以通过把货币供给量仅与投机动机的货币需求联系在一起，并忽略交易动机和预防动机产生的货币需求（这两项需求由实体因素决定）来完成这一理论。

这在伦敦经济学院的讲座中已经讲得很明白了，后来又以"凯恩斯先生与利率"为题发表。虽然罗伯特森认为只有在长期中实体因素才能起到更大的作用，这在某种程度上有骑墙之嫌，但他也认为"从货币市场的视角看，凯恩斯的理论否认了生产率与节俭应有的贡献"。相反，这里凯恩斯的投机动机需求占据了绝对优势。来自 AAW 的相关引言如下：

> 因而利率就是利率，即使人们期望利率承担更多的责任；如果人们没有期望利率承担更多的责任，就没有理由解释为什么利率就是利率。试图掩盖这一事实的理论架构是不健全的，而它却依然存在（突兀地咧嘴嘿嘿傻笑）……如果我们问，最终影响财富所有者判断的因素是什么，为什么未来的利率与当前的利率不一致，无疑我们需要重新回到生产率与节俭这个基本问题上。①

这是一个不正确但具有强大影响力的解释。第一，它意味着由于利率及货币在凯恩斯的失业均衡理论中被赋予了战略性地位，罗伯特森对凯恩斯革命的挑战不得不集中到凯恩斯的利率理论上。第二，应该看到凯恩斯革命挑战的主要对象是罗伯特森自己的利率理论，其中实体因素在该理论中发挥了更多实质性的作用。第三，应该看到凯恩斯试图否认任何影响利率的古典生产率与节俭因素（投资与储蓄形式）。被释放出来的实体因素因而可以被用来弥补所谓的萨伊定律的无效性。

其含义具有双重性。一方面流动性偏好理论成为了凯恩斯主义体系的枢纽，并且如果流动性偏好理论被认为无效的话，那么凯

---

① Robertson, 1939 in Hicks [ed.], 1966: pp. 174~175.

恩斯其它所有的理论也将随之失效。出于同样的原因，在凯恩斯的理论中，流动性偏好必须优先考虑，而且只有优先形成流动性偏好理论，才可能有从《货币论》到《通论》的发展。只有在这些主张的有效性问题上，罗伯特森和凯恩斯之间的分歧才趋于一致。

第 *19* 章

争论的解决

罗伯特森与凯恩斯之间的争论可以分为两个阶段：

1. （罗伯特森）对凯恩斯理论中将实体因素排除在外的做法进行检验；

2. （罗伯特森）对凯恩斯在 1930 ~ 1936 年间发展其理论的先后顺序进行调查。

关于第一个问题，在罗伯特森看来，事情的前因后果是这样的：

1. 凯恩斯试图通过引入"乘数"的概念来排除古典学派所坚持的生产率与节俭因素对利率的影响作用。但是，现实情况是，储蓄和投资之间的平衡是由收入的变动，而不是利率的变动造成的。

2. 乘数发挥作用的过程仅仅引起了为投资而融资的自愿储蓄量的相应变化，并没有引起强迫储蓄量的变化及利率的变化。

3. 凯恩斯之所以这样做是因为他不理解事前（ex ante）与事后（ex post）的区别，因而他能够假设乘数的作用是瞬间完成的。

4. 他用自己的概念来证实这样一个观点，即"在均衡时，储蓄不仅等于投资（I = S），而且恒等于投资（I ≡ S）"。

5. 在现实经济运行中，乘数作用具有滞后性，以至于储蓄只有在投资发生之后才能够被提供；这就需要补充货币供给，而且，为支持未来投资而自愿放弃即期消费的做法将会引起被迫储蓄行为的发生。

6. 为了回避这个问题，凯恩斯引入了"融资动机"的概念，即在企业家制定投资决策和他们实际实现投资之前，"融资动机"引起了暂时的融资性货币需求。

7. 面对罗伯特森的批评，凯恩斯做出了如下改变：

（1）他把希克斯的 IS – LL（后成为希克斯 – 汉森 IS – LM）模型引入自己的理论，将他的理论变成了流动性偏好理论与可贷资金理论的复合体，但是，在该理论中，古典可贷资金理论占据主导地位。对于罗伯特森来说，这表示凯恩斯接受了生产率与节俭因素的影响，这可以从 IS 曲线（代表投资和储蓄）向右倾斜看出来，这样当收入增加时利率会被迫上升。因此，在该阶段，利率和投资之间的联系是间接的，是通过收入的变动相互联系的，而不是像罗伯特森的理论中所说的是直接的联系。

（2）然而，随着"融资动机"概念的引入，投资和利率之间开始直接发生联系，"融资动机"直接增加了对货币的需求。

8. 面对来自可贷资金学派的压力，凯恩斯对可贷资金理论做出了让步，但是他还是尽力维护自己的观点：

（1）为回应对他重新引入强迫储蓄概念的批评，凯恩斯假设在未充分就业条件下的产出具有完全弹性。

（2）为回应对他承认生产率与节俭因素的影响的批评，他提出了流动性陷阱（这是罗伯特森创造的名词，目的是把凯恩斯到目前为止无法找到流动性偏好例证的情形，作为一般事件来概括）理论，也就是说，当一定时期的利率水平降低到不能再降低时，此时无论货币数量如何增加，利率再也不会下降。这一现象的经验性效力也因此成为人们判断凯恩斯流动性陷阱的标准。

9. 凯恩斯为维护流动性偏好理论，提出流动性偏好仅解释短期现象，而可贷资金理论及其实体因素解释长期现象，为回应这一观点，罗伯特森指出，交易商在形成预期时更容易依赖凯恩斯引入的"安全"利率或"普通"利率的概念。他认为，这一定代表了生产率与节俭因素，否则没有生产率与节俭因素的支持，利率便无法得到解释。[1]

以上就是从罗伯特森的视角所看到的问题。正如这些一连串的事件所描述的，乘数的重要性是极大的。它否定了个人的储蓄决策权，进而否定了萨伊定律；它也毅然把主动权交给了投资。它可以被看做是摩尔的有机统一原理的理论表现，因为它达到了通过个人因素加和所无法达到的效果，因而把实体变量和货币变量从他们的传统安排上替换了下来。

在古典条件下，乘数要发挥作用，必须被看做是瞬间完成的。然而，从罗伯特森的分析来看，现实经济运行中乘数作用的发挥必定有一个时滞，因而乘数无法完成它被赋予的职能，接下来的一系列事件表明，凯恩斯试图通过引入"融资动机"这样一个权宜之策来完善他的理论；罗伯特森又论证出，凯恩斯的这种处理方法将会使得经济理论重新回到古典主义的结论上；最后，凯恩斯为了否定罗伯特森的结论，不得不进一步采用权宜措施，假设了不充分就业条件下产出的完全弹性和流动性陷阱。

虽然罗伯特森否认乘数概念的有效性，但他明显感觉到了乘数的潜力，因为他对乘数的批评，从这时开始直到最后，都没有停止过。他把边际储蓄倾向——顺便提一句，他永远也分不清边际储蓄倾向和储蓄率之间的区别——仅仅看做是"一块有潜在作用的小砖头"[2]，把乘数本身看做是"带着我们从一个机会飞到另一个机会的魔毯"[3]。更多不以为然的评论见《有效需求与乘数》[4]及《经济学原理讲义》[5]。

令人奇怪的是，这两位在一起合作多年的老搭档，对同一问题的解释竟会有如此大的分歧。然而，如果我们考虑实体因素和货

[1]　Robertson，1939：p. 174；also AAW，p. 91.

[2]　in Money，1959：p. 178.

[3]　Money，p. 177.

[4]　in Hicks［ed.］，1966：p. 145.

[5]　Robertson，1963a：p. 420.

币因素之间关系的本质，及罗伯特森所真正看重的东西，事情就变得容易理解了。

在凯恩斯看来，实体因素与货币因素如果放在一起考虑将会是另外一种关系。其核心思想是，投资不是通过储蓄来融资的（用最传统的概念来说，储蓄是乘数产生的收入中未被消费的部分）。相反，投资及消费的资金来源于周转的货币存量。因此，由货币供给所派生的货币需求来决定利率。

这就意味着，不再有任何必要通过单独的储蓄渠道，来引导收入形成储蓄进入投资领域。相反，所有经济活动都由货币存量乘以周转速度来融资。而且，储蓄与投资确实影响了利率，但仅仅是通过影响收入水平进而影响货币需求来影响利率。根据这一理论，凯恩斯试图通过引入"融资动机"的概念来修补理论，以及在两种思想模式中间搭桥的做法是草率的，这导致了外界对他改变论调的批评。

因此对两位主人公之间的不同评价，就取决于我们之前所注意到的，他们如何回答关于储蓄的实质、投资与储蓄的关系、投资融资、利息的实质及利率的决定等问题。在凯恩斯看来，罗伯特森对这些问题的不同回答是由于其思想混乱。1937 年，凯恩斯在评论两人关系的破裂问题时，曾写道：

> 罗伯特森对流通中的货币资金周转问题与新储蓄流量问题的难以纠正的混乱理解，是他在所有理论发展上的障碍。[1]

混乱指的就是投资是否由储蓄或货币来融资。对于罗伯特森来说，在他的概念里，如果要在已经形成的理论中增加新的见解，我们必须总是从储蓄开始。这就是可贷资金概念的基础，而可贷资金是由储蓄和市场上的货币净余额共同组成的。对于凯恩斯——这个不拘泥于传统思想束缚的人来说，罗伯特森的这种思维方式

---

① Keynes, 1973, in CW XIV: pp. 232~233.

是"所有问题中最糟糕的"①。

我们也可以看到，同样的差别也出现在他们对"财政部观点"中某些问题的理解上。例如他们都反对公共工程能够缓解失业压力的观点，但两人所持的理由却完全不同。

对于罗伯特森来说，根据传统的理论，财政部观点意味着储蓄短缺。也就是说，通过利用稀缺的储蓄，公共工程投资将会优先于（后来称之为"挤出"）私人部门投资。在罗伯特森看来，挤出效应不会发生，因为在经济萧条时期人们的储蓄意愿受到打击，因而不会产生资本品创造的结果。早在《工业经济波动研究》（1915 年）中，他就明确表示，霍特里攻击那些可怜的法律委员们在仅有的几份报告中所提出的支出建议，是毫无价值的：

> 霍特里先生的攻击……几乎不值得正式反驳。他宣称"政府为这种支出所进行的借贷，实际上是从投资市场上抽掉了本应被用于资本创造的储蓄"。他们的主要观点就是，在萧条时期储蓄并不像在其他时期那样有用。②

当罗伯特森后来修改他的"实体因素"分析，以考虑"货币因素"对于银行的货币创造活动及对于个人持有货币的需求的影响时，说：

> 针对农民贮藏货币的行为，从一般性的常识到正式的结论，都认为，在特定条件下，个人储蓄过程很难成为积累有用资本的途径，或许会完全失败。③

这句话的含义是，由于罗伯特森所使用的"渐进式"分析方法，为投资而融资的储蓄是最真实的因素（消费品的储备），然后才是实体的和货币的因素（银行新增货币和货币贮藏将会推动或阻碍储蓄者的储蓄意愿）。这就构成了凯恩斯所批评的"混乱"及

---

① Keynes, 1936, in CW Ⅶ：p. 183

② Robertson, 1915：p. 253.

③ Banking Policy and the Price Level, pp. 45 ~ 46, 96 ~ 97. Robertson, 1948a：p. xv.

"难以纠正的混乱"的基础。

对凯恩斯来说，财政部观点所提出的问题有些不同。他认为由于自己的理论发展沿着完全相反的路径，他已经避免了罗伯特森所陷入的困境。就拿《通论》来说，凯恩斯认为储蓄是实际收入中未被用于消费的部分。投资的融资问题可以通过获得货币余额来解决。这意味着乘数在战胜财政部观点上的作用，不是提供投资所需的融资正好需要的储蓄额。这是从古典主义的思考方式中所得出的错误解释。相反，这个问题是由货币需求增加引起的，而货币需求增加又是收入增加造成的结果，这就引起利率上升并阻止了私人部门投资。换句话说，

> 投资市场可能会因为现金短缺而变得紧张，但它绝不会由于储蓄短缺而变得紧张。这是我在该领域所得出的最基本的结论。①

据作者推测，这句话的含义是，投资市场的紧张程度可以通过增加货币供给量得到缓解。这样的结论让罗伯特森有机会利用"传统的 K 和 V 方法"对市场进行分析，在该方法中，货币因素将持续发挥作用，直至其从系统中完全撤出，"因此视情形而定来影响价格或就业"②。另一方面，对米尔顿·弗里德曼来说，同样的论点将会在后来为他的——用来解释通货膨胀的——货币主义观点提供理论支持。

为什么罗伯特森和凯恩斯对投资的融资问题会采取不同的处理方法（更确切地说，为什么凯恩斯如此彻底地与古典主义思想决裂），对此的解释是，他们对以节俭悖论为表现形式的合成谬误的重要性所持有的立场不同。

在罗伯特森的储蓄理论中，对个人单独决策行为与大家集体决策行为进行区分是罗伯特森的深刻见解和具有深远意义的贡献。

---

① Keynes CW XIV：p. 222.

② see Robertson to Keynes, 1 April 1933, in CW XXIX：p. 17.

这形成了罗伯特森自己高度原创性的节省概念,即个人储蓄不同于那些受他人储蓄行为影响而进行储蓄的情形。然而,这一新的见解,在古典主义思想铜墙铁壁般的局限下,适用于储蓄—创造—投资的先后顺序以及货币与价格水平的数量理论关系。无论是由于何种原因——我们认为是与性格有关的原因——罗伯特森从未考虑过对凯恩斯的新思想进行一次赞同性的解释。也就是说,罗伯特森的"难以纠正的混乱"源于他没有看到节俭悖论的一般适用性。在评论凯恩斯对投资和储蓄之间关系的处理及罗伯特森对此的不理解时,普雷斯利注意到:

> 在经济萧条时期,鼓励节俭不再是一种美德,而是一种不道德的行为;总收入不变、储蓄倾向增加……降低了乘数的重要性,导致了在既定投资水平下产出的减少和失业的增加。节俭也没有引起利率的下降进而刺激投资。如果可任意支配收入减少,则消费水平将会下降……同样由于可任意支配收入的减少,储蓄总额也相应减少。罗伯特森不理解这一现象[1],也不赞同节俭悖论。[2]

"罗伯特森没有看到节俭悖论的重要性"的观点,这在作者弗莱彻的书中曾经作过探讨并给予了支持[3]。对该问题的文献综述见作者的其他著作。[4]

试图解释罗伯特森的困惑感是徒劳的,因为在研究了凯恩斯新的理论著作之后,罗伯特森发现这些著作毫无新意:

> 当我试图寻找你所谓的新理论或至少是对现有理论的重新安排(这似乎是你的优势)时,《货币论》这本书以及这本书中的内容让我经历了真正的智力折磨。[5]

---

① see Lectures on Economics Principles, p. 387.

② Presley, 1978: p. 182 and note 18.

③ 1987: pp. 49 ~ 52.

④ 2000: pp. 397 ~ 400.

⑤ Robertson to Keynes, 29 December 1936 年, in Keynes, 1973, CW XIV: p. 95.

当然，合成谬误是新思想，并且引起了对现有理论的重新安排。

罗伯特森对罗宾逊夫人在次年发表的关于新经济学原理的一本小书进行了评价。书中，罗宾逊夫人解释了以节俭悖论为表现形式的合成谬误对凯恩斯的投资与储蓄理论的重要性。[①] 罗伯特森对该书的评论再次表明他对当时正在进行的研究工作的不理解。[②]

最后，我们可以指出，如果罗伯特森能够认识到这一特殊的思想构成了现代宏观经济学（凯恩斯新思想的成果）的基础，他也不至于在 20 世纪 40 年代后期被 "20 世纪 30 年代盛行的假说，即 '产出作为一个整体' 行为，首先吸引了经济学家的注意力" 所蔑视。现代宏观经济学作为一个体系，产生了与简单的个人决策结果加总完全不同的总决策结果。[③]

完全相反，20 世纪 30 年代前期，凯恩斯的突破性理论的本质就是看到了合成谬误对构建整个经济理论的重要性。[④] 正是这种洞察力决定了他的理论构建风格，因为此时有必要根据这种洞察力来重新安排现有的经济变量。结果，凯恩斯不得不面对理论构建的先后顺序问题，如果凯恩斯解决了一个问题，他就不得不转而解决其他问题。正是由于这一次序问题，我们才进入到解决罗伯特森—凯恩斯之争两个阶段中的第二阶段。

我们回忆一下，对于罗伯特森来说，流动性偏好理论是凯恩斯新经济学的核心，这一方面是因为流动性偏好理论在假设中过分强调货币的作用，并否定了古典主义理论中生产率与节俭的影响力；另一方面是因为流动性偏好理论是其他理论赖以存在的关键。这就产生了在理论结构的先后顺序中优先考虑流动性偏好的观点。该观点的例证如下：

---

① Robinson, 1937, chapters I – V.

② see, for example, Robertson, 1961：p. 174；1963：p. 352.

③ Robertson, 1948：a：ix.

④ see Fletcher, 1987, Part Ⅱ；1996；2000, ch. 28.

　　凯恩斯对古典学派的攻击直指（阿尔弗雷德·马歇尔创立的剑桥学派的）利率决定理论。通过用"在充分就业条件下计划投资与储蓄的均衡"取代利率调整，他发展出了流动性偏好理论，指出是货币供求关系决定了利率……（在货币供给在短期内不发生改变的前提下）由于利率由流动性偏好单独决定，那么建立以收入和产出总水平作为变量，通过乘数作用、加速原理及其他的总量调整机制来平衡计划投资与储蓄的思路就打开了。[①]

　　因而，如果这个次序被证明是正确的，那么凯恩斯主义经济学的成败就取决于流动性偏好的实证效果。另一方面，如果这个次序被证明是错误的，比如流动性偏好被证明是处于从属地位的，并在这个次序产生之后才出现，则反对凯恩斯的证据就会失效。

　　事实上，有充分的证据表明，第二种结论的可能性更大，这一理论结构的发展顺序与罗伯特森的假设相反：

　　　　有证据清楚地表明，凯恩斯从收入与消费的关系入手，首先认为储蓄完全是投资的衍生品，根据"节俭悖论"，通过前期增加储蓄来提高投资率是不可能的；而且，考虑到投资、收入与储蓄的关系，均衡条件下应该不存在储蓄不等于投资的利率。这……使得凯恩斯放弃了利率理论。他告诉我们他后来才领悟到了这个解决办法，即从每天都见到的、教科书中的利息定义开始，把利率作为货币统治市场的流动性费用来处理。[②]

　　从《货币论》到《通论》，在凯恩斯的思想转变的过程中，关于这种转变的实质和时机发生了很多讨论。正是在这些讨论的基础上，产生了这一非正统的观点。对这个大讨论做出贡献的人，为理论进步提出了各种识别标准与时点标准［主要参见戴蒙德（Diamond，1988）和克拉克（Clarke，1988），还有帕廷金（Pa-

----

① Goodhart，in Hill［ed.］，1989：p.107.
② Fletcher，1989b，in Hill［ed.］，p.131.

tinkin，1993）和戴蒙德（Diamond，1994）]。克拉克指出，对标准的选择，主要介于两种策略之间，即寻求以适合专业读者的形式来阐明理论进步的证据的策略（正如帕廷金详述的那样）；和被克拉克所采用的、通过寻找原创者的创造性见解（对于他来说这种灵感可能是转瞬即逝的）的证据来判断理论发展的策略（Clarke，1988）。

克拉克强调了在这一过程中合成谬误的重要性，指出它是建立在灵感与整个研究架构的基础之上的①。

他提到了凯恩斯于 1936 年 8 月份写给哈罗德的信，连同手中的其他证据来印证凯恩斯的"转型时刻"。这先后分为四个阶段②：

1. 1932 年 5 月：消费职能（基本心理规律）
2. 1932 年夏：有效需求—整体产出的供给与需求
3. 1932 年 10 月：利率与流动性偏好理论
4. 之后：资本边际效率

在此基础上，凯恩斯的利率理论继承了投资、实际收入与储蓄三者之间的创新关系。储蓄的本质从逻辑上要求它必须追随而不是引导投资，投资所需的融资必须在货币市场和资本市场获得，而不是通过之前的储蓄获得。

莫格里奇提出了一个限制性条件，他降低了合成谬误的重要性，把它仅仅作为这一过程中的创新因素，并且拒绝接受克拉克所提出的标准。采用谨慎的方法，莫格里奇找到证据以证明，转瞬即逝的灵感确实是值得信赖的理论发展的向导，而不是一系列使人误入歧途的幻景③。

以帕廷金先前提出的标准来判断，莫格里奇所寻找的证据标志着凯恩斯的进步（1976 年），即"有效需求理论的发展，最为突

---

① Clarke，1988：p. 270.
② Clarke，1988：pp. 229～230，256～282.
③ Moggridge，1992：p. 559.

出的是，乘数本身所包含的收入变动的均衡性作用"[1]。在这个基础上，莫格里奇倾向于认为《通论》开始写作的年代是 1933 年而不是 1932 年，并放弃了对于凯恩斯理论发展顺序的严格假设条件的质疑[2]。

接受在某种程度上不同的标准似乎有偏袒调查研究结果的嫌疑，但有充分的理由让我们来重视凯恩斯—克拉克所开创的时代。

第一，在 1973 年写给哈罗德的信中，凯恩斯证实了自己在 1937 年的《利率的非正统理论》（1937b）一文就提出了有效需求理论的部分思想[3]：

> ……最初的新颖性在于，我坚持认为，不是利率，而是收入水平确保了储蓄与投资之间的均衡。引发这种新颖性结论产生的根据，独立于我的利率理论衍生出来的理论，事实上，在那些衍生理论产生之前，我就已经提出了这一根据。然而，结果却造成了利率理论被搁置在了一边。

无论公认的有效需求理论究竟产生于何时，凯恩斯很清楚他的利率理论要晚于投资与储蓄理论。根据哈罗德的叙述，利率理论的产生要"略晚一些"。

第二，虽然凯恩斯在大学时代可能就已经意识到了合成谬误的重要性，以至于正如莫格里奇所指出的那样，"很难说它对《通论》而言是'新的'"，但是，莫格里奇承认凯恩斯"再过几年应该能够更好地认识到经济学有机统一理论的重要性"。另外，我们也应该认识到，将合成谬误这个成分加入到经济有机体这个大杂烩中，对凯恩斯的理论见解具有转型效应。它使凯恩斯从一个新的角度来思考传统的、熟知的观点，并赋予它们新的生命力。这样，储蓄的实质就变得更加清晰，以至于投资和储蓄之间的因果关系发生了逆转。而且，一旦有必要对利率理论进行重新思考的

---

① Moggridge, 1992: pp. 559, 561, 562.

② Moggridge, 1992: pp. 562~563.

③ Keynes, 1973: p. 212.

话，那么，利率理论就摆脱了在《货币论》中粗笨的形象，被赋予了完美的形式。

第三，接受以节俭悖论为表现形成的合成谬误，以及支出—决定—收入的必然结果，就是支持凯恩斯—克拉克的论述。从强调凯恩斯思想革命的创始性、突破性阶段开始，其他理论变革相继发生。相反，莫格里奇—帕廷金的论述，强调了这一过程的完整性；也就是说，它强调了"其他衍生理论的改变"，正如莫格里奇找到的证据所表明的那样，"便士发生了大幅贬值"①。

换句话说，凯恩斯—克拉克对理论的论述比莫格里奇和帕廷金的论述要好得多，因为前者强调支出—决定—收入的先后顺序，而后者强调上述先后顺序的完整性，收入变动是为了恢复均衡。

尽管这一结论意味着罗伯特森的理论发展出现了真正的障碍，但我们不能像古德哈特那样认为罗伯特森实际上"假设了一个完全不同的理论顺序"，"在他的理论假设构架中，罗伯特森的逻辑是无懈可击的"吗？可惜的是，答案是显而易见的。这是因为罗伯特森的价格—产出调整机制有一个缺陷，这个缺陷是研究罗伯特森理论的学生所早已知晓的，古德哈特本人也曾提及过②。

这包括几个方面。

第一，罗伯特森最终相信了产出是变动的，但他的正式理论中却假设产出是固定的。我们还记得这个问题在《货币论》中曾经困扰过凯恩斯，只有在凯恩斯"马戏团"认为产出是一个"寡妇的坛子"之后，凯恩斯才得以在数量调节条件下继续发展他的理论。罗伯特森经济理论的脆弱的稳定性却没有经过这样的动态发展的检验。

第二，在罗伯特森的模型中，经济调整过程是通过价格水平波动来实现的。因而，其操作性取决于罗伯特森坚决拒绝承认的（霍特里所强调的）产成品库存变动的抵消效应。

---

① Moggridge, 1992: pp. 562, 564.
② see Goodhart in Presley, [ed.], 1992: p. 20.

第三，罗伯特森假设了一个二元阶段进程，需求变化只在第一阶段影响价格水平，价格变动又产生了调节机制（包括强迫储蓄），并在第二阶段引起产出变动。古德哈特不得不承认说：

> 罗伯特森理论主张的缺陷是，他没有充分认识到需求的最初变动将会被既定价格水平下存货的相应变动所抵消，而不是直接由价格水平变动所抵消……我认为，他自己将会因此而受到批评，因为他没有充分考虑到存货调整的重要作用，存货调整（例如霍特里和哈罗德认为的那样）将造成名义支出波动，然后影响实际产出而不是价格变动。[1]

这一个悲伤的故事。一个人做了很多事情想要重新定位自己的思想，但由于无法释怀传统的确定性因素，只得把自己的思想从主轨道转到了侧轨道上。在与罗伯特森的一次邂逅中，凯恩斯感慨地说：

> "即使最泥泞的河道也能安全地流向大海"，这是一个不错的题目。当我看完以后我发现，我们之间的严格的学术分歧实际上可能是很小的。但我始终在寻求自我解脱的办法，而你却希望自己陷到里面不出来。可以说，你决心退回到你母亲的子宫里，而我却像一条狗那样在干旱的土地上颤抖。[2]

然而，罗伯特森的很多理论都处于被挑战的地位。在罗伯特森对凯恩斯主义经济学的长期攻击中，他始终坚持认为是储蓄决定投资，却对自己核心理论中的缺陷只字不提。1954 年，他重新发文肯定了自己的这一观点，并在 1963 年发表的演讲中重复了这一主张，那一年罗伯特森也与世长辞[3]。从下面的这段话中我们可以发现，罗伯特森总是紧紧抓住每一根可能的稻草来支持自己的观点：

---

[1] Goodhart in Presley, [ed.], 1992: p. 20.

[2] Letter to Robertson, Dec. 1937, in Keynes CW XXIX: p. 165.

[3] see Robertson, 1954, in Hicks, 1966: p. 244; Robertson, 1963: pp. 421~422.

　　储蓄的增加，可能会引起资本支出的增加……我们知道，高人一等的思想，就像一只被捕猎的野兔；如果你站在原地，或者站在原来的位置上足够长的时间，它就会围着你转圈。没有人比卡莱斯基的思想更高深的了，他……提出了下面的思想：“对收入水平和投资决定之间相互关系的合理解释，我认为应建立在与高收入水平相联系的高储蓄水平，以及一系列新增储蓄刺激投资这一事实之上，因为新增储蓄使得投资无需负担额外的债务。”如此周而复始，循环往复。如果你确实想要跟上时代潮流，你现在就可以说，支配储蓄的投资额没有支配投资的储蓄额那么多。但是，如果你要把卡莱斯基作为权威，你最好谨慎一些，否则你可能会被质疑犯了中学生犯的低级错误。①

---

① Robertson, 1963a: pp. 421~422.

第 *20* 章

伦敦经济学院和财政部

1936 年 8 月底，罗伯特森几乎是在人生的两个对立面之间踌躇不决：一边是他暂时离开的以英国剑桥为代表的人生，另一边是他将要到达的目的地——以美国马萨诸塞州的剑桥所代表的人生。他在纽约港登上了冠达—白星邮轮公司的"田园诗号"客轮，此时，他深深地感到需要倾诉内心的压抑。他在自己逃离的路上——在这艘大船上——写给凯恩斯的信中就很清楚地表达了自己的顾虑。

那是《通论》发表仅数月之后，由于罗伯特森没有支持它所代表的凯恩斯经济思想的革命，这造成了他与凯恩斯马戏团成员的疏远，剑桥学术圈也因此分成了两大对立阵营。虽然罗伯特森和凯恩斯的私人关系很紧张，但从未破裂。然而他与凯恩斯的一些追随者之间的关系就不同了，尤其是与罗宾逊夫人之间的关系，已经到了水火不容的地步。她开始苛刻地公开谴责可贷资金理论，而罗伯特森则在回复她的邀请——就公开争论的学术问题达成共识时，运用自己的睿智巧妙地予以反击。

在给罗宾逊夫人的回信中，罗伯特森极不情愿地同意了演讲题目安排，因为他觉得罗宾逊夫人过分地强调经济学中首次出现的凯恩斯主义思想。还有一点就是出于个人方面的考虑。他当时正就自己持续的心理问题寻求凯恩斯的建议。他急切地需要得到帮助，甚至有人想知道，他的这种急迫感，是否是由于《通论》的发表对他脆弱的心理状态所施加的压力。[①]

然而，他人生的另一方面就明朗得多。此时他正在去美国哈佛大学的途中，作为特邀嘉宾参加该校将于9月份举行的哈佛大学成立三百周年纪念庆典活动。在全世界众多的大学和其他学术机构的代表中，罗伯特森作为英国社会科学院的代表（他于1932年成为该院的研究员）名列其中。在这个特别的时刻，他受到了双重的尊重，有一群应邀在三百周年纪念会上发表演讲的著名学者陪伴，而且还受到了前所未用的待遇，被哈佛大学授予了荣誉博士学位。

这无疑是对他的国际地位的尊重，以及对他所做出的贡献的肯定。在授予他学位的讲话中，哈佛大学非常得体地提到，他是"一位对工业和银行问题有着深刻思考的学者，他的著作在现代经济理论发展史上留下了光辉的印记"。而且在这里，他可能还获得了比资深的地质学家还高的待遇："他对有关苏格兰高地问题娴熟的发问，引发了极具启发性的回答"[②]。他在"当局与个人"专题研讨会上发表的演讲，被认为是"存在于社会结构中的经济、社会、政治及理性因素，通过社会制度和广为认可的观念来影响个人"[③]。

然而，对于罗伯特森的长期而友好的辩论对手保罗·萨缪尔森——这个当代观察家来说，却有一丝不得意，这不是由于与会的经济学家分量不够，而是因为有些具备资格的经济学家未在被邀请之列。萨缪尔森认为，罗伯特森之所以受到邀请，可能是由于哈佛大学的经济学家认为他的观点与庆典活动的主题比较相符，然而当时他的观点却正受到来自各个方面的挑战。

① see Robertson to Keynes, 28 August 1936, in L/R/117 KPKC.

② Harvard, 1937a: pp. 217, 220.

③ Harvard, 1937b: p. vi.

除了这一个方面，（哈佛大学的）决定还是非常好的。罗伯特森修养极高、温文尔雅。他做了一场精彩的演讲，指出了经济周期与长期经济停滞之间的区别。他反对不作为，但更反对过度干预。有人怀疑哈佛更赞同罗伯特森的第二个主张，因为那些住在纽卡斯尔（Newcastle）的人总是喜欢引进有希望给他们带来煤（多此一举。——译者注）的人。作为汉森之前的哈佛大学的学生，我可以证明，对失业干预过多的警告，在 1936 年的剑桥大学就已不是什么稀有的声音了……流言蜚语不是关于最终受邀出席的人的。1936 年秋，在美国马萨诸塞州的剑桥大学的流言蜚语的是关于那些没有出席的人的。事实上，每位读者都会知道他的名字，这个事实肯定了我的判断的公正性。而且，我的判断并不是事后之见。①

罗伯特森为时半小时的演讲的题目是"国家与经济波动"。这个题目就是我们先前提到的，分别造成当前经济衰退的两种可能原因：蛇（经济周期）和虫（由于流动性陷阱，利率无法下降到充分就业时的水平而造成的长期经济停滞）。罗伯特森后来把这篇文章改成了发表的形式，题目是"蛇与虫"。它反对轻易接受《通论》中的观点，一方面因为，凯恩斯主义式的刺激增长以达到理想的后达尔文主义的境界，将会引发各社会阶层间不合理的分配效应；另一方面因为，那些被认为是"虫"出现的证据，实际上是由于周期性衰退效应，而经济结构变化阶段的周期性衰退会更加严重，合理的解决方法完全不同于"刺激与支持"所采取的方法。这一点也是罗伯特森在《银行政策与价格水平》（1928b）及麦克米兰证据中的观点重提，即银行提供营运资本的作用下降，因而它们作为引导节俭的传统职能（在罗伯特森理论的框架下）被削弱了——以至于到了储蓄被浪费的地步，并由于地方性"虫"的出现，出现了地方性的经济衰退。

---

① Samuelson, 1963；p. 521.

　　无论事实的真相究竟如何，我们应该还记得罗伯特森主义的谨慎，这虽然使得他的纯理论研究半途而废，但是也有其更为积极的一面：他是坦率的现实主义者；与显然更精于世故的凯恩斯相比，他对人性的理解更为深刻。正因为如此，他的政策主张才具有权威性。

　　因此，与凯恩斯相比，罗伯特森的视野中庸而平淡无奇，但结合在一起却很现实、有用。如果凯恩斯所期望的公众的"布鲁姆斯伯里乐园"应该建立，那么诺埃尔·考沃德（Noël Coward）的主张（来自 20 世纪 20 年代末期他的经久不衰的流行歌曲《可怜的富有女孩》）的可能性——当人们拥有无穷尽的休闲时间时，他们会越来越显示出对娱乐（而不是对学习、美学欣赏及哲学辩论）的热切需求——则应成为行为准则。①

　　无论如何，哈佛大学的姿态应当是对他们日益困惑的客人（罗伯特森）的一种热心安慰。当然，另一方面，我们也不应当忘记罗伯特森的立场其实没能得到任何人的支持。如果他发现自己将作为一场思想革命的带头人来引领学术潮流时，他将如何行事还很难预测。

　　虽然不情愿成为委员会成员，但罗伯特森还是值得信赖地、尽职尽责地做好自己的本职工作的。30 年代后期，他在许多方面都发挥着重要作用。1930 年，政府宣布成立经济咨询委员会，其目的，总的来说，是"为了国家的繁荣，对民族和国际经济各方面的问题"向政府提供建议②。在该委员会成立后不久，罗伯特森就成为了其中的一员。1935 年他在经济信息委员会的一个小组委员会（为了解决失业问题）工作，1936 年至 1939 年在经济信息委员会本部工作。另外，1936 年至 1938 年他还是国际联盟金融部门的咨询师，尤其是参与了对经济学家简·丁伯根关于贸易周期的经验性论证。1939 年他还成为财政（菲利普斯）委员会的成员，从事储蓄与投资控制的相关工作。

---

① Fletcher, 2004b: p. 18.

② Treasury Minute, 27 January 1930.

　　尽管罗伯特森天生不喜欢这类工作，但这些工作，事实上成为他从与凯恩斯主义革命者针锋相对的争论中转移注意力的有益尝试。由于剑桥大学的气氛逐渐变得冷漠、不友好，他是否应当寻求更为永久的友好氛围这个问题便被摆到了眼前。但罗伯特森总是抵制换个环境的想法：1924 年他有机会成为曼彻斯特文理学校的校长（但当他看完该职务每天的工作日程安排时，他不无讽刺地说自己还没有考虑过"更舒适的职位"）。更为现实的可能性是，当他正陷入剑桥的争论时，1937 年他又有机会成为英国皇家国际事务研究所国际经济研究室的价格主席。但总而言之，他最后考虑的结果都是：尽管待在剑桥大学有诸多不便，但他留在那里会更好一些。

　　然而，当时的经济研究工作还有另一个领导中心，该中心的很多学术成员都是志趣相投的，罗伯特森也与他们保持着长期而友好的联系。这个中心就是伦敦经济学院。伦敦经济学院由社会改革家西德尼·韦伯于 1895 年创建，并致力于对社会科学的研究。多年来，伦敦经济学院吸引了许多国内外的重要学者和学生。它的学术能量，总是能够通过访问教授以及了解研讨会上的演讲者的学术贡献，得到及时补充。虽然它的创建者是一个坚定的社会改良主义者和费边社成员，但伦敦经济学院却从未拘泥于费边社的影响，反而是新古典经济学的参与者。

　　罗伯特森与伦敦经济学院的联系是通过伦敦剑桥经济服务组织每月举行的会议——从 1920 年开始，剑桥大学和伦敦经济学院两家学术机构之间的外部探讨与咨询工作的定期交流——来进行的。20 世纪 30 年代，罗伯特森因此结交了莱昂内尔·罗宾斯爵士，他是罗伯特森的热情的仰慕者。此外还有亚瑟·里昂·鲍利——1933 年至 1934 年间他曾与罗伯特森一起在印度担任统计调查工作；休·道尔顿——他们彼此非常了解；哈耶克——1932 年至 1949 年是该学院经济学与统计学的讲座教授，他与罗伯特森都是不可调和的凯恩斯主义经济学的辩论对手。

　　罗伯特森与伦敦经济学院的关系终于在 1938 年修成正果。那一年他被聘为欧内斯特·卡塞尔爵士经济学讲座教授（作为货币与银行业方面的特别顾问），填补格雷戈里退出后的空缺。然后，几经劝说和深思熟虑，他才同意把他的名字列进讲席教授名单并正式任命。这时，罗伯特森至少可以在轻松愉悦的氛围中，与一群志同道合的朋友们一起工作了，而且还可能把在剑桥大学的诸多人生烦恼搁置一旁。

他发现克利福德旅馆——其前身是宫廷旅馆，在 1934～1935 年才被重新装修改为公寓楼——看起来似乎是理想的住处，但交通噪音大，于是他就换到了维多利亚街 SW1 号炮兵大厦。然而这个新家却给罗伯特森带来了不便，而且这种不便让他苦恼至极：他所钟爱的小猫不允许被带进来，但它以前在剑桥大学的时候他的猫却是可以自由出入的，门下方专门挂的一片帘子就是它的出入口。罗伯特森于 1939 年元月份开始上任，但由于时局有变，战争爆发，他在学院只待了两个学期就被调到财政部去工作了。为了完美协调各方面的关系，伦敦经济学院搬到了剑桥大学。

在财政部，罗伯特森被任命为弗雷德里克·菲利普斯的"临时行政官"、第三秘书及金融司司长，但一些观察家认为财政部给他分配的工作低估了他的实际能力。起初他只是做一些外汇的计算工作（根据他自己的判断，经常不是很精确）。希克斯极力地吹捧他，但罗伯特森显然不以为然：

> 观察并尽力控制英国与其他非英镑国家的国际收支（单独的国际收支）后发现，尚存在着未完结的交易。这一做法的目的是管理国家日益萎缩的黄金和外汇储备。这项工作对经济分析的要求比它乍看之下的要求要高得多；它对国家的重要性也无需强调。有人认为在这项特殊的工作中，罗伯特森被大材小用了，但他本人却不这么为。这是一项重要的工作，他非常乐意去做。[1]

---

[1]　Hicks [ed.], 1966: p. 18.

至于罗宾斯，他是罗伯特森忠实的支持者，他认为让罗伯特森来做这项工作纯粹是浪费人才，他相信当罗伯特森的工作重心转向华盛顿时，人们也会得出相同的结论。出于一些原因，平常负责协调世界经济发展的菲利普斯，对罗伯特森的潜力的评价则不像他的职业声望所表现的那么高（G11/24，25 RPTC）。罗伯特森自己也确认了这一观点，在他从美国写来的信中称，在菲利普斯离开的数星期内，他不是唯一的负责人（A1/11/61 RPTC）。该如何解释这一现象呢？我们只能靠推测认为，罗伯特森在美国又一次成了自己性格的受害者：他的睿智与天马行空以及"爱丽丝"式的暗喻，正是这些使得他成为"风云人物中最受人喜爱的经济学家"[1] 的个性，在一些严肃认真的人眼中，导致了对他，像对待其他某些人那样的，"没有被十分认真地对待"。他成了一个"轻率地"研究经济学的人[2]。

但是，罗伯特森通过参与英美之间的重要金融谈判，对力图结束战争做出了重要贡献。正是罗伯特森在这次谈判中所扮演的角色，赢得了凯恩斯的高度评价，同样也正是由于凯恩斯，罗伯特森后来又遭到了冷落，从而留下了终生难以抚平的心理创伤。

英美之间的谈判，源于英国想要达成四个相互关联的目标，依次是：（1）抵制纳粹党以沃塞·芬克为代表所主张的欧洲"新秩序"宣传活动，后者向全世界的人们宣传比 20 世纪 30 年代更美好的生活前景；（2）以各种可能的形式确保控诉战争的材料的供应；（3）设计战后推动贸易增长与国际繁荣的全球制度安排；（4）在可能延长的战后经济恢复与重建阶段，确保英国的外汇负债能够如期偿还。

然而问题出现了。一方面由于英美两国对这些目标实现的方式存在不同意见，另一方面由于谈判双方的地位悬殊，英国经济实力相对较弱，并有求于盟国；而美国经济实力很强——是从战争中

---

① see Lee, 1963：p. 312；Butler, 1963：p. 44.

② Johnson and Johnson, 1978：p. 136.

崛起的最强大的国家——它拥有最终制定规则的权力。英国的困难纯粹是因为战争规模被扩大了。英国把自己当做苏美两国的主要盟友，并不屈不挠、不计代价地维持这个定位，造成了当时及后来抵押的大规模资产与市场的损失。由于丘吉尔，这个马尔伯勒家族的后代和继承人，要部署他的竞选活动并筹划他的战争回忆录，于是经济学家们便被留下来继续寻找解决问题的办法。在整个谈判进程中，英国的谈判团队都是由最优秀的人员组成的，但可惜的是这个国家的后盾太弱，谈判过程中许多成员都牺牲了自己的健康甚至生命。

我们可以从谈判策划者自身的观念来认识整个谈判阶段的设计。整个谈判过程被设计成三个阶段：第一阶段是打败纳粹德国；第二阶段是对日本发动太平洋战争；第三阶段是向和平经济时期过渡。时间计划表完全允许第三阶段的经济计划开个头，因为此时战争的焦点已经从欧洲转到了远东——责任范围逐渐缩小，目标最终能够实现。但由于第一阶段持续时间延长，第二阶段由于原子弹的出现时间又大大缩短。战争对经济的影响程度加剧，经济危机正加速到来。

这是因为，根据所谓的租借援助协定（Lend‐Lease）的安排（与加拿大互助），英国提供战争物资，但不要求支付现款（谈判目标2）。但是，这个安排随着战争的结束而结束。（打败德国之后）英国的经济没有机会过渡到恢复阶段，本来英国是计划在这个阶段继续对外兑现军事及其他承诺的。在一系列令人不快的选择条件中，来自美国的贷款被认为是相对最好的国家的生存办法（谈判目标4），而且虽然获得的金融条款是有利的，但英镑可兑换为外国货币（逐渐源于所有的4个谈判目标）的责任，却意味着经济处于长期短缺阶段，过度劳累的英国人民还要继续勒紧裤腰带过日子。

正是在最后一个问题——可兑换问题——上，罗伯特森和凯恩斯之间产生了分歧。

1943年至1944年间，罗伯特森共参加了三次重要的谈判。第一次是关于租借援助协定中众所周知的第七条款内容的非正式讨论，"考虑"要求归还提供的战争物资。潜在地，这些话题都与几个国家之间的贸易自由化与货币兑换问题有关。然而目前，在英美两国成为国际谈判的主体之前，它们正试图解决两国之间特定的利益问题。相应地，1943 年秋，一支强大的英国代表团也横渡大西洋，去参加将要在华盛顿举行的大国会谈。罗伯特森也是这支代表团中的成员，他当时隶属于英国大使馆。

作为战后国际货币安排基础的两个重要方案，利益问题自然是焦点问题：国际收支清算组织，也被称为凯恩斯计划，是以这个方案的倡议者、英国代表团的领导者——凯恩斯的名字命名的；（与复兴银行联系在一起）的国际稳定基金，或者被称为怀特计划，是以美方谈判领导哈利·迪克特·怀特的名字命名的。罗伯特森与他美方的谈判对手亨利·摩根索进行了一次非正式讨论，但这次非正式讨论也是首次全面地对不同意见的公开讨论。为了加快谈判进程，谈判小组分成几个小分组，各小分组讨论不同的问题，然后在全体会议上汇报。罗伯特森被分在了货币组，这个小组由凯恩斯代表英国来负责。

不可避免地，经修改后的怀特计划，成了国际金融秩序安排的基础。怀特的建议也产生了战后世界经济贸易的两大支柱：国际货币基金组织（IMF）及国际复兴开发银行（后来的世界银行）。1944 年 6 月底，在美国新罕布什尔州怀特山脉的布雷顿森林召开的 44 国会议通过了这些机构的细节问题。通常认为，起草委员会在美国新泽西州大西洋城举行的小型会议，是布雷顿森林会议必要的开端。

英国代表团与其他国家的代表团一起，再次横渡大西洋，并在途中分别就国际货币基金组织与世界银行的安排问题起草并最终达成了两项草案协议。1944 年 3 月，英方代表团成员之一罗伯特森回到英国，被任命为剑桥政治经济学讲座教授（《泰晤士报》曾于 1944 年 3 月 9 日报道了此事）。

作为美国高级谈判专家，怀特控制了整个谈判。他使大家信服他是一个经验老到的阶段管理者。在大西洋城会议上，他与凯恩斯的合作共同促成了英美协议临时文件的签署，作为布雷顿森林全体会议的备选方案。但对于该方案来说，每个盟国的地位已被预先设计好了。然而当各国代表团前往新罕布什尔州时，对讨论的问题的准备工作被相应地分到了三个独立的委员会中。在最重要的两个委员会中，怀特负责协议达成前的国际货币基金问题，由第一委员会讨论，怀特任主席；凯恩斯任第二委员会主席，负责银行问题的讨论。因而，凯恩斯的精力被大大地分散了，从而没有足够的精力来反驳美国对有待决定的问题的意图。国际货币基金问题将通过汇率政策、货币兑换及国际货币基金来源这些渠道，直接影响英国在第三阶段的经济境遇——凯恩斯本来打算在这些问题上竭尽全力据理力争——因为这些问题需要精明的斡旋调解才能解决。

这个问题只能依靠第一委员会中的英国代表团成员罗宾斯和罗伯特森了。要讨论的问题都是技术性强、难度大、容易引起争议的问题，在这个过程中罗伯特森发挥了他真正的价值。罗宾斯曾经暗示说凯恩斯被"说服"吸收罗伯特森进英国代表团①，虽然对凯恩斯的劝说是必要的，但也许仅仅是因为罗伯特森已经回到了剑桥大学。如果情况是这样，那么罗伯特森完全没有辜负凯恩斯对他的信任。他的专业能力以及对细节问题的把握，使得他成为一个令人畏惧的谈判专家。同时，他也与他的美方谈判对手——来自美国财政部的爱德华·伯恩斯坦——相处得非常愉快。凯恩斯在他的一封嘉奖信中，对罗伯特森的毫无保留的称赞溢于言表：

> 如果要特别表扬一个人，我认为这个人一定会是丹尼斯·罗伯特森，他绝对是必不可少的一个。他独一无二的专业敏感性、不厌其烦的性情以及不屈不挠的个性使得他能够深刻领会并紧紧地抓住每一个细节问题，据理力争地与伯恩斯坦（他是罗伯特森的崇拜者）相抗衡，因此，我对这种情形非常满

---

① letter to Hicks, 28 September, 1964, G11/24, 25 RPTC.

意，虽然我经常被其他问题所缠身。①

凯恩斯还给他的母亲写信说"丹尼斯·罗伯特森也许是所有人中最得力的一个———一流的头脑确实有用!"（1944 年 7 月 25 日）

在国际货币基金问题上，罗伯特森发挥了非常重要的协助作用。这一重要性在于，英国代表团像往常一样人员配备不足，人人都要超额工作。需要完成的工作量及工作性质和连续不断的会议，意味着代表团成员之间以及代表团与国内很难在谈判期间保持完全沟通。而且，时间安排被严格限制，因为组织会议的宾馆将要在预订时间到期之后（延期的弹性很小）安排其他的客人。随着时间一天天流逝，谈判气氛开始变得激烈，因为日益劳累的谈判代表们还在坚持着解决最后一个棘手的问题。英国代表团还没有看到最后协议的完整草稿就离开了。

在这种情况下，发生错误与误解的几率无疑是很大的。对于罗伯特森来说，这种可能性却是灾难性的。正当他与凯恩斯之间相互尊重与彼此赞赏的关系重新达到一个新的水平，并因此构成两人私人与职业关系和谐的基础时，所有的努力都化为了泡影。总的来说问题如下：

建立国际货币基金的主要目的是确立国际贸易安排的明确性、有序性、稳定性以促进国际贸易发展与增进繁荣。其中的核心问题是贸易自由化和货币可兑换两大基本原则。贸易商出口商品必须确信他能够收回以本国货币表示的货款。存在国际收支平衡问题的国家，根据指定的条款，有权利求助于国际货币基金组织的帮助。在缔结协议的时候，各盟国期待美国成为债权国，而英国成为债务国。这些预期决定了各国对政策的态度。

罗伯特森与凯恩斯之间的主要矛盾是关于货币可兑换问题。英国支付外汇以兑换英镑的义务，可能会由于商品或劳务贸易以及积累英镑余额而发生。在英国境内，英国是英镑区的中心，在英

---

① Keynes to Sir Richard Hopkins, 22 July 1944, in Keynes CW XXVI: p. 109.

镑区的各贸易国家可以持有英镑作为货币储备，不必用本国货币结算。除了那些在战争期间以及和平经济时期的贸易活动获得的英镑以外，保持英镑可兑换的义务，与商品或劳务贸易越来越紧密地联系在一起。如果一个赤字国家将向国际货币基金求助的权利用尽了，在这种情况下该国的义务是什么？这种情形被列在了国际货币基金协议第八条，其措辞有待进一步解释。一旦这个问题上升到政府层次，根据英国政府承认的协议，英国要对该问题的推迟进行长达数月的担保，问题就变得十分严重了。当含有协议中的条款的议案被提交到国会时，或者当任何些微的异议有可能导致该议案被否决时，英国财政部将不得不一次次面对同样的问题。

布雷顿森林会议时，这些问题被分配到第一委员会讨论，罗伯特森自然而然地承担了技术谈判的任务。在与美国代表团讨论时，他收到了来自战时内阁要求确保英镑地位的指示，但考虑到草案条款的模糊性，这个问题转而变成了关于一个国家约束商品和劳务贸易中货币可兑换的单方（也就是说，不再涉及国际货币基金问题）能力的问题。罗伯特森对此的理解是，尽管一个国家拥有货币结余兑换的权利，但强制约束也不应当延伸至商品和劳动贸易领域。基于这种理解，罗伯特森与美国、加拿大代表团达成了协议。而凯恩斯却相反，他假设并坚持认为，整个过程中如果一个国家用尽了它的"特别提款权"，或者不再有向国际货币基金组织求助的资格时，则该国将免除保持货币余额和商品及劳务贸易的货币可兑换的责任。

为避免谈判计划流产，罗伯特森按照他自己的理解同意了当前的世界格局安排。这不但是一个现实的行动方针，而且他相信凯恩斯会赞同他的做法。由于会议期间沟通的难度很大，不得不寻找一个第三方参与进来一起达成协议。由于与凯恩斯有印刷方面的生意往来，所以这个第三方基本不会遇到类似的问题。因此，罗伯特森义无反顾地向前推进，"确信（凯恩斯）会赞成①"。然而凯恩斯非常恼怒，他在后来给（财政）大臣的便条中抱怨道

① Letter from Robbins to Keynes, 17 January 1945, quoted in Pressnell, I, 1986: p.173.

"他在布雷顿森林会议期间的注意力没有放在这个问题上，罗伯特森只是后来才告诉他的（这个断言深深地刺伤了罗伯特森）"①。罗宾斯在与其他人的通信中，表达了他对此的强烈不满：没有任何警告地，凯恩斯竟然当着罗伯特森的面对财政大臣宣称"在这个问题上他的团队背叛了他，所以对于这个问题，必须立即着手与美国重新进行谈判"②。凯恩斯还对普雷斯内尔说罗伯特森"深深地伤害了他"③。

事实上，寻找能够使财政大臣接受的观点始于英国代表团回国的路上。令人出其不意的是，罗伯特森在"国际货币基金组织笔记"一文中就此事发表了个人的观点，文中提到他在解释可兑换概念时，面临的两方面的约束、草案条款本身的模糊性以及凯恩斯对此的反应。结果，问题的最后解决带来了长期纠缠不清的后果。最终，当美国代表团有意避开英国代表团的观点时，英方的谈判人员在考虑到未解决的贸易问题仅仅缺少一个类似的解释后，就放松了对观点的坚持。然而，在第二年，对于谈判中关于美国贷款给英国的条款，前期的解释被重新确认并付诸实施④。

对我们目前的目标更有意义的是，这段插曲告诉我们罗伯特森是一个拥有极强洞察力、坚韧不拔的现实主义者，同时他还是一个敏感而脆弱的人。虽然有人向凯恩斯解释了罗伯特森的无辜，但凯恩斯却从未改变当初对罗伯特森的看法。对于罗伯特森来说，凯恩斯对他——作为同事和前任合作者，而且对这次会议的成功作出了十分巨大的贡献——的态度，使他的后半生蒙上了阴影。回到剑桥大学后，甚至瑞兰德都感觉到一定是发生了什么事情（访谈，1994 年 2 月），但对罗伯特森来说，任何回忆都是痛苦的，而且他从来都对此事只字不提。这实在是最大的不幸。

---

① Pressnell, I, 1986：p. 173.

② Robbins to Hicks, 28 September 1964, G11/24, 25 RPTC.

③ Pressnell, I, 1986：p. 189, n. 71.

④ 更多发展见诸多作者的权威性解释包括 Pressnell, I, 1986：pp. 170 ~ 182, Moggridge, 1992：pp. 748 ~ 753, Keynes CW XXVI, pp. 114 ~ 174.

第21章

剑桥教授之一：院系政治、公共事务和讲座

1943 年，庇古从剑桥大学政治经济学讲座教授的职位上退休后，凯恩斯显然是接替这个职位的最佳人选。然而，凯恩斯谢绝了这个职位，一方面是因为他没有必要得到这个职位，另一方面是因为他对重返讲台不再感兴趣。于是，他就推荐了罗伯特森。罗伯特森几经踌躇，最后接受了这个职位。这不是一个容易做出的决定。丹尼森十分客观地叙述道：

> 从性格上讲，（罗伯特森）做出重返剑桥大学的决定，经历了激烈的思想斗争，也征求了很多人的意见。当然，他也咨询过凯恩斯，尽管凯恩斯被其他很多事情分散了精力，但他还是对这件事给予了相当多的重视，并极力鼓励罗伯特森重新回到剑桥大学。[1]

换句话说，这还不能被看做是罗伯特森从逃离中解脱出来的好机会。罗伯特森被安排到如此显赫的位置，众同事认为他不仅是一个独一无二的学者，而且还把他看做是一位与他们的气质相投

---

[1] Dennison and Presley [eds], 1992: p. 51.

的一员。在剑桥大学待了短短的一段时间之后就离开，然后又回到这个凯恩斯主义明显处于上升势头的地方，是冒着冲突与烦恼重现的危险的。他没有想到的是，凯恩斯的控制力和影响力之后不久就在这里消失了。另一方面，这个位置是他的榜样——马歇尔曾经担任过的，而且他可以回到自己所熟悉的三一学院的生活中去。他的离去被认为是伦敦经济学院的巨大损失，同时他也收到了剑桥选举者和祝愿者的安慰和祝贺。

　　罗伯特森在政治经济学讲座教授这个职位上的整个任职——从1944 年接受这个职位到 1957 年最终退休——期间，可以说是非常有趣的；同时，或许完全可以预料得到的是，是具有两面性的。一方面，可以说他获得了巨大的荣誉，有大量明确的证据表明，他的成就得到了全世界的认可。另一方面，凯恩斯主义者与可贷资金理论学派之间的战火重燃，结果反而掩盖了罗伯特森多年来的成就的光芒。

　　从他接替这个职位一开始，各种荣誉就接踵而至。我们还记得，当时他已经是位英国社会科学院的研究员（1932 年）了。由于他在战时谈判工作中的出色表现，1944 年他被授予圣米迦勒及圣乔治勋章（CMG），1953 年又被封为爵士。从他在美国哈佛大学获得荣誉博士到现在，他已经获得了一长串来自国内外大学的荣誉学位：阿姆斯特丹大学商业荣誉博士，杜伦大学、曼彻斯特大学及谢菲尔德大学文学荣誉博士，卢万公教大学计量经济学荣誉博士，伦敦大学计量经济学科学荣誉博士，哥伦比亚大学希伯来文学荣誉博士。1948 年他被推举在伊顿公学做研究员，这使他感到极大的满足。在其它代表荣誉的认可当中，还有他被推举为皇家经济学会主席（1948～1950 年），1953 年 3 月维吉尼亚大学邀请他作佩奇—巴伯讲座，1960 年在他 70 岁寿辰之际，他收到了来自"美国的朋友"——其中包括许多世界级的杰出的经济学家——的祝贺信①。

---

① 23 May 1960 in C18/182 RPTC.

　　显然这位智者从来都不缺少荣誉的光环，然而，在自己的国家是个例外。作为剑桥大学院务委员会主席，他不得不与一些在关键问题上的敌意、阻挠作斗争，例如任命问题或教学大纲问题。其中反对声音最大的是罗宾逊夫人，他俩在性格上水火不容。罗宾逊夫人在教学和研究中，尽可能地利用一切机会强行推广凯恩斯主义的影响，而罗伯特森一有机会就力图排斥这种做法，并阻止她以及院务委员会中她的同党继续这么做。双方谁也不让一步，相互指责对方的"恶行"，不管是真的还是想像出来的。哈里·约翰逊是罗伯特森后来请回剑桥大学的经济学家。他对战后初期在剑桥大学的学院生活至今记忆犹新。虽然他的评判并不是全都可信，但下面这段话却可以作为曾经身在其中的人对当时情况的真实感受。我们注意到罗伯特森不是没有自己的支持者，只是他的支持者没有与凯恩斯主义者实力相当的学术水平：

　　　　甚至在那个时候（1945～1946 年），流动性偏好理论与可贷资金理论两派之间的争论还在继续。罗伯特森有一小群志同道合的同行，他们也支持可贷资金理论。但可惜的是，他们都不是睿智的理论家。他们中的大多数人都只是在一些边缘性学科，例如产业组织理论（这方面向来是英国的弱项）、劳动经济学以及其它类似的学科里发展，所以他们所能做的，仅仅是公开宣称自己的学术信仰，在当时的学术政治背景下采取策略争取更多的支持者，并孤立他们的竞争者。而凯恩斯主义者都是敏锐的理论家，罗伯特森的支持者们只能通过讽刺嘲弄正统理论来宣传自己的立场，他们当中没有旗鼓相当的人（罗伯特森除外）能与凯恩斯主义者相抗衡。①

　　上面描述的情景不仅仅是一次简单的学术冲突，而且还是一个长期消耗战开始的序幕。这可以从下面的材料中判断出来。1946 年，罗伯特森以主席的身份在院务委员会会议上发表讲话，力图为自己辩护，

---

① Johnson, in Johnson and Johnson [9 eds], 1978: p. 131.

因为有人指责他试图给（剑桥大学）荣誉学位考试的本科生提供的教材限制凯恩斯主义经济学的覆盖范围。在他发表的文章中，他辩解道，虽然他自身的研究兴趣和学术贡献主要集中在经济波动和货币领域，但对该领域的普及主要是由一本书（《通论》）来完成的。在这方面，该书充满了歪曲的观点和混乱的思想，还对经济波动具有强烈的偏见，这对理解经济、教学和政策制定是非常不利的，时间将会证明他在这个问题上的立场是正确的。

然而凯恩斯主义者似乎还是占了上风，这可以从 9 年后发生的一件事中判断出来。罗伯特森在他 65 岁高龄时，决定推迟两年退休——这是他的权利，因为在院务委员会举行公开投票选举中，在一个十分重要的、涉及到任命教学人员及设计教学大纲的委员会中，他被排除在外。这就是他晚年生活的环境。

然而，除了这些内部的学术纷争，他在世界其他地方还是很受欢迎和重视的。他依然是为政府机构工作的最佳人选之一，当他没有合情合理的理由来拒绝邀请方时，他往往就答应前去任职。起初（1944~1946 年）他任职于"皇家同工同酬调查委员会"，后来在 50 年代，当克林·雷德格雷夫注意到罗伯特森在经济圈里的重要地位时，罗伯特森正任职于价格、生产力与收入委员会（1957~1958 年）——其第一任主席是科恩勋爵。正是在这里，在他离职之前，他成为了"三位智慧之士"之一，后来他在一场题为"一位先智者的思考"① 的演讲中，阐述了自己对履行职责的看法②。这件事发生在该委员会发表了两篇以罗伯特森为主要负责人的委员会报告之后，当时罗伯特森是该委员会的经济专家委员会的主席。

"一位先智者的思考"主要是针对大多数对上述两份报告怀有敌意的反响而作的，这是件很有意思的事情，因为在一个"凯恩斯主义"为正统理论的时代，他重申了新古典主义中罗伯特森主义的思想。在凯恩斯主义正统理论中——很少与《通论》中的经

① 以下简称《思考》——译者注
② 1959, reprinted in Dennison and Presley [eds], 1992：pp. 95~115.

济学有关——价格被认定为每年都在上升，以刺激生产者扩大产量，过快的价格上涨被认为是工资推动的结果，而工资增长是由工会而不是由需求拉动的，因为总需求水平已经过高。这就是罗伯特森对收入政策效验进行质询的原因。长期以来，关于货币供给增长与通货膨胀之间的关系，被明确认为是不相关的（拉德克利夫委员会成立于 1957 年，主要研究关于货币供给和货币周转速度的问题，它在 1959 年发表报告称：它发现既要定义货币供给又要假设货币周转速度的限制是非常困难的）。

因而在"一位先智者的思考"中，罗伯特森论及了这两个主要问题。价格总水平政策和工资政策。针对第一个问题，他从批评尼古拉斯·卡尔多——他从 20 世纪 40 年代末开始成为剑桥大学的凯恩斯主义者——开始谈起，卡尔多曾宣称罗伯特森错误地引用了《货币》（1922 年）中的叙述，暗示罗伯特森当时是主张价格持续上涨的，现在却又提倡价格稳定。如果我们回忆《货币》一书中的观点，就会记得，罗伯特森在把价格稳定作为折中政策之前，采用的解释方法是，既提倡价格上涨政策又提倡价格下降政策。

价格稳定政策作为基本准则，它同时又具有适应特殊情况的弹性，这成为了罗伯特森的确定性思想。这是基于"工业经济波动研究"一文的结论并在后来的《货币》一书中加以修改之后得出的结论，随着《银行政策与价格水平》和《银行政策理论》的发表，该观点最终得以确立。作为罗伯特森自己分析的明确反映，第一份报告认为价格在经济周期中的变动路径是这样的：经济繁荣时期价格将会上涨（货币将会贬值），而在经济萧条时期价格上涨将会得到抑制，进而价格下降（货币重新升值）。因而，为了使价格总水平保持稳定，避免经济急剧下滑的最好方法是适度控制，避免经济过度繁荣。

价格、生产力与收入委员会指责需求膨胀是战后通货膨胀的"主要原因"，并指出"充分就业承诺和战后货币体系疲软"是造成需求膨胀的主要原因。要判断工会工资要求和生产者定价行为在整个经济过程中的作用，需要回答的问题是：在经济行为主体分别实现各自预期的条件下，经济形势对经济行为的约束达到了何种程度？

　　为了论证这个问题，罗伯特森运用了他在《货币》中成功地运用了比喻的方式，假设面包师先生是一个面包商人，在通胀期间，他首先受到的影响是劳动力成本的上升，然后他尽可能地提高面包售价。为了支持这一论点，罗伯特森非常兴奋地发现，道尔虽然在英国皇家统计学会杂志发表的文章中，对罗伯特森的报告提出了明确的批评，但他也承认需求的影响比他预期的要大。罗伯特森还引用菲利普斯的著名文章（Phillips，1958），该文章假设货币工资变化率与失业率之间存在着反向关系——也就是说，这可以作为需求压力测度的方法之一。令人欣慰的是，菲利普斯的结论是价格稳定——在工资增长速度不快于生产率增长速度的情况下——可以通过牺牲 2.5 个百分点的失业率来达到。

　　从"一位先智者的思考"的角度来说，这是一个令人鼓舞的结论，价格稳定不需要很高的失业率，而"仅仅是经济环境的有明确界限的改变"。① 然而，随着抽象的数学公式在经济分析中的地位越来越高，罗伯特森的现实主义感觉，使得他很难接受在此基础上得出的任何结论。鉴于弗里德曼后来对菲利普斯曲线作为可靠的政策依据所提出的质疑，罗伯特森在这方面算是一个先知了。

　　正如在"一位先智者的思考"中所评价的，价格、生产力与收入委员会的前两个报告，对理解罗伯特森的经济政策思想是非常重要的。它们是对已经建立起来的传统价值体系的最新的、最明确的主张，但在当时的主流经济学圈里，它们对提高罗伯特森的知名度没有任何作用。

　　罗伯特森除了向麦克米兰委员会提供证据外，还为专家咨询提供证据。1948 年他为地理价值评估委员会和加拿大皇家银行财政

① Robertson, 1959 in Dennison and Presley [eds], 1992: p. 112.

委员会提供证据。这是与他的兴趣最接近的工作，也是他最后一次被委派的主要任务①。他的证据备忘录写于 1962 年（出版于 1963 年，在他逝世后不久），他还于 1962 年 9 月前往加拿大提供口头证据。其实，这些已经是罗伯特森生命后期发生的事情了（1961 年他在谢菲尔德大学被授予荣誉学位时拍的照片显示，虽然那时他才 71 岁，但照片上的他看起来却很老）。

证据备忘录没有显示出任何缺乏影响力的迹象，它只有短短的不到八千字，但却是一份非常重要的文件。而且，这份文件中没有我们所预想的深奥难懂的技术性阐述，只有一国负责安排经济事务的人所需要注意的系统的且易于理解的纲要，是一本政治家们的政治经济手册而已。

凭着从古典经济学和现代经济学中多年来汲取的思想和经验——《工业经济波动研究》、《银行政策与价格水平》和《银行政策理论》，以及布雷顿森林会议中所达成的"国际货币基金组织条款协议"、"一位先智者的思考"和他最近的"雷德格雷夫报告"评论②——他开始着手各种政策制定所需要的主题、每一种政策行为可供选择的方法以及相关的论点，然后分别就每一种政策提出建议。虽然这里也有必要参考罗伯特森的分类方法，但此时他的心情是放松的，也不存在对非专业人士的警告。

因而他提到了国家经济目标的因势而变，由价格水平稳定让位于充分就业，而充分就业又让位于经济增长，这对于罗伯特森来说当然是首先要考虑的问题，同时这也是各国人民和政府所赖以完成原定的经济增长率目标的依据之一。相应地，在提到人口因素，因而提到劳动供给的增加以及（对加拿大重要的）宗教因素以后，他还提出了经济增长的两大引擎：资本形成率——这是政府可以发挥重要作用的地方，和技术进步——当然它有自己特定的发展进程。

---

① reprinted in Dennison and Presley [eds], 1992: pp. 170 ~ 195.
② reprinted in Dennison and Presley [eds], 1992: pp. 116 ~ 122.

之后,《银行政策与价格水平》和《银行政策理论》的分析被引用来证明,政府可以通过维持货币平衡的政策以最低短期成本(周期)来达到经济增长的目标。这就意味着,银行的信贷扩张必须达到一定的规模,以促使储蓄者的储蓄意愿发挥作用;另外,即使允许人口、资本和产出增长,维持最终的平均价格水平稳定仍然是最实际的目标。

为了实施这一政策,预算决定必须注意税收与财政赤字的平衡,因为英国案例中存在的问题之一就是,政府不愿意支付足够高的利率以鼓励公众长期借贷。这就导致了过分依赖通过国库券进行的短期借款,而国库券是政府的非商业贷款行为,不会像传统的控制货币供给量的方法那样,随着短期贷款成本的上升而相应减少(正如雷德克里夫委员会所指出的,1959 年)。

当罗伯特森讨论对最终产品与服务所需的货币流量进行规制的方法的时候,外界对罗伯特森早期的货币分析方法的反应开始变得强烈。我们还记得,在决定价格水平时,货币流("就像从水管中流出的水一样")的概念是与产品和服务流相联系的。在这里,银行对货币周转速度的影响,是通过政府强制实施可能的比率控制,存款准备金和预付款控制来实现的。相应地,也要密切注意需求方,因为其货币贮藏行为,会不合时宜地降低货币流通速度。这些观点适用于以下特殊的情形。

在通货紧缩条件下,当需要采取措施刺激经济行为时,信贷松动也许是不够的,还有必要借助于公众的行为(罗伯特森长期提倡的对策)。相反的情况,即在发生通货膨胀时,限制货币需求水平可能会受阻于预期利润上升时的利率无效性、闲置余额(货币贮藏)的流动性及作为借款资金来源的非银行金融中介的发展。罗伯特森发现(具有预言性质的,根据竞争及信贷控制条例,解除管制尚未超过十年)继续强调银行操作控制,非但是没有效率的,而且还会滋生不公平待遇的观念。在这种情况下,一个更大范围内的信贷控制、中央银行贷款利率的操作及财政政策的作用,需要加以考虑。

作为一位"智者"，罗伯特森把其任职期间所获得的智慧与他自身的理解力结合在了一起。他认为虽然工资成本推动——无论由于何种原因——可能会变成一个自发的影响因素，但通过改变货币需求赖以存在的"空气"，如此一来"很多蒸汽"都跑出去了，很多目标也就可以实现了[1]。作为其他政策的辅助政策，收入政策虽然有缺陷，但如果能有效激励为了共同利益的合作精神，还是有用的。

当然，加拿大，还有美国，曾经在布雷顿森林会议上，与以凯恩斯为首的英国代表团就货币可兑换问题进行了激烈的讨论，最终与罗伯特森达成了一致意见。然而现在，尽管罗伯特森还记得加拿大代表团所作的努力，但他不得不承认，加拿大很快就被迫放弃了维持与其他货币之间保持汇率稳定的责任。当然罗伯特森承认在特定的情况下，政府有必要对进出口实施管制，但他明确重申了他对自由贸易基本原则的推崇，并且在汇率政策中，他不赞成重新回到 20 世纪 30 年代盛行的以自我利益为中心的无政府状态。

罗伯特森大胆尝试研究加拿大的案例，以试图改善政府、中央银行与其他金融系统之间的协作与沟通，最后他惊喜地发现经济形势正沿着正确的方向发展。

总之，这份写于他有限的职业生涯即将结束时的文件，可以被看做是他长期坚持和积淀的信仰的真实反映。罗伯特森再次被证明是传统而自由的信仰和价值的发射器，在政策措施的实践领域，他显示出作为创新者的本色，他所提倡的观点可以被认为是新颖的、异端的而又激进的。

罗伯特森的另外一个经济学智慧库是他的《经济学原理讲义》。这些讲义，写于 1945~1946 年和 1956~1957 年两个时间段，作为剑桥大学荣誉学位考试的第二部分内容，分三卷出版，分别涉及价值理论，即微观经济学的效用与需求理论、企业与市场结

---

[1]　Robertson, 1962, in Dennison and Presley [eds], 1992: p.186.

构理论等；分配理论，即国民收入对生产要素（土地、劳动、资本和资本家才能）的分配决定；还有他最感兴趣的货币和波动理论。各分卷分别于 1957 年、1958 年、1959 年问世，全卷合订本在他逝世后于 1963 年出版。

哈里·约翰逊保存有一张罗伯特森的照片，照片上的他是一位腼腆而紧张的演讲者，他总要把所要讲的内容全部写到纸上（为保持自我肯定，每年 9 月他都要重写一次），这样他就可以以一种正式的、戏剧演出的形式读给学生听①。其实事实完全不是这样的。众所周知，罗伯特森是一个极其聪明的业余演员，曾经参与整场戏剧的演出。对于他来说，讲课不用讲稿似乎是顺理成章的事情。而且更重要的是，他经常修改、润色他的讲义，为的是能达到出版所要求的最终效果。

结果，总的来说，出版的讲义与罗伯特森的经济学观点的最终表述是最为接近的。作为给大学本科二年级学生的讲义，这些讲义似乎带有某些欺骗的性质，因为这些讲义非常精炼，而且还收录了大量本来是给专业读者准备的他本人的期刊论文和讲稿。而且，在讲义还没有分卷出版，同时缺乏现代革新工具——例如高射投影仪和幻灯片制作——的情况下，这些讲义仅仅是以口语的形式以及——根据一位旁听生的说法——以一种罗伯特森所特有的（使人注意力分散的）慢吞吞的、"有气无力的……旧式同性恋的"的举止方式来表达的。②

事实上，他们对罗伯特森的评价是众望所归的：在罗伯特森职业生涯即将结束时，历史将记录罗伯特森对经济思想的贡献。作为评论家，他们再现了很多与研究罗伯特森前期作品的结论相似的思想、观点、词汇和短语。通过阐述，我们可能要提到两个问题：罗伯特森对经济学本质的评价，以及罗伯特森对凯恩斯主义经济学的评价。首先，他不喜欢枯燥乏味的经济学，与其他学科

---

① Johnson and Johnson, 1978: pp. 129, 136~137.
② Marris to Fletcher, 1995.

比起来，经济学的美感和激情要逊色很多：

> 但当经济学因而成为或即将成为一个研究目标时，从纯粹
> 学术兴趣的角度看，它是一系列研究目标中处于次等地位的一
> 个，我想大多数人都会承认这一点，对于很多人来说，经济学
> 是向着我们的追求开放的。如果我们想想现代物理学创造的奇
> 迹，或古希腊的辉煌，或现代英语文学，我们就不得不得出这
> 样的结论：作为学术游戏，经济学实在是单调乏味的，是二流
> 学科。如果说它值得追求——当然是值得的——主要原因不是
> 在于它本身，而是在于它的实践价值。[1]

正是由于上述引文中的最后一句话，罗伯特森才成功逃避了公
众对他作为一个经济学破坏分子的谴责：出卖过去并奇迹般地带
来光明。值得注意的是，为了替经济学研究辩护，他回顾当初自
己对经济学的兴趣源于他的前辈——剑桥大学政治经济学讲座教
授庇古对福利经济学的详细阐述，以及伦敦经济学院的经济学教学
骨干之一埃德温·坎南对福利经济学的评论。

至于他如何评价我们现在所谓的宏观经济学和凯恩斯主义者的
作用，除了他的很多中伤"罗宾逊夫人"的冷嘲热讽外，罗伯特
森对凯恩斯本人——这个曾经造成他人生起伏跌宕的人，还有一段
真挚的、充满惋惜和深情的称赞：

> 我很抱歉……我不得不说的一些话将不可避免地引起争
> 议，对我宽宏大量的朋友和才华横溢的老师——梅纳德·凯恩
> 斯的工作来说也是一种挑剔。毫无疑问，现代社会之所以对经
> 济学这一系列学科发生兴趣，在很大程度上是由于他的贡献而
> 不是其他任何人的贡献。但是如果你看过我的有关这方面的文
> 章，你就会发现我的明确的观点是，在凯恩斯后期的工作中，
> 虽然他仍然在为经济学作出贡献，但他也被各种各样的扭曲和
> 夸张所玷污，凯恩斯这个曾经的硕果累累的学术的化身，是由

---

[1]　Robertson, 1963a：p. 14.

许多人经过数十年的努力浇灌而成的……然而我很自豪我曾经做过他的学生，也永远记得他如何认为我们对他的后期学说缺乏理解力，但他曾经在一篇文章中提到霍特里和我分别是他"犯错道路上的祖父母和父母。"①

---

①　Robertson, 1963a：p. 326.

第 22 章

剑桥教授之二：演讲家、异见
人士和大学风景线

给本科生上课当然是罗伯特森工作职责的一部分，因为他是作为教授拿了课时费的。但由于他公共演讲人的知名度和杰出的才能，罗伯特森经常被邀请去给更大范围内的听众讲课——学术界人士、公共团体和工商业组织。这些演讲内容，连同其他经济讨论的投稿和书评都以出版要求的形式示人，被收集在一个随笔集系列里。[①]

这些随笔集一经面世，就立即引起了读者两方面的反响：第一，数十年过去了，罗伯特森依旧是最勤奋、最严谨的政治经济学讲座教授；第二，他是最完美的职业经济学家，面对或多或少总有些挑剔的听众，他总是小心谨慎地对待他的每一次演讲和每一份讲义，并严格按照出版的要求修改润色。另外，他还加注了一些自己的评论，这样就更受听众的欢迎，即使是最枯燥乏味的话题也会变得引人入胜。下面有例为证：

---

① Robertson，1952，1953，1956：这些都被加入了早年的文集，如1931a，1931b，1940.

第一，1946 年罗伯特森在银行家协会做了一次题为"银行业有未来吗？"的演讲，演讲一开始他首先为推迟回复这次的演讲邀请而道歉：

> 这次热情而友好的邀请是在 1939 年 6 月发出的，虽然拖了很长一段时间，但我非常高兴能得到这次机会。在那段日子里，我刚刚成为一个研究银行业的教授，我意识到自己在如何辨别汇票和不记名支票上存在困难，于是我总是迫不及待地抓住每一次机会来提高这方面的技能。现在，我可以大胆地说，我只不过是一名经济学教授，没有人会期待一名经济学教授掌握任何特殊的专业知识。不过，我仍然对银行业感兴趣，也对这次演讲充满了兴趣。[1]

当然，这没有一点不坦率的成分。罗伯特森一直就对银行业感兴趣：毕竟他曾经帮助过银行，帮它们解决了极其复杂的周期管理和保持货币均衡的问题。他认为银行有责任使得节俭意愿发挥作用。他还进一步注意到缩短生产周期给银行造成的责任问题。现在所有的问题——商业银行的起源和货币创造、流动性特权和劳动而不是固定资本的供给、缩短生产周期——都以一种新颖独特而又轻松愉快的形式与他的听众联系在了一起。

尽管罗伯特森尽可能以一种极温和的方式表达他的观点，但他还是向公众传递了一个严峻的信息，即虽然为了弥补因核心业务量下降而造成的损失，银行不反对贷款给公共部门，但两次世界大战以及世界经济之间的联系，已经使银行的资产负债表中政府借债占到了绝对份额，留给银行发挥专业职能的空间越来越小。因而，银行业的未来在于，在"银行业的实践与展望"中引进变革，在现代经济环境中摆脱传统技术的束缚。[2]

另一个例子是 1949 年 6 月他给英国皇家经济学会的主席致词，

[1] Robertson，1952：p. 185.

[2] Robertson，1952：p. 191.

题目是"做自己分内的事"。在演讲中他指出，经济学家跟修鞋匠一样，当他们把自己仅仅局限于最初的角色定位时，将能更加有效地发挥作用。他注意到，职业经济学家在指导公共事务和紧急管制方面，寻求越来越直接的角色定位的趋势在上升：经济学家不应当认为自己拥有无穷的智慧，而应该记住，自己的方法也会有失误的时候。

他认为，这个提醒是必要的，因为经济学家们对自己能力的信心越来越大，使得他们越来越精确地以数量化的形式来阐述他们的建议。随着经济学家对数量和凯恩斯主义的信仰倾向越来越强，罗伯特森对这方面的特别研究引起了人们对预期失败的现实案例的注意：美国"消费函数"的运用和英国各行各业的劳动力指标。然而他发现，在失败面前，没有人气馁或退缩，这些经济学家们解释说，自己之所以失败是由于随机事件的干扰，声称他们自己只不过是依据事实，而不是胡乱猜测。

> 总而言之，那些使用数学方法来从事预测工作的人虽然知道自己的研究方法并不十分科学，但却总是显得很好地、十分镇定地……且面带微笑地解释说，这些变量之间的关系有时候一定是随机的而不是相关的（我们知道，这毕竟是以一种严肃的方式宣称这在很大程度上是胡乱猜测），然后又重新开始一个新的话题。[1]

根据这些颠倒是非的言论，经济学家们更是义不容辞地要通过随时发出提醒和警告，来发挥他们微弱的力量来以监督经济福利，但是，最终的决策制定权还是要留给那些更合适的人：

> ……最后还得说，我希望他……能够非常谦逊地——比他伟大的前辈们所表现出来的还要谦逊——乐于向预言家甚至资本家们的判断低头，如果他确信他的角色被正确地理解并被公平地评判的话。

---

[1]　in Robertson，1952：pp. 60~1.

然而，至于以爱尔兰竖琴师与撒冷国王兼祭司的忠实的猎犬作为行为榜样是否合适，罗伯特森经过权衡，总结道：

> 总之，我愿意把他看作是一位忠实的狗伴，而不是"按照默基瑟德的品位，永做司祭"。[①]

1954年，罗伯特森受邀在伦敦大学发表纪念斯塔姆的演讲。[②]鉴于罗伯特森在科恩委员会仅仅三年后就成为一名"智者"，这里有一丝不无讽刺的是，他竟然选择了工资作为演讲主题。他从建议成立专家调查组开始切入正题，根据增加产业工资的优点，指出听取公正的专家的观点是很有帮助的，因为他们能够考虑更广泛的因素，包括经济。更具有讽刺意味的是，他设想了一种情形，一种噩梦般的情形：他被选入该专家调查组；被提议着手进行可能的经济调查；然后很快辞职，被伦敦大学的菲尔普斯·布朗教授所取代！这与他1957～1958年间在科恩委员会的经历非常相似！

他的演讲就是针对以下三个问题而彻底、反复地论述他的经济观点的：从国家整体来看，总工资水平是否适当？要考虑的产业工资水平是否与总工资水平相适应？当总工资水平与某个特定行业的工资水平发生冲突时，就它们的绝对和相对地位而言，优先权应该给哪一方？这些问题再一次激发了他的分类法天赋，他系统性地整理了相关因素之间的比率变化的意义与含义、劳动边际生产率的相关性、劳动力市场竞争程度的变化以及与产业结构变化相联系的工资水平等。他的观点都有数据支持，作为建议依据的所有可能的结果，都以模型的形式表示了出来。

当然，对于他的听众来说，所有这些内容都有可能是令人疲倦的和单调乏味的。但事实上罗伯特森为他们带来了他特有的精彩

---

① Robertson, 1952: p. 65.

② 由阿特龙出版社（The Athlone Press）为伦敦大学出版，《经济评论》再版，Robertson，1952: p. 65.

约斯亚·查尔斯·斯塔姆（Josiah Charles Stamp）（1880～1941年），伦敦经济学院早期的校长；该讲座是为了纪念斯塔姆校长设立的。——译者注

演讲。这位传奇的讲座教授是一位和蔼可亲的老海军上将，他不得不接受经济学家们通常用手势来表达拐弯抹角的观点的方式，以"支持者"与"批评者"之间的苏格拉底式的对话形式来表达他的观点和立场。另外，由于罗伯特森在数学和统计学领域的能力有限，他特地选择了放弃数学和统计学：

> 如果你想要买印刷版本，最终你会发现那只是一些堆砌的数字罢了，这些在中央统计署的"花园"里精挑细选出来的数字，带着"园丁"的某种挑衅的警告，却是由我这双笨拙的手来编撰的。你还将发现一个微不足道的、非数量的交叉的新玩意儿之类的例子，没有它是完不成一篇有分量的经济学论文的，而且我认为它就是所谓的模型。我将在稍后提到这些事情，但这些事情本身仅适于看，却不适于听。①

当修改后的版本面市后，也有很多相似之处：

> 另一页上所提到的数字甚至比我想像的还要拙劣！虽然这些数字现在已经被剑桥大学的 A. 亚当斯和 P. R. 费斯克巧妙地处理过了，并得到了热情的"园丁"们（他们非常适时地指出他们是不种不带刺的玫瑰的）慷慨的协助……②

接下来是他于 1955 年在哥本哈根大学和奥尔胡斯大学所作的题为"关于定价理论的最新著作"的演讲，在这些著作中，他大胆地尝试进入以前没有花费很多精力从事研究的领域——价值理论。在研究文献时，他将该领域的现代研究追溯到他的榜样——阿尔弗雷德·马歇尔，并为他曾经认为该题目"枯燥乏味"和"晦涩难懂"而道歉。③

1955 年，在丹麦经济学会所作的一次题为"说服在经济事务

---

① Robertson，1954：p. 5.

② Robertson，1954：p. 4.

③ Robertson，1956：p. 12.

中的作用"① 的演讲中，他解释了"寻求沟通的行为规范"政策在
经济管理方面的重要性，这既是对周密的计划的补充也是对企业
自由的补充。换句话说，除了棍棒和胡萝卜能使驴前进外，抚摸
它的耳朵也许效果会更好。他认为英国经济中"抚摸耳朵"措施
的两个主要倡导者是英格兰银行和商务部，并主张建立一个合适
的制度框架以及相应的激励和惩罚体系，比如可以有效利用"说
服与雄辩的珍贵品质"。

1957 年，他在国家援助局——现划归社会保障部，它负责给
那些符合条件的申请者发放公共基金——的暑期班上作了一次演
讲。在那里，罗伯特森给自己的定位是传统经济学家所扮演的角
色——"一个令人扫兴的角色"——他试图搭建一个经济学框架，
在这个框架下对该局的"慈善活动"进行必要的引导，并且与众
多的竞争申请者在可用资源上的竞争联系起来。他认为，在物价
上涨的时代，要在各种相互冲突的压力之间作出抉择，就必须要
关注恢复"一个稳定的价值标准"② 的重要性。

这些例子仅仅是罗伯特森在担任剑桥大学政治经济学讲座教授
期间所作的诸多演讲和讲座中的一些片断。罗伯特森所有的演讲
内容都是建立在基本经济原理（无论个人是否接受所表达的特殊
观点）之上，并由特有的天才所创建，还经常像艺术作品一样被
修改润色。这使得它们惬意易读，但并不总是容易理解。罗伯特
森的写作风格意味着，如果没有仔细、反复的研究，很难准确判
断他所持有的观点究竟是什么。

花些时间来关注罗伯特森在职业方面的活动是值得的，因为这
些活动充分展现了他在写作艺术、口头演讲及出版准备方面的天
赋。另外，他所擅长的另一领域是评论，在他的期刊文章和散文
集中，除了那些演讲和讲座之外，还有一系列的书评。相当随意
却又十分到位，他的评论风格可以从评论霍华德·埃利斯的重要

---

① Robertson, 1956: pp. 155~172.
② Dennison and Presley [eds], 1992: pp. 83, 93~94.

文集《当代经济学调查》（1948 年）中略见一斑。罗伯特森认为
该作品，在某种程度上是"改革家手册"，因为它对那些整日忙忙
碌碌、急切想要始终站在一个快速变化的学科前沿的通才们，提
供了他们所需的权威性的帮助。在这本册子里，新的潮流总是不
断地挑战已经形成的思维方式：

> 因为……我想该书的目的之一就是，不但给那些有创造力
> 的专家而且给那些卑微的个人——教授经济学"一般课程"
> 的教师，他们似乎是每隔六个月，就会被那些说他们的学科正
> 在经历又一场革命以及他们所学的一切再一次被扔进了熔炉之
> 类的消息，搞得寝食难安——提供援助和安慰。当他们兴奋地
> 加入到每一次新的"巴士底监狱暴动"中时，他们确实需要
> 一本袖珍指导手册来解答仓促之间的咨询。[①]

罗伯特森曾经是一个富有创造性的经济学家，但是他的研究成
果——那些使得他从主流经济学家的行列中脱颖而出并跻身于伟大
的经济学思想家行列的研究成果——完全被掩藏在了他的身后。他
实质上是 20 世纪 20 年代的产物。在他担任教授一职期间，没有什
么能与《银行政策与价格水平》相媲美。而且，从 20 世纪 30 年
代后期开始，他的作品还被烙上了相当消极、完全不具有吸引力
的印记，这对各方——无论是支持方还是反对方——来说都是显
而易见的。萨缪尔森在给罗伯特森的讣告性质的回忆录中这样
写道：

> 一种新的格调出现在了罗伯特森的写作中，并将保持到最
> 后——一种抗议所谓的新思想的自负与正确性的吹毛求疵的格
> 调，在某种程度上这也是对早期思想的反复辩护……我提到这
> 一点是因为它确实存在，罗伯特森的敌人、朋友和他自己也意
> 识到了这一点，它可能会过分地误导读者。[②]

---

① in Robertson，1952：p. 66.

② Samuelson，1963：p. 520.

为了证明他的判断，萨缪尔森指出，罗伯特森的抗议不是没有
实质内容的，而且如果它们来自凯恩斯主义阵营，那么它们可以
被认为是一种贡献。然而，抗议本身来自一个完全没有自我的人
对他人行为的指责。我们已经看到，虽然在他对本科生的告诫中，
他自己可能并没有意识到这一特点将会对他的听众产生怎样的影
响，但是这个特点却使得他给那些准备（剑桥大学的）荣誉学位
考试的报考者的演讲蒙上了阴影：

> ……他极度焦虑那些本科生是否都明白凯恩斯想说什么，
> 特别是，我想，他急于解释他认为凯恩斯错在了哪里……我
> 想，这对于我们来说是一次不寻常的经历，但它也许确实为我
> 们增色不少，这也是当时的本科生对凯恩斯的看法，因为凯恩
> 斯那时已经从公众视野中消失了。①

这个瑕疵不仅仅局限于他的讲座，它还充斥在他其他的工作
中，包括为那些易受影响的年轻听众而准备的演讲。1948 年版的
《货币》新增加了一章内容，题目为"词汇、思想和行为问题"，
罗伯特森在该章中呼吁读者要领会他的立场的公正性。他呼吁的
主题，大家应该能猜到，即关于对他的学术方法的含沙射影的批
评，是一个由罗宾逊夫人所导演的学术花招。

这与罗宾逊夫人对储蓄与额外的资本支出之间的完美解释有
关，他认为二者既可以通过定义相等也可以通过连续的收入增加
相等。② 然而对于罗伯特森来说，罗宾逊夫人仅仅是以两种等价的
方式定义了一种现象，其目的是为了调和凯恩斯的被认为是不可
调和的论述：

> 读者，你们知道发生什么事了吗？一个关于两个数量被定
> 义为相等的主张，变成了它们之间建立的等价关系是均衡条件
> 的断言。对此我非常困惑，而且我没有不公平地比较以这种方

---

① Higgins, in Harcout [ed.], 1985: p. 139.

② Robinson, 1937, Chapter II.

式写作的经济学家与已经以相同的方式定义了大象的鼻子和大象的长鼻，然后需要继续解释能够调整大象的鼻子的大小以适应大象的长鼻的大小的深奥的生理力量的自然学家之间的区别。①

更令人意味深长的一点是，这是凯恩斯主义革命对罗伯特森的深刻影响的表现。正如在 30 年代他对凯恩斯的过度关注成为同事之间评论的话题一样，现在我们看到这个阴影依然存在于他后来的生活与工作中。它似乎能麻痹思想，或至少是压迫思想，以至于任何实质性的新冒险都成为不可能的事情。其中最明显的就是综合性工作，可以给那些试图寻找权威而又恰当地综合解释罗伯特森–凯恩斯之争的人，提供参考标准。这是某些拥有美好愿望的人对罗伯特森的鼓励，但没有成功：

> 我担心没有机会对你的鼓励作出回应——试着编写一整套的综合性的《货币理论》或《波动理论》或其他你能想到的。因为我年纪太大了，也太懒了！但即便我变得更年轻一些、更勤奋一些，我想历史也不会改变。我相信一旦凯恩斯下定决心重新选择他曾经走过的道路，我的特殊的职责还是……（解释和批评他的研究细节）……并一如既往地坚持不懈地做下去（现在对我来说仍然是必要的）。对任何人来说，另外花 20 年时间来进行一项积极的、开创性的研究（其中很大一部分都不是对凯恩斯的评论），都不是一件容易的事——那是对他的成功的衡量。对于我，从心理上来说已经不现实了，而且为此而努力也是不值的。②

在这里我们可以确定，凯恩斯革命是造成罗伯特森的公众层面的自我从愉快向不愉快转变的原因。

当然，这是完全可以理解的，他的工作性质将会给他造成不可

---

① Robertson, 1948b: pp. 175～176.

② Letter to T. J. Wilson, 31 October 1953, quoted in Danes, 1987: p. 210.

逾越的心理障碍，他也没有试图与他所尊敬的老师——阿尔弗雷德·马歇尔相竞争，而去编写一部与《经济学原理》相媲美的现代著作。关于这件事的这套说辞（当然是明确表达了其他人的愿望）来自很久以前的一篇题为"效用经济学"（1952 年）的评论，其被刊登在印度的《经济周刊》上。

在这篇评论文章中，巴巴托什·达塔[①]明确区分了经济学家如马歇尔、庇古、凯恩斯、希克斯和罗宾逊夫人等与罗伯特森之间的区别，前者都是由于他们所作出的贡献而声名鹊起，而后者之所以地位显赫，是因为他作为审查员的角色——这个敢于说"不"的人！他的这种影响，很有可能使得粗心的读者得出这样的结论：这种新的评价没有产生任何有价值的信息。因而利用自己渊博的知识和对文学的理解，把新旧理论发展综合在一起，编写一部与马歇尔的《经济学原理》相媲美的现代著作就成了罗伯特森而不是其他任何人的责任。如果这样做的话，他的成就可能就会比凯恩斯所取得成就还要大。[②]

罗伯特森在窄的综合研究范畴中所遇到的问题似乎同样也存在于宽的范畴中。综合各方面的信息来看，罗伯特森尝试编写一本中性的教材以使社会能够获得一种没有偏见的经济知识概观的想法，似乎已经成为了一个注定没有结局的美好愿望。因为他与现代经济学主流发展——凯恩斯主义、数学模型、数量预测、发展经济学、福利经济学，以及国家经济和社会生活的精确调控——之间的分歧太大了。但我们所拥有的《讲义》和《货币》表达了罗伯特森的观点，还有他那些优美的散文在提醒着我们：那些与经济学著作如影随形的流行词汇——沉闷、枯燥、单调、乏味、无趣——常常是反映了某些著者的品质，而不是该学科本身所固有的特征。但由于"乖戾的"（这是形容罗伯特森最常用的词汇）、技

---

① 巴巴托什·达塔（Bhabatosh Datta），生于 1911 年，印度演化经济学思想家。——译者注

② Datta, 1953: pp. 695～698 in D7/6 RPTC.

术的、科学的经济学作者的数量不断扩大，欣赏吉布（Gibbon）和麦考利（Macaulay）散文的人数在不断地下降。

然而，这也许未必都是潮流改变、方法进步和凯恩斯革命的功劳。直到1946年，罗伯特森还认为《工业经济波动研究》是"我唯一真正的著作"。这转而又为《银行政策与价格水平》的开创性分析提供了核心基础。之后他所做的不过是修改和重申。由于他的创新精神坚实地建立在前人传承的智慧之上，这对他的情感安全来说也是非常重要的。如果凯恩斯在20世纪20年代末期去世的话，很难说罗伯特森会往哪个方向发展。但是，一个完整的罗伯特森主义经济学体系或一个新的"理论体系"很有可能会呼之欲出。如果没有凯恩斯带来的阴影，罗伯特森可能已经走上了作为主流思想流派领导者的阳光大道。我们也能够想象得到，他所积极推进的使剑桥—伦敦成为全世界更著名的经济研究中心的想法，也有可能马到成功。

在私人生活中，罗伯特森通过出版的演讲集、讲义和书评所传达出来的温馨和鼓励的话语，激励着剑桥大学的学生，他们都尊称他为"最受人爱戴的经济学家"。但罗伯特森人生的其他方面却并不总是清晰的。这个具有"深深的人类宿命残酷感"的人，却"从未产生过玩世不恭或者失败主义的念头……并因而需要借助音乐和朋友来寻求安慰"[1]。

可是，他却一直生活在一个充满敌意的剑桥环境中。他被授予荣誉学位的时候，吉尔伯特教授曾在谢菲尔德的家中招待过他。据吉尔伯特教授回忆，他对罗伯特森的印象是"感情受过伤害，而且感到自己在剑桥大学是如此的孤独"[2]。在之后的一次拜访中，由于风声太大，整个屋里的人都无法入睡，吉尔伯特记得当时罗伯特森就在背诵霍斯曼的诗《在温洛克边界》（1982年，第65页）。对于罗伯特森来说，在他的整个人生历程中，时间就是他最

---

[1] Butler, 1963：pp. 41~42.

[2] Gilbert, 1982：p. 11.

好的疗伤工具和面临困境时的最终裁判。或许他正是通过想像——正如诗中所写的那样——那晚令他不眠的风，正是当年唤醒罗马的风。时间将会帮他解决所有的难题："今天的罗马和他的烦恼，将成为优尼康小镇下面的灰烬。"[①]

更严重的是，他发现社会上分散的黑暗力量正在威胁他自己所珍视的东西。约翰·维泽在后来的评论中将他描绘成一个被围攻的花花公子的形象。约翰·维泽当时是剑桥大学的本科生，后来成为了卓越的经济学家。他相信罗伯特森"看到了藏在所有非伊顿公学人和部分伊顿公学人的床底下的赤党"[②]。

罗伯特森在三一学院的住所位于校长寓所与小教堂之间，他在家里就可以俯瞰到三一学院的大广场。这一令人惬意的"所在"的前主人是一位爱猫的阿拉伯籍教授，他在门下方挂了一个小帘子以方便他的猫进出。一位同事记得罗伯特森经常与他的"小猫"讲话，还经常看见这只小猫在帘子底下进进出出。[③]

他在这间寓所里招待他的客人和学生（他指导的学生）以及主持政治经济俱乐部的会议。政治经济俱乐部是他从凯恩斯手里接替过来的，他组织得非常成功。维泽还记得罗伯特森招待他们喝的茶非常"简单"，如果说至少在某种程度上这是由于战后实行食物定量配给的缘故的话，那么根据瑞兰德的说法，罗伯特森从未对他的款待"铺张浪费"过。事实上罗伯特森似乎对这些不便很满意。他的一生都处于对贫穷的恐惧之中，他曾一度害怕华尔街股票市场的崩溃会使他的个人财富遭受损失。即使这样，他所遭受的折磨似乎还是到了过分的程度。罗宾斯，断定罗伯特森的一生"孤独并时常绝望"，他注意到：

> ……即使是在物质环境方面，他差不多也有一种独特的自虐倾向——他把家安在三一学院，一眼就能看到大广场，这样

---

① Housman，1896：p. XXXI.

② Vaizey，1977b：p. 17.

③ Bradfield to Fletcher, 23 January 1998.

的话，人的心灵就很容易感到震撼和凄清。①

在三一学院的同事中，他获得了很多温暖的友谊，也深受尊敬。当布莱德菲尔德还是三一学院的初级会计时，他已经是"一位年长而卓有成就的研究员"了。布莱德菲尔德与罗伯特森之间的交往是在罗伯特森的住所开始的，他还记得罗伯特森谦虚地拒绝尊称其为"丹尼斯先生"，理由是"研究员（同事）之间一定是不用敬语的"（正如我们无数次看到的那样，罗伯特森很善于利用经济学术语创造新词汇）。这种谦虚还延伸到了罗伯特森与大学财务委员会的同事之间，当时布莱德菲尔德是秘书或初级会计，并且这种谦虚无疑进一步表明了罗伯特森对委员会工作长期以来的不喜欢：

> ……他总是十分谦虚地表达他的观点——实际上他很少发表他的观点，但当他发表观点的时候确实非常值得一听。②

罗伯特森早在他还年轻的时候就认为自己已经老了，确实，随着时光流逝，他老得更快了。但即使在他生命的最后阶段，他的工作量也没有减少。1962 年，他为加拿大皇家委员会撰写证据备忘录，随后当年又亲赴加拿大口头解释这些证据，这些工作一定花费了他很大的精力。在回国的途中，他越来越虚弱，然后就病倒了。他住进了伊夫林疗养院——这是众多杰出的剑桥学者最后的终点站——最后于 1963 年 4 月 21 日在此与世长辞。

几天后，他的葬礼在剑桥火葬场举行，5 月底，剑桥大学又在三一学院教堂为他举行了追悼会。人们聚集在一起向他表示敬意，并对他表示感谢：

> ……为他为学院、大学及国家而服务的一生，为他的睿智与智慧，为他那单纯而永远善良的心……③

---

① Robbins, 1971: p. 221.

② All Bradfield quotations from Bradfield to Fletcher, 23 January 1998.

③ Order of Service in G11/7 RPTC.

保罗·格哈特（1607～1676 年）为他写了首赞美诗，罗伯特·布瑞吉斯为该诗作了翻译。诗的第一行，是给这个用责任感来时刻约束自己行为的人、这个总是感到需要"做一个有用的"人写的恰到好处的告别辞：

　　这一刻，他的责任，结束了……

第 *23* 章

罗伯特森的经济学遗产

设计"经济学界伟大的思想家"系列图书，其目的是为了介绍历史上的和当代的伟大经济学家们的经济思想，探索他们的生活与工作之间的相互关系，以及发生在他们身边的事件。作为系列之一的罗伯特森，我们已经看到，他的生活和职业以及他对经济学的贡献，都是由他那复杂性格中的各种因素相互交织而决定的。一方面，他具有极高的学术天赋，而童年不稳定的经济状况又磨炼和锻炼了他的这一能力，促使他通过学术成就来找到自我拯救的办法。

另一方面，从过去的确定性中和从虚构与幻想的境界中寻找情感安全，成为他的性格需要。在他的内心深处，一直存在着两种相互斗争的力量，一种力量来自不断被灌输的责任感和家庭传统的影响，另一种力量是想要逃避到一个所在，以匹配他与生俱来的艺术气质。经济学就是这两种力量折中的结果，既可以满足他的责任感——因为他可以响应阿尔弗雷德·马歇尔救世主般的召唤，帮忙做一些社会改良的工作；又能够逃避古典文学。艺术只能处于从属地位，只能够通过他那极强的舞台表演能力和独一无二的写作风格来展现。

　　成功给他带来了研究贸易周期理论的机会，他也因此写出了该领域中的一本经典著作。与凯恩斯的联系使他获得了洞悉货币本质和作用的机会，以及在当时重要的"宏观经济"问题——货币、投资和储蓄之间的关系——上寻求合作的机会。

　　在凯恩斯的影响下，罗伯特森一马当先，发展了一种对后世产生了重大影响的理论，这一理论通过他最具有创新精神的代表作《银行政策与价格水平》表现了出来。罗伯特森发展了该理论，并以一种非传统的、利率的形式重铸了这一理论。悲惨的是，该理论埋下了凯恩斯革命的种子，也导致了凯恩斯革命的胜利和罗伯特森的灾难。它把争论和冲突带进了剑桥大学，也造成了罗伯特森人生规划中经济学家角色的失败。

　　随着凯恩斯的经济思想开始大行其道，罗伯特森后半生的生活被笼罩在了阴影之中。如果凯恩斯提早 20 年发表他的理论，那么，随着《银行政策与价格水平》的发表，历史或许会朝着另外一个方向发展。即使这样，罗伯特森还是取得了进一步的成功和荣誉，并在漫长的剑桥大学教授职业生涯中一如既往地奉献了多部经济学作品。

　　那么，罗伯特森留下了哪些经济学遗产？根据丹尼森的观点，我们发现罗伯特森的大部分作品在很多大学还不为人所知。即使那些熟悉他名字的人，或许也对他知之甚少，或希望对他有进一步的了解。在剑桥大学，罗宾·马里斯毋庸置疑是站在凯恩斯主义阵营里的，但他下面的这段话确实代表了许多人对罗伯特森的认识：

　　　　回首过去，我确实没有发现……他获得"宏观经济学主要贡献人"这一荣誉的根据是什么。但我承认我对他的作品读得不多。①

　　当然，同样的话也会出自其他许多把心血和关注焦点都放在过

---

① Marris to Fletcher, 7 April 1995.

去的经济学家之口。经济学在发展，对许多职业经济学家，特别是青年经济学家来说，花时间读经济思想史没有多大用处。然而，对于职业经济学家、学生以及受过教育的聪明的外行人来说，熟悉经济学的起源与发展，以及熟悉杰出的经济学家们对经济学的贡献，应当被视为有价值的人类学习的一部分。

对那些被称为是伟大的经济学思想家的作品尤其如此——即使他们的著作已经没有了实践价值。在这点上，对于罗伯特森这位伟大的经济学思想家来说，比较特殊的是他的作品既是用词简洁、晦涩难懂的应用科学，又是如此天马行空、令人着迷，但同时又总是带着一定的倾向，只有那些学术才能与他旗鼓相当的人才能理解。特别需要指出的是，他对待任何主题，都会把可能的思考结果和研究成果，纳入到显然是无止境的分类标准之中。虽然这仅仅反映了现实世界的复杂性，但除了锲而不舍的追求者之外，其他所有的人都被罗伯特森挡在了门外。

罗伯特森在三个方面对经济学所做的学术贡献造就了他世界一流经济学家的地位：经济学理论、应用经济学——应用经济规律解决经济问题、国家层面的经济政策的讨论和制定。关于他的学术贡献的范围，古德哈特曾"试着把他（罗伯特森）的著作和重要论文"分为五个主要的方面：贸易周期、工业结构、货币经济学、微观经济学以及宏观经济评论与政策建议[1]。

然而，他之所以能够跻身于伟大的经济学思想家之列，主要是因为他在理解经济增长过程中短期管理所固有的问题方面所做出的贡献。这包括以下两个方面。

第一，经济增长需要牺牲即期消费以提供经济增长过程中需要的储蓄。这就造成了一个两难选择——这是多年以后演化经济学的研究主题——究竟当前产出中应该有多少被用于即期消费，多少被用于子孙后代的发展和繁荣。考虑到经济增长的动力是持续不断的，这个问题的解决方法就是，以最小的经济福利损失来满足当

---

① 　in Presley［ed.］, 1992：pp. 14ff. ; there is a summary table on pp. 16 ~ 17.

前经济发展的需要。

第二，这就要求对短期进行管理，以至于在经济增长的过程中仅仅发生实际所必需的波动。不合理的经济波动将被银行系统的活动限制在最低幅度，银行将操纵价格水平以促使节俭意愿发挥作用。货币均衡的标准模式，将通过遵守一定的规则来达到。在货币均衡条件下，经济波动将被限制在竞争性的非货币经济条件下发生的波动水平上。

为建立特定的规则，必须对具体问题进行具体分析。在这些分析中，罗伯特森为许多重要的变量关系提供了新的理解视角，包括货币扩张与收缩、银行业务与产业融资准备、价格水平决定、个人与集体的储蓄行为以及传统投资理论所提出的"支持未来投资而自愿放弃即期消费"的观点。这些活动要求银行与固定资本紧密联系，而且需要慎重考虑不同的经济周期发展阶段。

然而，虽然前面我们已经解释了罗伯特森对经济理论发展的主要贡献，但遗产是指一些被遗留下来的东西，一些需要后来人去解决的东西。从这一点上讲，罗伯特森为罗伯特森学派思想的孕育留下了一条深深的轨迹，这个学派将支持与罗伯特森经济学相关的思想与理论。其核心理论是决定利率的可贷资金理论，以及伴随产生的实体因素与货币因素之间的关系，包括储蓄与投资、货币贮藏与供给。这一理论仍然在教材中出现，并且为货币市场从业者所推崇，因为它似乎能够将众多实际变量分门别类地划分开来。

对于罗伯特森来说，更为遗憾的是，他是凯恩斯"犯错道路上的父母"，并且在不经意间把凯恩斯引入到最终导致凯恩斯思想革命的道路上，最终对世界经济学的发展产生了深远的影响。从罗伯特森的角度出发，他非常不愿意看到的是，由凯恩斯发展方向的改变所引起的凯恩斯主义学派和罗伯特森主义学派之间的争论。这是一场在理解重要变量之间的关系之外，还掺杂了太多其他因素的争论。

另一个明显的轨迹，是所谓的罗伯特森主义的时滞性，即消费支出滞后于收入，这是一个周期性的现象而不是连续性的现象，罗伯特森以"日"为考察单位。"日"的概念在 1933 年的一篇名为《储蓄与贮藏》的文章里得以发展。

据此，遗产的概念进入语义学的范畴。这里有以罗伯特森的名字命名的思想，这些思想虽然没有罗伯特森的卓越贡献存在的时间长，但它们体现了永久价值的特点，值得在此一提。同样地，还有出自其他经济学家之手的流行观点，他们虽然不是自觉地受到罗伯特森早期作品的影响，但有一点可以明确，即罗伯特森事实上就是他们的先驱。我想举一些例子，但作为解释，我们还是应该将目光转向罗伯特森自己的主张，以及随之而来的一些评论员的观点——无论他们是心怀友善的，还是充满敌意的。

我们还是先从萨缪尔森开始。1963 年他在关于罗伯特森的讣告性质的回忆录中，确认（并使用了不太客气的处理方法）"丹尼斯·罗伯特森对经济学的永久性贡献"有八个方面[1]。后面将会提到其中的几个方面，我们现在主要集中于与罗伯特森—凯恩斯之争有关的几个方面。

首先，在一篇题为《集大成者与批评家》的文章中，他写道，重读罗伯特森的作品，他"再次感到很遗憾，因为罗伯特森对凯恩斯主义 1936 年至 20 世纪 50 年代中期的著作的许多批评不再拘泥于传统理论"。有例为证，例如，罗伯特森对早期凯恩斯主义者把储蓄与投资的等式作为均衡条件的质疑是正确的。而且，在任何情况下也无法保证乘数的运行不发生通货膨胀。罗伯特森反对凯恩斯坚持主张的"乘数瞬间发生作用"的观点，在这一点上，罗伯特森是正确的。而且，罗伯特森还同哈伯勒一道，批评乘数公式实质上就是同义反复，在这个问题上，罗伯特森同样也是正确的（注：关于第一和第三个主张，我们已经在 17、18、19 章中讨论过了）。

另一方面，凯恩斯认为罗伯特森试图否认乘数概念的重要性的做法是错误的，罗伯特森没有看到将消费职能转化为收入的一个

① Samuelson，1963：p. 522.

函数的重要性。凯恩斯认为在存在大量失业的经济中，强迫储蓄的概念需要严格的限制条件。他还认为，在赞扬希克斯的《经济周期理论》一书是一部杰作的同时，罗伯特森"因此也就承认了《通论》是一本经典之作"[1]。

　　其次，罗伯特森在他的关于"投资与滞后的罗伯特森式储蓄不相等"的理论中，为那些坚持凯恩斯于 1936 年提出的储蓄等于投资概念的人，提供了一个似乎合理的、动态的非传统的表述。然而，这一表述本身具有很严重的缺陷，因为与消费函数假设条件本身所固有的因果关系相比，他的观点实际上是一种同义反复。"当被观察到的投资超过（或少于）罗伯特森式储蓄时，收入将会增加（或下降），这被定义成上期收入与本期消费之间的差额"[2]。

　　第三（"折中的见解"），罗伯特森在批评凯恩斯关于货币的投机需求的论述时，是基于这样一种观点：之所以会产生这样一种需求，是因为人们愿意支付一定的费用来持有现金，把它作为一种抵抗风险的资产，而不考虑任何压倒性的利率上升预期。经验证明，这种观点不仅是非破坏性的，而且事实上是对凯恩斯主义流动性偏好理论的更好的表述。然而不太成功的是，他与罗宾逊夫人之间关于节俭增加是否直接降低利率或仅仅通过收入减少间接降低利率的争论，没有向着有利于他的方向发展，因为他无法充分解释自己的观点，这使得罗伯特森没有继续完成这一理论：

　　　　罗伯特森坚持建立一个既是动态又是静态的明确的宏观经济体系，这是他的性格使然……（并且当凯恩斯主义的论述太简单而无法解释过渡时期的情形时）你可以看看这个体系，发现它的缺陷，甚至攻击它。是什么因素限制了罗伯特森的成功——也就是说阻止了他发展起一门可验证的科学？事实上，没有庇古的影响……罗伯特森最终也会得出这样的结论：如果消费不振，收入也将会减少。人们储蓄增多，收入就会减少，

---

① Samuelson, 1963: p. 524.

② Samuelson, 1963: pp. 524～525.

除非有一个宽松的利率和良好的信用条件，来补偿投资扩张的所需。①

无论何种原因，罗伯特森没有理解或考虑建立在合成谬误和交易的双面性基础之上的这种关系，正如我们（前面，第 19 章）已经看到的，这是削弱他的理论地位的主要缺陷之一。

在最近的一段时间里，赞同罗伯特森理论的学者们，曾多次试图攻击凯恩斯和凯恩斯主义经济学，以提升罗伯特森的地位，促进罗伯特森主义经济学的发展，进而试图扭转或缓和罗伯特森—凯恩斯争论的历史性结论。在这里，他们的意图是要结合对于凯恩斯主义方法论的批评，奠定罗伯特森作为现代经济理论发展的先驱者的地位。罗伯特森提出了货币需求的缓冲—存货理论，他的这项工作被认为是带有前瞻性的②，是对流动性偏好理论的适当性的进一步质疑。③《通论》的发表引起了经济学思想的混乱，从而经济学界开始了关于利率决定理论的长期争论，而罗伯特森对缓冲—存货理论的发展，可以说是对凯恩斯主义者所持有的利率决定理论的进一步打击。

作为对这一发展趋势的强烈反击，蒂莉（Tily，2007）最近的一份研究认为，凯恩斯经济学主要是关于货币和利率问题的经济学，而不是关于财政政策问题的经济学。沿着这一思路，蒂莉探究了凯恩斯对货币、利息、投资及储蓄等主要问题的思考和酝酿，以及伴随这一过程而发生的与其他主流经济学家之间的争论。蒂莉的主要论点是，凯恩斯的思想已不再属于这个世界，因为在他死后不久，他的思想令人意外地被"凯恩斯主义经济学"所淹没，而凯恩斯主义经济学是一门独立的、完全不同于古典主义的理论。罗伯特森以及霍特里被认为是造成这一现状的主要"罪魁祸首"，而 IS – LM 公式仅仅为此提供了代数表述。我们可以推测，关于他

① Samuelson, 1963：p. 526.

② Mizen and Presley, 1994.

③ Goodhart, 1989：pp. 106~120.

在这个过程中发挥了重要作用的观点，一定让罗伯特森内心五味杂陈。

虽然科斯塔布尔的一篇论文仍然存在着凯恩斯主义的痕迹，但它已经与 1936 年后的大讨论没有任何直接的联系了[①]。在这篇文章里，科斯塔布尔试图重新建立罗伯特森理论中被其他经济学家（甚至是支持者）"不恰当割断"的货币、经济周期和经济增长之间的关系，重新确立罗伯特森为后来经济理论发展的先驱者。确切地说，这使得我们开始认识到，"罗伯特森作为后凯恩斯主义时期在货币、利息和周期理论方面的先驱者的角色"（由于评论者对罗伯特森—凯恩斯争论先入为主的评论）至今仍然为人所忽视。

在这里，一个引起争论的问题是，罗伯特森的分析从本质上来看是长期的还是短期的。这个问题有许多种答案[②]。然而我们看到，虽然总是被置于对经济增长的贡献这样一个大背景之下，但是，罗伯特森在短期经济学——与地理范畴相关的经济学——以及在对短期进行管理的问题上所做出的贡献，被提升到了一个新的高度。因而，这一问题的答案是模棱两可的，但更倾向于强调短期和周期问题。

脱离开凯恩斯主义的阴影，罗伯特森发现，很多他的支持者将他的工作看做是对古典经济学传统的继承和发展，而他本人也被赋予了开创者的地位。其中最有意思的变化是，确立罗伯特森为真实贸易周期理论的先驱者，他在某些方面的观点比后来的美国经济学家的解释更为深入[③]。很多年前，萨缪尔森——他认为罗伯特森的"外生投资是引起经济波动的重要原因"的观点是属于他的"永久性贡献"之一——曾经称赞罗伯特森把现在流行于欧洲大陆的观点引入到英国的背景中："罗伯特森强调的贸易周期中的

---

① in Arestis et al. [eds], 1997: pp. 310~325.

② see Costabile, 1997: pp. 322 n. 13, 323, 324.

③ Goodhart in Presley [eds], 1992: pp. 8~34; also Goodhart and Presley, 1994.

实体因素，例如创新和资本密集，是非常正确的。"①

当然，也有一些人会认为，发明与创新并不足以全面解释国民收入中的周期问题，而且这些批评同样适用于罗伯特森的真实贸易周期理论。但罗伯特森根据自己的经验研究得出了这个结论，并指出，受创新影响的各产业之间出现了庞大而广泛的网络特征。我们很容易想到那些塑造了我们现代生活的要素：运河、铁路、蒸汽船、化学品、电、内燃机、广播、电视、整形外科、晶体管及微处理器等。

相应地，创新对理论模型的冲击引起了短期总生产函数的改变，这些改变转而引起总产出/实际总收入水平的形式发生改变。在真实贸易周期理论中，他们根据产出变化的趋势调整短期总生产函数，而传统理论认为产出变化是周期的反映。但这是否也符合罗伯特森的理论——或者说罗伯特森的理论描述是否偏离了某种趋势？对于布劳格来说，从他的主流的经济思想史的背景来看，正是这个特点使得罗伯特森不具备成为真实贸易周期理论先驱者的资格：

> ……最新的真实贸易周期模型的特点完全不同于以前的模型，比如说罗伯特森在 20 年代或熊彼特在 30 年代建立的模型。它主要反映了经济时间序列的统计性特性，并认为已有数据无法驳斥这样一种假设，即 GNP 遵循着"随机游走"② 的法则，这意味着不仅 GDP 是无法被预测的，而且任何被观察到的 GDP 水平都是处于不断的变动之中的，这意味着产出一旦受到冲击，便不会再回归到原来的发展趋势上，这建立在这些冲击是由于技术变化所引起的基础之上的。然而，无论是什么原因导致了这些冲击，实际情况是，被观察到的 GNP 波动不是围绕一条平滑的曲线展开的，却是按照波动自身的确定性

---

① Samuelson, 1963：p. 522.

② 凡是未来的发展（大小）和方向不能依据过去的行为加以推测的情况，就是所谓的"随机游走"。

趋势而展开的。根据传统假设，趋势是周期性的，趋势与周期之间不存在区别。①

这似乎确实成为了承认罗伯特森是真实贸易周期理论先驱者的强有力的障碍，尽管他也强调实体因素的作用。然而，一种可能的解释认为，罗伯特森的均衡增长条件并不意味着存在一个隐含的平滑的趋势，而是意味着货币的中性地位。在货币中性条件下，经济波动会发生——这是经济增长的必然结果——但却被限制在一个竞争性的、非货币经济条件下所能发生的波动幅度内。换句话说，标准的经济环境也会发生周期性波动，比如持续的经济扩张也会引发经济波动，因为它将会导致过度投资和不可避免的经济衰退。

因而，经济增长将会在技术进步（发明创造和创新）的推动下发生，而且资本生产体系的内在特征将会引起经济波动的产生。实际上，经济增长可以通过标志着经济周期的出现的趋势的变化来得以反映。由于正弦波不对称，每一个经济周期都是不同的。除此之外，如果没有银行调控，不合理的波动将延长经济周期的长度。考虑到罗伯特森理论的经验基础实际上是建立在多年来无数次贸易的实际历史经验之上，这当然足以说明它与真实贸易周期理论具有同族的相似性。

萨缪尔森认定罗伯特森的"永久性贡献"之一是"对经济衰退中的过度投资因素的分析"，在这一点上，他着重注意了"动物精神"的作用，"动物精神""依靠自身加速"带来繁荣，直至被打破或由于未知原因自己破灭。然后，问题就演变成了如何采取补救措施以防止经济发展陷入第二轮的衰退。萨缪尔森认为，刺激消费支出是最不具有争议性的措施——并指出罗伯特森在面临"哈耶克主义通货紧缩"时也倾向于采用这种政策。② 然而我们应该还记得，罗伯特森提出"要谨慎对待……我所赞成的在经济萧条时期增加消费的措施"，当然，原因是商品将会"被发现在确保

① Blaug, 1996: p. 686.
② Samuelson, 1963: p. 523.

经济扩张的时候非常有用"[1]。

罗伯特森对古典主义传统的另一个重要贡献，在于他对自然失业率假设进行的早期阐述。这些阐述后来经弗里德曼发扬，成为了主流观点。[2] 另外，莱德勒（1995 年，1999 年）认为，在上世纪 20 年代，罗伯特森曾经预见到了奥地利学派经济学家在随后的30 年代所进行的有关强迫储蓄理论研究的工作。[3] 下平裕之[4]研究了罗伯特森的一些在某种程度上被忽视了的观点，这些观点主要反映了他对于资本主义的、工业化的社会的看法。

罗伯特森对于哪些思想是自己的原创，哪些不是自己的原创这个问题十分在意。例如，他发现，虽然他一直都在强调农业是引起贸易周期的重要原因，但是后来威廉·贝弗里奇却称这是他自己的发现。[5] 关于这一点，我们只需要顺便留意一下事实，便可以弄清真相。萨缪尔森对罗伯特森的观点表示出明显的轻蔑，他说："时间允许我们漏掉罗伯特森所过分强调的因素，比如说农业……"但罗伯特森却始终认为它很重要，在过去的 30 年里，他甚至还邀请一些比他更专业的人"在杰文斯主义原始推测的基础上，根据……（自己）在《工业经济波动研究》中的研究进展，来重新研究太阳耀斑的运行趋势（太阳黑子影响论）"[6]。

然而更著名、更直观的例子，是 1953 年他在哈佛大学和普林斯顿大学研讨会上所作的题为"关于邂逅一些重要人士的思考"的非正式演讲。这些实际上不是真实的人而是概念——自主投资（Harrod, Hicks）、多马方程式及卡莱斯基效应——他主张提出这些概念，但这些概念后来又得到继续发展，并与其他人的名字联系在一起而逐渐为大家所熟知。这些概念中，我们应密切关注前两

[1]　Robertson, 1948a: p. xv.

[2]　Boianovsky and Presley, 1998.

[3]　see also Fletcher, 2007: pp. 70, 112~115.

[4]　Shimodaira, 2003.

[5]　Robertson, 1948a: p. x.

[6]　Robertson, 1948a: p. xi.

个。至于第三个，我们简单地认为，尽管罗伯特森以卡莱斯基效应来支持他一贯的观点，即优先储蓄能刺激投资，但投资必须为优先储蓄服务。然而，凯恩斯主义的观点是在接近充分就业的经济条件下，优先储蓄增加能够起作用的唯一途径是降低总需求，这样自主投资就能够扩大，同时通货膨胀也能维持在一个较低的水平上。

罗伯特森宣称自己是自主投资概念的创始人是很意思的，因为自主投资概念，源自他晚年对加速原理的重要性所产生的兴趣，当时他把加速原理看做是波动产生的原因之一。与众多现代经济学家相比，他坚持这一原理的理由，在于他在为自己的研究员申请论文做准备期间，受到阿夫达里昂的观点的影响："最终产出需求的既定增加将引起资本设备需求更大比例地增加，资本设备供给的增加有一段时滞，最终产出供给的增加——或者其大部分——滞后的时间最长。"①

而且，他认为，在现代社会中，投资的主要方式与对消费品的需求之间的联系已不再密切，而是更多地依赖于"对未来整个人类与社会进步的相当模糊的预期"② 以及更加服从于货币政策的规制。因此，如果在这种情况下发生的自主投资，能够被用来作为刺激经济发展的稳定手段的话，那么一旦预期受到冲击，自主投资将会产生更加剧烈的变化，那就只能采取更为激烈的矫正措施。

在多马方程式中，对均衡增长条件的详细阐述，充分考虑了投资在收入发生和产量创造中的双重效果。哈罗德也独立地得出了基本相似的结论，因此该方法现在被称为哈罗德—多马方法。罗伯特森否认任何称他为多马方程式创始人的说法，即使是在他"最为疑惑的时刻"。"可是——可是——我越看它，我就越觉得它的某些特征似曾相识"③。这些所谓的相似性，比他在《银行政策与

① Robertson, in Hicks [ed.], 1966: p. 237.

② in Hicks [ed.], p. 235.

③ Robertson in Hicks [ed.], 1966: p. 239.

价格水平》中的研究成果——稳定增长方程式——更为完善。这是萨缪尔森所指出的罗伯特森的第七个"永久性贡献"和"四个关键的部分"："1926 年进行的一系列分析在某种程度上预示了哈罗德—多马方程式的诞生"[1]。

在 1926 年的方程式中，一国经济稳定的条件——比如既无通胀压力也无通缩压力——是 K = n D。我们回想一下，这个等式是有一定的假设条件的，即关于货币存量及银行资产的构成、经营资本的融资来源以及节俭储蓄进入经营资本（通过银行）或固定资本（通过无摩擦的职能资本市场）领域的渠道。为适应经济增长的要求，"实现哈罗德的既确保既定增长率，又让它与自然增长率相一致的目标"，这个公式又被改成 K = nD (1 + r)[2]。

在将自己的方程式与多马方程式进行比较的过程中，罗伯特森承认自己的方程式仅仅关注了经营资本一个方面，而多马方程式则涵盖了经营资本和固定资本两个方面。在这里，罗伯特森认为，他的方程式在某种程度上可以被看做是，由于假设了银行操作手段僵化而太悲观；由于假设了资本市场可以顺利地把所有的非银行节俭储蓄转换为固定资本而太乐观。然而，尽管与多马方程式相比有很多限制条件，但罗伯特森也看到了他假设 D（生产时间）连续的优点，因为它注意到了生产过程中商品数量的重要性，以及与其他资本类型相比它们之间的有机统一性。而且，当资本设备与年产出量之间的比率（资本—产出率）发生改变时，它可以（通过改变传统的银行操作手段）采取制度措施来解决问题。

我们之前已经看到，罗伯特森是如何修改他的方程式以放宽关于银行行为的假设条件，并从这个方程式中产生了著名的"四个关键的部分"的。正是在这个方程式中，萨缪尔森，甚至有些苛刻地提出了罗伯特森的"永久性贡献"，并对此产生了一丝兴趣。也就是说，罗伯特森相信他的方程式可以用来反驳"真实票据主

---

[1] Samuelson, 1963: p. 527.

[2] in Hicks [ed.], p. 240.

义"。这个学说认为，如果仅仅是为了购买汇票而不是用于实际商业交易，过度发行货币是不现实的。当英格兰银行被指责在金本位制在英国失效期间由于过度发行钞票从而造成通货膨胀（1797年之后，黄金不再与货币兑换挂钩）的时候，我们或许会习惯性地、错误地插上一两句话，其目的是为了捍卫英格兰银行的做法。罗伯特森的反驳，不可思议地建立在要求他的方程式两边平衡的基础上。萨缪尔森，在思考这个正式方程式条件背后的意义的过程中，最终提出了这个我们以前曾数次遇到过的问题。

也就是说，由于技术原因，20 世纪 20 年代公司存货需求的下降，减少了它们对银行融资的需求。这转而给银行带来了麻烦，它们必须为自己的借贷资金寻找可替代的出口，将货币供给增长保持在一定的水平上以抵消人口增长水平，而人口增长会导致产出增加。结果，最终价格水平下降，引发了通货紧缩。[①]

他发现这一结果是不切实际的，因为银行操作手段和政府负债管理手段的变化，为我们提供了更多的手段，让我们能够解决由于罗伯特森方程式的不平衡所带来的问题。然而，在罗伯特森的辩护中，我们还记得他在《银行政策理论》中、他给麦克米兰委员会提交的证据中、1946 年他在银行家协会上所作的演讲中以及提交给加拿大皇家委员会的证据备忘录中，有关银行操作手段的可能变化及收支平衡表由于公共部门负债而负担过重等问题，都被明确地提出来了。

我们回顾了大量的事例来证明，在经济学的很多领域里，罗伯特森都留下了丰富的遗产：贸易周期理论、与投资和储蓄有关的货币理论、一种虽经常受到警告但却总是具有现实意义的政策解释方法，还有经济现象解释不能被简化为科学公式的观念。罗伯特森的多数著作的写作风格，是独一无二的，甚至可以说是后无来者的。

---

① Sameulson, 1963: p. 531.

译后记

丹尼斯·罗伯特森（1890～1963年）是现代西方经济学的先驱之一，他的卓有建树的工作为现代西方经济学的发展做出了重要铺垫。罗伯特森是剑桥大学继马歇尔、庇古之后的第三任政治经济学讲座教授，他曾是平衡收支皇家委员会的首席成员，还是价格、生产和收入科恩委员会唯一的经济学家。可是，与之显赫成绩相对应的却是这样一个事实，即罗伯特森这个名字，不仅仅令国内经济学人感到陌生，即使是在国外，他的名声和价值也在很大程度上被忽视了，这或许主要是因为他长期以来都生活在大名鼎鼎的凯恩斯的阴影之下。直到上世纪70年代，经济"滞胀"问题的出现，彻底暴露出"正统凯恩斯主义"的缺陷，从而也为罗伯特森经济学带来了新生。于是凯恩斯的门生及追随者们开始整理发掘罗伯特森的经济学遗产，以图扩大罗伯特森经济学的影响力。这个过程尽管缓慢，并且艰难，但是正如我们所见，这项工作的价值正在逐步显现。本书就是在这样的一个大背景下的产物，它对于我们重新认识罗伯特森及其重要的学术贡献具有重要意义。

罗伯特森是剑桥大学古典经济学传统的坚决捍卫者，主张站在前人的肩膀上来发展剑桥学派的经济学思想，而不是像凯恩斯那样力主全面革新。罗伯特森一生著作颇丰，他先后发表过100多篇文章，其中有30多篇在《经济学季刊》上发表，另外还出版了15本书，其中比较著名的有《工业经济波动研究》、《货币》、《银行政策和价格水平》及《经济学原理讲义》等。罗伯特森对于经济周期的研究有着独到的见解，他曾经说过：工业波动、货币、信用以及就业等问题"一直是经济学中我最感兴趣的领域,对该领域的研究也是我期望能被后人记起的唯一的个人贡献"。此外,他在工业结构、微观经济学、宏观经济评论,以及政策建议等方面都有着不少真知灼见。在本书中,作者针对罗伯特森的每一部重要作品都采取了分章叙述的方式,努力将其中最精彩的部分奉献给读者,带领读者徜徉在经济学大师思想的海洋里。

本书除了具有思想性外,还带有很强的启迪性和趣味性。在作者看来,纵观罗伯特森的一生,他都在内心的意愿和外在的责任之间进行挣扎,例如,他非常希望去尝试学习一些新的学科,却不得不在家庭责任的驱使下主修古典文学;他心仪充满浪漫气息的剑桥国王学院,却不得不因为经济原因等屈身于剑桥三一学院;他渴望有机会能够成为一名职业演员,却在现实的无情打击下最终回到了经济学的世界。其实,想想我们每个人,何尝不都是在经历这样一种内心的意愿与外在的责任之间的选择和挣扎!在趣味性方面,本书在谈到罗伯特森的作品与"爱丽丝"系列故事之间的联系,借助惠特曼的诗歌来解释短期分析的重要性,描写罗伯特森在戏剧表演方面的天赋,以及道出罗伯特森和凯恩斯都是同性恋者方面,都对读者有着极大的吸引力。

本书采取传记式的写作风格,但又不同于纯粹的人物传记写作,而是将"传记式描述、历史性描述、文学评论和经济分析"结合在一起,来共同勾勒作为普通人的罗伯特森和作为经济学家的罗伯特森的全貌。作者娓娓道来,从生活讲到工作,又从工作回到生活,尤其着重从多个角度,全方位地发掘罗伯特森的思想及著作背后的深层次背景,更加深了人们对于罗伯特森经济学思想的理解和认同。而且,对于罗伯特森经济学思想的介绍,始终是与马歇尔、庇古及凯恩斯等经济学家紧密联系在一起的,他们都对罗伯特森经济学思想产生过重大影响。从这个角度上讲,本书也可以被看做是经济思想史研究中的一部重要作品。

本书的内容十分精彩,但是就翻译工作而言,却是一个饱受煎熬的过程。首先,作者在写作时对于英文生僻词的偏好,给整个翻译工作带来了巨大的麻烦。其次，罗伯特森的经济学体系长期游离于主流经济学之外，尤其是其独特的、轻灵的写作风格，以及自创的新颖词汇，例如"匮乏"（lacking）、反应（repercussive）及节省（stinting）等，这使得其作品既天马行空，又简洁晦涩，"只有那些学术才能与他旗鼓相当的人才能理解"。最后，书中大量引用了很多知名经济学家及评论家对于罗伯特森本人及其工作的评价，要系统把握这些评价的历史背景，准确将这些语言翻译成中文，是一个不小的挑战。

虽然翻译的过程是"痛苦的"，但也是令人回味的，期间更有友谊的支持。在这个过程中，来自中国社会科学院的校友们及对外经贸大学的朋友们曾经给予了我们大力的支持和帮助。很多次正式或非正式场合的交流，都对推动我们的翻译工作起到了重要的作用。曾经为本书的翻译做出过贡献的朋友们包括冯立果博士、王鹏博士、曾铮博士、吕达成博士、王朝阳博士、胡荣昌博士、曲玥博士、李靖博士、冯勇博士及刘会政博士等，在此，我向他们表示衷心的感谢！

译　者
2009 年 9 月 8 日

图书在版编目(CIP)数据

丹尼斯·罗伯特森/(英)弗莱彻著;王磊等译.
－北京:华夏出版社,2009.9
ISBN 978－7－5080－5394－3

Ⅰ.丹…　Ⅱ.①弗…　②王…　Ⅲ.罗伯特森,D. H.(1890～
1963)－评传　Ⅳ.K835.615.31

中国版本图书馆 CIP 数据核字(2009)第 177994 号

Gordon Fletcher: Dennis Robertson.

Copyright © Gordon Fletcher 2008.

Chinese Language edition published by Huaxia Publishing House.

First published in English by Palgrave Macmillan, a division of Macmillan Pub-
lishers Limited under the DENNIS ROBERTSON by Gorden Fletcher. This edi-
tion has been translated and published under licence from Palgrave Macmillan.
The Author has asserted his right to be identified as the author of this work.

北京市版权局著作权合同登记号:图字 01－2008－3835

丹尼斯·罗伯特森

〔英〕戈登·弗莱彻　著

王　磊　李素云　译

策　　划:陈小兰
责任编辑:姬利敏
出　　版:华夏出版社
　　　　　(北京市东直门外香河园北里 4 号　邮编:100028　电话:64663331 转)
经　　销:新华书店
印　　刷:北京圣瑞伦印刷厂
装　　订:天津市武清区高村乡高村印装厂
版　　次:2009 年 9 月北京第 1 版
　　　　　2010 年 1 月北京第 1 次印刷
开　　本:670×970　1/16 开
印　　张:19.75
字　　数:271 千字
定　　价:38.00 元

本版图书凡印刷、装订错误,可及时向我社发行部调换